Erfolgreich Projekte planen und umsetzen

Stefan Irmisch

Erfolgreich Projekte planen und umsetzen

Bewährte Ansätze und Vorgehensweisen eines erfahrenen Projektmanagers

Stefan Irmisch
Landsberg a. Lech, Deutschland

ISBN 978-3-658-36441-0   ISBN 978-3-658-36442-7 (eBook)
https://doi.org/10.1007/978-3-658-36442-7

Die Deutsche Nationalbibliothek verzeichnet diese Publikation in der Deutschen Nationalbibliografie; detaillierte bibliografische Daten sind im Internet über http://dnb.d-nb.de abrufbar.

Springer Gabler
© Der/die Herausgeber bzw. der/die Autor(en), exklusiv lizenziert durch Springer Fachmedien Wiesbaden GmbH, ein Teil von Springer Nature 2022
Das Werk einschließlich aller seiner Teile ist urheberrechtlich geschützt. Jede Verwertung, die nicht ausdrücklich vom Urheberrechtsgesetz zugelassen ist, bedarf der vorherigen Zustimmung des Verlags. Das gilt insbesondere für Vervielfältigungen, Bearbeitungen, Übersetzungen, Mikroverfilmungen und die Einspeicherung und Verarbeitung in elektronischen Systemen.
Die Wiedergabe von allgemein beschreibenden Bezeichnungen, Marken, Unternehmensnamen etc. in diesem Werk bedeutet nicht, dass diese frei durch jedermann benutzt werden dürfen. Die Berechtigung zur Benutzung unterliegt, auch ohne gesonderten Hinweis hierzu, den Regeln des Markenrechts. Die Rechte des jeweiligen Zeicheninhabers sind zu beachten.
Der Verlag, die Autoren und die Herausgeber gehen davon aus, dass die Angaben und Informationen in diesem Werk zum Zeitpunkt der Veröffentlichung vollständig und korrekt sind. Weder der Verlag noch die Autoren oder die Herausgeber übernehmen, ausdrücklich oder implizit, Gewähr für den Inhalt des Werkes, etwaige Fehler oder Äußerungen. Der Verlag bleibt im Hinblick auf geografische Zuordnungen und Gebietsbezeichnungen in veröffentlichten Karten und Institutionsadressen neutral.

Lektorat/Planung: Ulrike Loercher
Springer Gabler ist ein Imprint der eingetragenen Gesellschaft Springer Fachmedien Wiesbaden GmbH und ist ein Teil von Springer Nature.
Die Anschrift der Gesellschaft ist: Abraham-Lincoln-Str. 46, 65189 Wiesbaden, Germany

Vorwort

Vorausgesetzt, dass Sie überhaupt bis hierhin vorgestoßen sind, werden Sie sich womöglich fragen: Wozu schon wieder ein Buch über Projektmanagement? Die Antwort ist ganz einfach: weil es ganz offensichtlich eines braucht! Insbesondere eines, welches auf der Basis realer Projekterfahrungen und mittels echter Beispiele nicht nur Theorien vermittelt oder einzelne Aspekte bzw. Werkzeuge beleuchtet, sondern das Thema aus Sicht des Praktikers gesamtheitlich und im Kontext der in Unternehmen existierenden Realitäten betrachtet. Dabei werden in der Praxis bewährte, pragmatische und einfach zu nutzende Vorgehensweisen, Werkzeuge und Methoden vorgestellt, die in jedem Unternehmen existierende organisatorische und politische Fallstricke beleuchten und auch ganz konkrete Tipps zum Umgang mit potenziellen Hürden und vor allem im Umgang mit den in jedem Projekt unvermeidlichen Menschen geben. Daneben wird aber auch auf den benötigten „Mindset" eingegangen, also die geistige Grundhaltung des Projektleiters, sowie auf die erforderlichen Soft Skills eines erfolgreichen Projektleiters.

Natürlich liefert auch dieses Buch kein „Kochrezept" für die erfolgreiche Durchführung jedes beliebigen Projekts. Dazu sind die in der realen Welt existierenden Entwicklungsprojekte hinsichtlich Komplexität, Aufgabenstellung, politischen Rahmenbedingungen, Branche und Scope zu verschieden, um sie alle über einen Kamm scheren zu können (und nicht alles, was sich Projekt nennt, ist auch eines). Manche Projekte werden auch erfolglos sein, egal wie sehr Sie sich bemühen, weil die gesetzten Rahmenbedingungen gar keinen Erfolg zulassen. Aber gewisse Grundmuster treten in jedem Projekt immer wieder in ähnlicher Weise auf, und dieses Buch sollte dem Leser zumindest erlauben, als Nachschlagewerk Vergleiche zu ziehen und Ideen zu entwickeln, wie mit der konkreten Situation im eigenen Projekt sinnvoll umzugehen ist.

Ein weiterer Grund für dieses Buch ist mein persönlicher Frust darüber, wie trotz gefühlt tonnenweise vorhandener Veröffentlichungen zu diesem Thema nach wie vor ein riesiger Ausbildungsbedarf zu existieren scheint. Belegt wird das schon allein durch die Unmenge der jedes Jahr unnötig an die Wand gefahrenen kleinen und großen Projekte. Dabei unterscheiden sich hinsichtlich der Erfolgsquote interessanterweise kleine familiengeführte Betriebe nicht besonders von großen und namhaften international tätigen Aktiengesellschaften. Gerade bei den öffentlichen Vorhaben scheint es geradezu zum guten Stil zu gehören, Budgets und Termine massiv zu überschreiten. Man denke dabei nur an die jüngeren Beispiele wie bei diversen Beschaffungsprojekten der Bundeswehr, z. B. dem neuen Transportflugzeug A-400M, der Sanierung der Gorch Fock, bei der das ursprüngliche Budget um mehr als den Faktor 10 überschritten wurde, oder dem Flughafen BER, der erst mit neunjähriger Verspätung in Betrieb gehen konnte und kein Jahr danach schon ein Sanierungsfall ist. Was uns dabei vor allem nachdenklich stimmen sollte ist der Umstand, dass das eben nicht normal und zu akzeptieren, quasi der normale Misserfolgsanteil bei allen Projekten ist; so, wie die jährliche Unfallstatistik der angeblich zu akzeptierende Kollateralschaden einer freien Gesellschaft ist. Gerade Länder wie China, die wir immer noch als Schwellenländer herabwürdigen und belächeln, zeigen uns eindrücklich, dass man auch große öffentliche Vorhaben termingerecht und im Budget abschließen kann. Dass das nichts mit dem autoritären Regime zu tun hat, sieht man an den früheren chinesischen Projekten mit Namen wie „Der große Sprung" etc., die allesamt krachend gescheitert sind oder zumindest wirtschaftliche Flops darstellten. Das Erfolgsrezept liegt offensichtlich nicht im staatlichen Zwang begründet und auch nicht in einer woanders vorhandenen überlegenen Technologie (zumindest noch nicht), sondern in dem „Know-how" und dem „Know-why", wie man Projekte erfolgreich führt. Wenn wir also in der Zukunft nicht auf das Niveau eines Entwicklungslands absteigen wollen, dann müssen wir nicht nur in den jeweiligen Disziplinen die besten Fachleute heranziehen und über die besten Technologien verfügen, sondern auch über die Fähigkeit, diese Disziplinen und Technologien mit dem Ziel eines gewinnbringenden Gesamtergebnisses zusammenführen zu können.

So verlockend es für viele Unternehmen und deren Topmanagement erscheinen mag, durch die Einführung moderner Prozesse wie z. B. der Agilität[1] das

---

[1] Tatsächlich bin ich ein großer Fan der Agilitätsmethoden, wie beim Lesen des Buchs deutlich werden wird. Allerdings gehören zu erfolgreichen Projekten mehr als nur gute Prozesse und Methoden; genauso wie ein hervorragendes Kochbuch aus einem Hobbykoch keinen Starkoch macht oder der Erwerb des schnellsten Motorrads Sie noch keinen Schritt näher an das Siegerpodest gebracht hat.

Allheilmittel gefunden zu haben und das Thema schwache Projektperformance erledigen zu können, desto ernüchternder ist die zwangsläufig folgende Erfahrung, dass es mit Prozessen und dem F&E-Bereich allein nicht getan ist. Tatsächlich müssen sich oft Unternehmensstrukturen sowie auch die Unternehmenskultur, die Ausbildung der Mitarbeiter und die Denkweisen grundsätzlich verändern. Das schließt immer auch das Topmanagement mit ein, wie an verschiedenen Stellen dieses Buchs demonstriert wird.

Dieses Buch, das auf den gemeinsam mit meinen sehr geschätzten Teams, Kollegen und Chefs gesammelten Erfahrungen basiert, die im Rahmen zahlreicher Soft- und Hardwareentwicklungsprojekte über 25 Jahre Berufstätigkeit gewonnen wurden, soll dabei einen lesenswerten Beitrag für erfolgreichere Projekte liefern. Dabei wurde es bewusst auch als Nachschlagewerk geschrieben, in welchem die einzelnen Kapitel bis zu einem gewissen Grad unabhängig voneinander gelesen werden können.

Insbesondere Leserinnen mögen mir nachsehen, dass ich in diesem Buch weitestgehend auf Genderismen in Form von „Innen" oder „*" verzichtet habe. Das liegt nicht daran, dass ich als ein bereits ergrauter Ingenieur überkommenen Rollenbildern anhänge. Tatsächlich bin ich ein starker Verfechter der Gleichberechtigung in allen Berufen und Funktionen und habe in meiner Rolle als Vorgesetzter immer darauf geachtet, dass Mitarbeiter und Mitarbeiterinnen ausschließlich auf der Basis ihres Einsatzes und ihrer Performance bewertet und bezahlt werden und nicht abhängig von ihrem Geschlecht. Tatsächlich habe ich es zu Anfang ehrlich versucht, musste aber schnell feststellen, dass die daraus resultierenden Satzkonstruktionen oft kaum mehr lesbar waren und ich damit am Ende der Sache, Erfahrungen weiterzugeben, mehr schade als nutze. Persönlich, als Sohn einer emanzipierten Mutter, Ehemann in einer Partnerschaft auf Augenhöhe und Vater einer selbstbewussten Tochter bin ich davon überzeugt, dass Frauen auch ohne Genderismen in der Sprache ihren Weg machen werden.[2]

An dieser Stelle möchte ich mich bei meiner Frau Monika und meiner Tochter Emilia für ihre Toleranz gegenüber meinen schriftstellerischen Ambitionen bedanken. Insbesondere auch dafür, dass sie mir die Zeit für die vielen Stunden am Computer gegeben haben und bisweilen auch als „Sounding Board" zur Verfügung standen.

---

[2] Die Gleichberechtigung von Mann und Frau scheint mir nicht wirklich von der Sprache abzuhängen, was man ja in den angelsächsischen Ländern beobachten kann, wo in der Sprache nicht zwischen männlicher und weiblicher Form unterschieden wird. Soweit ich das beurteilen kann, ist die Gleichberechtigung dort nicht weiter fortgeschritten als in Ländern mit anderen Sprachen.

Mein besonderer Dank gilt natürlich auch den vielen Wegbegleitern in Form von willigen, begeisterungsfähigen und kreativen, aber auch kritischen Mitarbeitern, Kollegen und Chefs über mehr als 25 Jahre. Sie alle haben in der einen oder anderen Form (manchmal auch unfreiwillig) zu den in diesem Buch niedergeschriebenen Erfahrungen beigetragen. Deren Namen hier alle aufzuzählen, würde den Rahmen dieses Buchs sprengen.

Besonders hervorheben möchte ich hier jedoch Alexander Beeck, den vielleicht kreativsten Menschen, den ich je kennengelernt habe und der viele der hier vorgestellten Ansätze und Methoden aktiv mitgestaltet hat und für mich als Chef und Kollege auch so manche Lanze gebrochen hat. Des Weiteren danke ich Stefan Florjancic, von dem ich über die Jahre sehr viel über Menschenführung und Unternehmenspolitik lernen durfte (und der mich auf dem Motorrad über so manchen Schweizer Gebirgspass gehetzt hat).

Bedanken möchte ich mich auch für den stets guten Rat und die allzeit tatkräftige Unterstützung bei Joe Brostmeyer, Cyril Fennell, Ken Hall, Stefan Hoffmann, Mirko Milazar, Sam Miller, Wolfgang Müller, Ian K Jennions, Igor Petrov, Uschi Pickert, Sanford Proveaux, Siva Sivakumaran, Les Southall, Thierry Toupin, Konrad Vogeler, Sergey Vorontsov, Bernhard Weigand und Jack Wilson, um hier nur einige zu nennen.

Schließlich gilt mein Dank auch Sigrid von See-Bredebusch, die mein Manuskript ganz freiwillig im Hinblick auf Rechtschreibung und Satzbau korrigiert hat, sowie auch Ulrike Lörcher vom Verlag Springer Gabler, die mein Manuskript unterstützt und die Umsetzung in ein gedrucktes Buch stets freundlich, hilfreich und kompetent begleitet hat.

Landsberg a. Lech, Deutschland   Stefan Irmisch

Inhaltsverzeichnis

1 Schwaches Projektmanagement 1
2 Mindset 7
   2.1 Optimist oder Pessimist?. 7
   2.2 Soft Skills 9
   2.3 Leading without Authority 19
   2.4 Heterogene und multikulturelle Teams 21
   2.5 Das Pareto-Prinzip 26
   Literatur 31
3 Projekt-Philosophien 33
   3.1 Qualitätsdreieck 33
   3.2 Front-Loading 39
   3.3 Puffermanagement 43
      3.3.1 Zeitpuffer 44
      3.3.2 Zielpuffer 51
      3.3.3 Andere Arten von Puffern 54
   3.4 Die Bedeutung von Agilität. 56
   Literatur 64
4 Projekt-Entstehung 65
   4.1 Produktentwicklungsprozesse 65
   4.2 Produktdefinition. 70

	4.2.1	Phase 0: Produktidee	72
	4.2.2	Phase 1: Machbarkeitsstudie	74
	4.2.3	Phasen 2–4: Konzept-, Entwicklungs-, Validierungsphasen.	79

Literatur ... 80

5 Projektplanung ... 81
5.1 Projektplanung: Basics ... 83
5.2 Projektplanung: Advanced ... 88
    5.2.1 Risikoplanung. ... 88
    5.2.2 Projektparallelisierung ... 89
Literatur ... 106

6 Risikoassessment und Risikomanagement ... 107
6.1 Warum Projektrisiken und was sind Projektrisiken? ... 108
6.2 Risikomanagement als Planungswerkzeug ... 116
6.3 Risikobewertung in verschiedenen Projektphasen ... 135

7 Opportunity-Management ... 139

8 Projektmanagement ... 145
8.1 Projektleadership ... 145
8.2 Projektkontrolle ... 153
8.3 Problemlösung: Coaching, Convincing, ... 159
8.4 Schnittstellenmanagement ... 165
8.5 Agiles Projektmanagement: Dynamische Ziel- und Plananpassung ... 172
Literatur ... 183

9 Transparenz statt Reporting ... 185
9.1 Progress Reporting ... 185
    9.1.1 Green-Meadow-Chart ... 187
    9.1.2 Quantitatives Budget- und Terminreporting ... 194
    9.1.3 Ampelreporting ... 203
9.2 Decision Protocol und „Tagebuch" ... 204
9.3 Reviewmaterial ... 211
    9.3.1 Reviews allgemein ... 211
    9.3.2 Reviewdokumente ... 216

10 Schlusswort ... 221

Schwaches Projektmanagement 1

Zusammenfassung

In diesem Kapitel werden die wesentlichen Ursachen für das nicht nur bei öffentlich finanzierten Vorhaben (Infrastruktur- und IT-Vorhaben, Beschaffung, ...), sondern auch in der Wirtschaft, der Keimzelle unseres gesellschaftlichen Wohlstands, weit verbreitete und oft unterentwickelte Projektmanagement aufgezeigt.

Woran liegt es, dass wir so schwach im Projektmanagement sind?

Tatsächlich gibt es nicht nur einen, sondern gleich mehrere Gründe hierfür. Zum einen ist das Thema Projektmanagement bis heute kein fester Bestandteil in der Ausbildung junger Menschen. Obwohl wir in einer immer komplexeren Welt leben, in der wir Lösungen schon lange nicht mehr allein innerhalb einer einzigen Disziplin finden. Es werden also immer viele verschiedene, auch nicht technische Disziplinen benötigt, die es aufeinander abzustimmen gilt mit dem Ziel, den maximalen Nutzen für das Projektziel zu erreichen, sprich, professionell zu managen. Trotzdem behandeln wir das Thema Projektmanagement nach wie vor überwiegend stiefkindlich. Die Schulen bzw. Hochschulen beschäftigen sich in der Lehre lieber mit dem Vermitteln von Fachwissen in den jeweiligen Disziplinen bzw. dem Forschen innerhalb einer Disziplin als mit der Frage, wie aus den Einzeldisziplinen (Haufen von Backsteinen) am Ende ein brauchbares Ergebnis (Haus) zustande kommt.

Vor ein paar Jahren im Rahmen eines Berufungsverfahrens an einer großen deutschen Universität direkt darauf angesprochen, vertraten die anwesenden Professoren einer wichtigen technischen Fakultät die Meinung, dass es die Aufgabe der Industrie sei, den Absolventen Projektmanagementfähigkeiten beizubringen. Die Hochschule habe sich auf die Lehre und Forschung zu konzentrieren. Als wenn es bei dem erfolgreichen Managen von Projekten nicht auch um wertvolle Fähigkeiten, Entwicklung von Methoden und Wissen gehen würde. Die beiden im Berufungsausschuss anwesenden Industrievertreter jedenfalls lächelten nur etwas gequält angesichts dieser Sichtweise.

Ein weiterer Grund ist, dass oft innerhalb vieler Firmen die Funktion des Projektmanagers immer noch nur eine temporäre Rolle ist und nicht als eigenständige Kompetenz verstanden wird, die es zu hegen, zu pflegen und zu entwickeln gilt. Trotz der vor allem bei größeren Unternehmen seit den 1990er-Jahren in angepasster Form eingeführten und unter vielen verschiedenen Namen gelebten Matrixorganisationen, bei denen es ja neben der klassischen Funktion der Linien-/Disziplinenmanager auch die Querfunktion des Projektmanagers gibt (siehe Abb. 1.1). Während es sich bei den Linienmanagern durchweg um permanente Positionen handelt, ist die des Projektmanagers typischerweise nur eine temporäre Besetzung, oft ohne eine Vorbereitung oder Ausbildung, ohne klare Kompetenzen und Verantwortlichkeiten. Dabei werden Projektleiter typischerweise aus den jeweiligen Linienfunktionen temporär rekrutiert. Ist das Projekt erfolgreich, winkt eine Beförderung in eine Linienfunktion. Die angeeigneten Erfahrungen und das Wissen stehen damit dann nachfolgenden Projektleitern nicht mehr zur Verfügung. In den meisten Fällen aber steht am Ende des Projekts die Wiedereingliederung in die ursprünglich gebende Linienfunktion Abteilung ohne die Chance, die eigenen Projektmanagementfähigkeiten weiter ausbauen zu können. Dies gilt interessanterweise auch für viele größere Unternehmen, die seit langem und richtigerweise erkannt haben, dass es neben der klassischen Karriere des Linienmanagers auch eine Fachkarriere oder Expertenkarriere braucht. Nur so lässt sich vermeiden, dass die einzige Möglichkeit für Fachspezialisten, ein höheres Gehalt zu bekommen, darin liegt, entweder Linienmanager zu werden (und die besten Fachspezialisten sind nicht unbedingt die besten Führungskräfte) oder das Unternehmen zu wechseln, was letztendlich einen unerwünschten Erfahrungsverlust („Brain-Drain") des Unternehmens zur Folge hat.

Trotz dieser sehr richtigen Erkenntnis und trotz des immer noch hohen Prozentsatzes von Projekten mit bescheidenem Erfolg hat sich auch in der Wirtschaft die Erkenntnis einer dritten Karrierelaufbahn, die des Projektmanagers, bis heute nicht allgemein durchgesetzt.[1] Und so ist es leider immer noch in vielen Unternehmen

---

[1] Natürlich lässt sich in manchen Unternehmen heute auch das andere Extrem beobachten, bei dem die Linienmanager quasi zu den „Hausmeistern" ihrer Abteilungen degradiert worden sind und die Funktion des Projektleiters quasi zum Unternehmer im Unternehmen stili-

1 Schwaches Projektmanagement

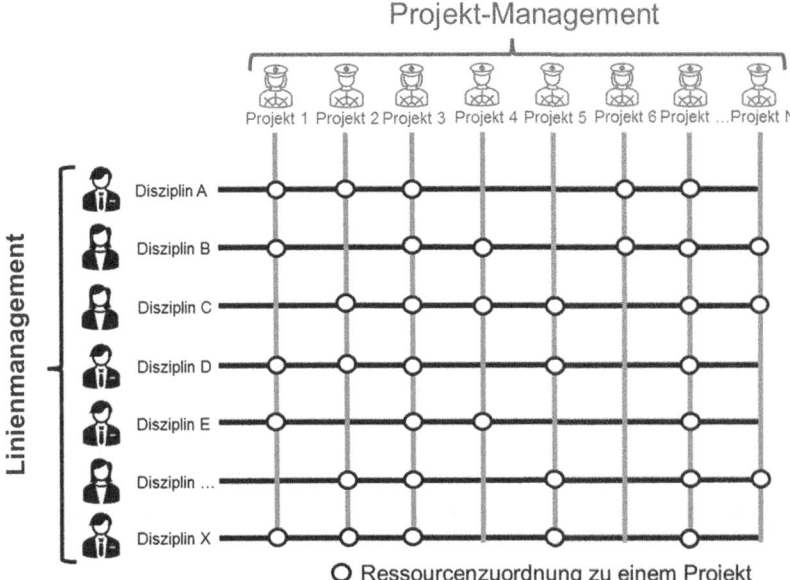

Abb. 1.1 Klassische Matrix-Organisation, bei der die Linien- bzw. Disziplinenmanager ihre Ressourcen den jeweiligen Projekten zur Verfügung stellen, in Abhängigkeit von den Projektbedürfnissen

so, dass Projektleiter oft mehr in Form eines nachträglichen Gedankens nominiert werden: „… ach ja, und wer soll das Projekt jetzt leiten?". Die einzige Qualifikation der Kandidaten ist dann oft nur der gute Eindruck, den er oder sie bis dahin bei den höheren Chefs gemacht hat.

Schlimmer noch erfolgt die Besetzung firmenpolitisch motiviert „… das hängen wir dem Herrn ABC oder der Frau XYZ an. Wenn's schief geht, dann haben wir einen Grund, ihn/sie loszuwerden …". Warum ist das so? Projekte gelten innerhalb von Unternehmen immer noch oft als „heißes Eisen", die eine Karriere befeuern

---

siert wurde. Aber auch in diesen Unternehmen gibt es bis heute oft keine systematische und umfassende Aus- und Weiterbildung der Funktionsinhaber, wenn man mal von der singulären Schulung in der Handhabung einzelner Methoden, Werkzeuge oder Prozesse absieht. Auch werden die Funktionsinhaber bei dieser Spielart der Matrix-Organisation oft nicht mit den dazu benötigten Kompetenzen ausgestattet. Sie sollen zwar unternehmerisch agieren, verfügen aber oft weder über die Budgethoheit noch die notwendigen Entscheidungsspielräume.

oder eben auch vernichten können. Und das ist so, weil die Wahrscheinlichkeit, nicht erfolgreich zu sein, aufgrund unterentwickelter Projektmanagementkompetenzen eben recht hoch ist. Und so schließt sich der (Teufels-)Kreis. Überlagert wird das noch dadurch, dass es gerade dem höheren Management oft schwerfällt, Budget- und Entscheidungskompetenzen in ausreichendem Maße an die Projektleiter abzutreten, wollen sie doch bei allen wesentlichen Entscheidungen beteiligt sein. Schließlich wollen sie wesentlicher Teil eines erfolgreichen Projekts sein bzw. es schnell abschießen können, bevor es ihnen auf die Füße fallen könnte. Der Grund hierfür wiederum liegt darin, dass der überwiegende Teil der Mitglieder des höheren Managements selbst eben keine Projektmanagementerfahrung aufweisen kann, haben sie sich doch überwiegend klassisch über die Linienmanagerfunktion nach oben gearbeitet und dabei erfolgreich vermieden, sich in schwierigen Projekten zu exponieren. Das ist der dritte Grund, warum das Projektmanagement in vielen Firmen unterentwickelt ist.

Die gute Nachricht aber ist, dass erfolgreiches Projektmanagement erlernbar ist und sehr vieles darin im Wesentlichen auf Logik und „Common Sense", also dem gesunden Menschenverstand, beruht. Daneben gibt es aber auch eine ganze Reihe von Werkzeugen, Fähigkeiten und Vorgehensweisen, die ein Projektmanager beherrschen sollte, um erfolgreich zu sein. Dazu gehören insbesondere auch Soft Skills wie Kommunikations- und Konfliktmanagement, aber auch eine gehörige Portion „breites Kreuz" und Leidensfähigkeit, in Neudeutsch „Resilience" genannt, und vor allem eine gehörige Portion echte Empathie. Zu guter Letzt benötigt es auch den richtigen „Mindset".

In den folgenden Kapiteln werden verschiedene Ansätze, Vorgehensweisen und Werkzeuge vorgestellt. Sie alle sind im Rahmen echter Projekte erprobt worden und haben sich dort bewährt. Insbesondere bei den Werkzeugen kommt es nicht darauf an, sie genau zu kopieren. Verschiedene Firmen haben da ihre eigenen Werkzeuge entwickelt oder beschafft, die alle mehr oder minder hilfreich sind. Bei den hier gezeigten Werkzeugen geht es mehr darum, das Prinzip zu verdeutlichen und das hervorzuheben, worauf es im Wesentlichen ankommt.

▶ Ganz allgemein sei hier vor den perfekten und ausgefeilten Werkzeugen gewarnt. Die Stabsfunktionen mancher Firmen haben in guter Absicht hierfür viel Energie aufgewandt oder viel Geld bei Beratern und/oder Softwarefirmen ausgegeben. Die dabei entstandenen Werkzeuge produzieren dann oft automatisch Charts, erzeugen Zusammenfassungen für das Topmanagement, nähren sich von bzw. füttern Datenbanken etc. Dabei wird aber oft vergessen,

1 Schwaches Projektmanagement

dass diese Werkzeuge nicht Selbstzweck, sondern nur Mittel zum Zweck sind und insbesondere auch von Menschen gepflegt werden müssen. Wer wollte schon mit einem massiv goldenen Hammer mit Brillanten am Griff Nägel in die Wand schlagen, der dann nach jedem Nagel erst gereinigt und poliert werden muss. Weniger ist da oft mehr (Common Sense!). Auch sollte man sich vor Werkzeugen hüten, die versprechen, einem das Denken abzunehmen, oder die in ihrer Funktion so komplex und intransparent sind, dass die damit erzeugten Ergebnisse nicht mehr nachvollzogen werden können. Es gilt heute leider immer noch, dass die überwiegende Mehrheit der Softwareanwendungen nur so gut ist wie ihre Programmierer. Stellen Sie sich nur die Situation vor, wenn Sie dem höheren Management erklären müssen, dass das Werkzeug schuld ist, dass …

Mindset

2

Zusammenfassung

Zum erfolgreichen Projektmanagement gehören nicht nur Werkzeuge und Prozesse. Tatsächlich bestimmen auch der Mindset sowie die individuellen und intellektuellen Fähigkeiten des Projektleiters bzw. der Projektleiterin wesentlich, ob ein Projekt die vielen in der Praxis des Projektmanagements auftauchenden „Klippen" elegant umschiffen oder daran zerschellen wird. In diesem Kapitel werden der benötigte Mindset und nützliche Soft Skills vorgestellt und erläutert.

2.1 Optimist oder Pessimist?

Eine auch in der Literatur häufig gestellte Frage ist, ob Optimisten oder Pessimisten die besseren Projektleiter abgeben.

Für den Optimisten spricht, dass er eine positive Grundeinstellung mitbringt, sein Team mitreißen kann, immer das Positive in den Vordergrund stellt und nie verzagen oder aufgeben wird. Das ist der Grund, warum insbesondere das höhere Management dazu neigt, Leute mit optimistischer Ausstrahlung zu Projektmanagern zu nominieren, entspricht das doch dem Klischee des Erfolgsmenschen: smart und optimistisch in die Zukunft lächelnd. Schließlich will das höhere Management, dass das vielleicht gegen innere Widerstände durchgesetzte Projekt auch zum Erfolg wird, und da wollen sie keine miesepetrigen Bedenkenträger mit der Umsetzung beauftragen. Gegen die Optimisten spricht jedoch, dass sie aufgrund ihrer Persönlichkeitsstruktur dazu neigen, zu sehr auf das Prinzip Hoffnung zu setzen: Probleme werden schon nicht eintreten, und wenn doch, dann lösen sie

© Der/die Autor(en), exklusiv lizenziert durch Springer Fachmedien
Wiesbaden GmbH, ein Teil von Springer Nature 2022
S. Irmisch, *Erfolgreich Projekte planen und umsetzen*,
https://doi.org/10.1007/978-3-658-36442-7_2

sich bestimmt von allein in Luft auf. Eine zurückhaltende Budget- und Terminplanung ist ihnen ein Gräuel, sehen sie oft auch gar keinen Grund dafür, ist doch der Weg zum Ziel „glasklar" erkennbar.

Für den Pessimisten spricht eigentlich gar nichts. Sieht ein Pessimist überall nur Hürden und Probleme und würde er aufgrund seiner Persönlichkeitsstruktur am liebsten erst gar nicht anfangen, kann es doch sowieso nur ein Misserfolg werden. Solchen Menschen gelingt es nicht, ein Team zu begeistern und zu Höchstleistungen anzutreiben und bei Rückschlägen wieder aus dem Demotivationsloch zu holen.[1] Auch seine Fähigkeit, mögliche Probleme zu antizipieren, verpufft, da es ihm kaum gelingen wird, das in positive Energie umzuwandeln, Stattdessen wird das Team eher noch weiter entmutigen.

Wenn es also kein Optimist und schon gar kein Pessimist sein soll, was für eine Persönlichkeit braucht es dann? Es ist klar, dass es eine gehörige Portion Optimismus braucht, um ein Entwicklungsprojekt leiten zu wollen, bewegt man sich doch bei der Entwicklung neuer Produkte, Dienstleistungen oder Geschäftsmodelle per Definition in zum Teil unbekanntem „Gebiet", in dem zwar das Ziel, aber nicht das Ergebnis schon (vollständig) bekannt ist (andernfalls bräuchte man das Projekt ja nicht; man müsste nur in die Schublade greifen). Wie soll das zu entwickelnde Produkt besser und erfolgreicher sein als alle Vorgänger, wenn man nicht das Bekannte und die existierende Erfahrung bis zu einem gewissen Grad verlassen müsste und dabei natürlich Risiken eingeht.[2] Wer also von vornherein glaubt, dass es schiefgehen wird, sollte sich erst gar nicht auf die „Reise" begeben. Hätte denn ein Kolumbus bei der spanischen Krone um Geld für die Entdeckung des Seewegs nach Indien gefragt, wenn er selbst nicht von der Machbarkeit seiner Expedition überzeugt gewesen wäre? Würde ein Elon Musk, trotz aller Rückschläge, hunderte von Millionen Dollar in die Entwicklung von Space-X investieren, würde er nicht an den Erfolg glauben? Trotzdem wussten weder Kolumbus noch Musk vor Beginn der „Reise" genau, welche Hindernisse ihnen dabei begegnen werden. Trotzdem waren/sind sie davon überzeugt, eine Lösung zu finden.

---

[1] Geneigten Lesern empfehle ich, „Per Anhalter durch die Galaxis" sowie die folgenden Bände von Douglas Adams [1] zu studieren und sich den pessimistischen Roboter „Marvin" als Projektleiter vorzustellen. Dabei wird der dauergestresste Projektmanager gleich noch einiges mehr über „den Sinn des Lebens … und überhaupt", die „Sirius Cybernetics Corp.", den „pangalaktischen Donner-Gurgler" etc. lernen, mit erstaunlichen Parallelen zum täglichen „Projektwahnsinn" seines oder ihres Projekts.

[2] Dieser Aspekt wird später im Kapitel Risikomanagement im Detail behandelt werden.

Neben dem Optimismus braucht es aber vor allem eine gehörige Portion von Realismus, der eine kontinuierliche „Erdung" des Projektleiters und des Teams sicherstellt und vermeidet, dass das Handeln allein durch Wunschvorstellungen getrieben und der Projektplan zum Traumschloss wird. Dieser Realismus bedingt insbesondere, dass er/sie und das Team sich (selbst-)kritisch und immer wieder mit den laufenden Herausforderungen des Projekts auseinandersetzen, offen sind für jede Hilfe, die sie bekommen können, konstruktiv Probleme angehen und vor allem vorausschauend mögliche Hürden identifizieren und dafür proaktiv geeignete Contingency-Pläne definieren und umsetzen. Letzteres mag insbesondere in einer frühen Projektphase als eine Form des Pessimismus verstanden werden, ist tatsächlich aber Ausdruck von vorausschauender Planung. Analog einem Kolumbus, der die Distanz nach Indien zwar vorausberechnet hatte, bezüglich der Vorräte aber sicherheitshalber deutlich mehr mitgenommen hat und das dann auch wirklich brauchte; und das, obwohl Amerika viel näher an Spanien liegt als das eigentliche Ziel Indien. Es handelt sich hierbei also nicht um wirklichen Pessimismus, sondern eher um eine Form des „Zweckpessimismus", eines „Was-wäre-wenn-Denkens", als um eine tatsächliche negative Grundeinstellung.

Unterm Strich ist für mich der ideale Projektleiterkandidat also kein Optimist und ganz sicher kein Pessimist, sondern ein optimistisch eingestellter Realist, der vorausschauend plant und dadurch der Realität immer schon eine Nasenspitze voraus ist. Der britisch-amerikanische Romanautor Lee Child hat das schön auf den Punkt gebracht: „Hope for the best, plan for the worst".

2.2 Soft Skills

In gewisser Hinsicht muss ein Projektleiter ein Multitalent sein, stellt er doch einen Unternehmer im Unternehmen dar, ohne allerdings der Chef des Unternehmens zu sein und damit oberste Entscheidungsbefugnisse bezüglich Budget, Terminen und Ressourcen zu haben. Das breite Spektrum an Herausforderungen und benötigten Fähigkeiten kann man leicht an der Vielfältigkeit der Aufgaben ableiten.

Teamführung
Zunächst einmal leitet der Projektleiter ein Team von Projektmitarbeitern, die aber alle nur für die Dauer des Projekts aus den jeweiligen Linienfunktionen ausgeliehen sind. Das erfordert, ein Team zu führen, in schwierigen Situationen zu motivieren, Konflikte zwischen den Mitarbeitern zu schlichten, Hürden aus dem Weg zu räumen, Ergebnisse einzufordern, eventuell auch mal Spät- und Wochenendeinsätze zu verordnen, … und dies alles, ohne der disziplinarische Vorgesetzte zu sein.

Das erfordert die Fähigkeiten, überzeugen und begeistern zu können, zuhören, aber auch sich durchsetzen zu können, verfügbar zu sein, wenn man gebraucht wird. Dazu gehört auch eine gehörige Portion von technischem Verständnis der jeweiligen Materie, was schon allein deswegen wichtig ist, um vom Team respektiert zu werden und auf Augenhöhe mitsprechen zu können. Der Projektleiter führt dabei nicht vom „Feldherrenhügel", sondern aus der vordersten Linie. Das erfordert Authentizität und Glaubwürdigkeit und vor allem ein hohes Maß an Empathie. Ich weiß nicht, wieviel Stunden meines Lebens ich damit verbracht habe, Teammitglieder wieder aufzurichten, wenn das Projekt in scheinbar ausweglosen Sackgassen feststeckte. Wieviel Liter Bier, Wein oder Whisky ich in Vier-Augen-Gesprächen an diversen Hotelbars getrunken habe, wenn mir Mitarbeiter ihr Herz ausgeschüttet haben bzw. das Handtuch in kritischen Projektphasen werfen wollten. Wieviel Lanzen ich für die Teammitglieder gebrochen habe, wenn sie dringend benötigten Input von anderen Einheiten nicht bekommen haben und wieviel alte Zöpfe ich abgeschnitten habe, wenn veraltete und ungeeignete Prozesse den Projekterfolg gefährdet haben. Als Projektleiter darf man die Wichtigkeit und gleichzeitig den zu treibenden zeitlichen Aufwand für die immer wieder benötigten „Seelenmassagen" nicht unterschätzen. Das ist nicht on-top und lästig, sondern ein wesentlicher Teil der Aufgabe, ist man in gewisser Hinsicht doch die „Mutter des Projekts". Auch muss man dabei lernen, seine eigenen Emotionen zu kontrollieren und richtig einzusetzen, färben die doch direkt auf das Projektteam ab: Lässt der Projektleiter deprimiert den Kopf hängen, lassen auch die Mitarbeiter schnell die Hoffnung fahren. Gleichzeitig wird man in den Augen des Teams schnell unglaubwürdig, wenn man ohne Unterlass, auch angesichts der größten Rückschläge, stets nur lächelnd Optimismus verbreitet.

Peer-Management
Da sich Aufgaben, Arbeits- und Zeitaufwände im Laufe eines Projekts zu ändern pflegen, gehört es zu den Aufgaben eines Projektleiters, mit den Leitern der Linienfunktionen, von denen man die Teammitglieder „ausgeliehen" hat, immer wieder Lösungen auszuhandeln, sollten Mitarbeiter früher, später oder länger benötigt werden als ursprünglich vereinbart bzw. durch Mitarbeiter mit anderen Skill-Sets ersetzt werden müssen. Da der jeweilige Projektleiter nur einer von vielen „Kunden" der Linienfunktionen ist (und nicht zwangsläufig der mit der höchsten Priorität), beschränken sich diese Verhandlungen oft nicht nur auf die Leiter der Linienfunktionen, sondern schließen oft auch die Leiter anderer Projekte ein, die um die gleichen Ressourcen konkurrieren. Hierzu benötigt es Verhandlungsgeschick und Konfliktmanagementkompetenzen, soll das nicht jedes Mal zur Schlichtung beim Topmanagement landen, die ja bekannterweise ihre Zeit lieber für andere Dinge

2.2 Soft Skills

nutzen wollen, als Konflikte zu schlichten. Konfliktpotenzial besteht aber auch, da sich mancher Leiter der Linienfunktionen gerne auch als den besseren Projektleiter empfindet. Das gilt insbesondere dann, wenn eine Matrix-Organisation in dem Unternehmen noch neu ist und daher noch nicht in Fleisch und Blut der Organisation übergegangen ist. Dann besteht oft eine gewisse Konkurrenzsituation zwischen Projektleitern und Linienleitern, da sich insbesondere Letztere oft in ihrer neuen Rolle zurückgesetzt fühlen und instinktiv glauben, ihren Wert unter Beweis stellen zu müssen. Dem kann man als Projektleiter jedoch meist dadurch geschickt entgegenwirken, indem man die Expertise dieser Linienleiter aktiv in das Projekt mit einbezieht, zum Beispiel in der Rolle von Reviewern oder Ratgebern, die regelmäßig konsultiert werden.

Stakeholdermanagement

Eine der herausforderndsten Aufgaben für jeden Projektleiter ist das Stakeholdermanagement. Je größer das Projektbudget und je strategisch und kommerziell bedeutsamer das Ergebnis für das Unternehmen, desto hierarchisch höher aufgehängt werden die Stakeholder sein: Bei einem der wichtigsten und teuersten Entwicklungsprojekte des Unternehmens will das Topmanagement nicht außen vor sein und z. B. im Rahmen eines sogenannten Steering Committee („SteCo") stets gut über Fortschritt und Probleme informiert werden und gegebenenfalls Einfluss nehmen wollen.[3] Ein derartiges SteCo kann Fluch oder Segen für jedes Projekt sein und es liegt bis zu einem gewissen Grad in der Hand des Projektleiters, was von beiden es sein wird:

- *Segen:* Wenn das SteCo unterstützend tätig ist, um z. B. organisatorische Roadblocks aus dem Weg zu räumen, bei der Entscheidungsfindung unterstützt, Firmenpolitik vom Projekt fernhält, etc.
- *Fluch:* Wenn das SteCo z. B. kein Vertrauen in das Projektteam hat, zu Micro-Management neigt oder entscheidungsschwach agiert bzw. jede Entscheidung selber fällen möchte und damit den Projektleiter de facto entmachtet.

Wichtig ist also, dass es dem Projektmanager gelingt, das Vertrauen des SteCo zu erlangen, sodass es das Projektteam in Ruhe arbeiten lässt. Und dieses Vertrauen muss und will immer wieder neu verdient werden. Dazu gehört es, proaktiv das SteCo stets zweckmäßig und verständlich über Fortschritt und Herausforderungen

---

[3] Das Projekt könnte ja auch für die Karriere des einen oder anderen Topmanagers von großer Bedeutung sein. Hat er oder sie sich ja vielleicht beim Vorstand weit aus dem Fenster lehnen müssen, um das Budget genehmigt zu bekommen.

zu informieren, es bei wichtigen Entscheidungen zu involvieren, aber auch das tägliche Klein-Klein und Konflikte, die das Projektteam selbst lösen kann, vom SteCo fernzuhalten. Hier sollte auf einer „Need-to-know"-Basis vorgegangen werden. Man muss sich zunächst darüber im Klaren werden, wie das höhere Management im Allgemeinen und die jeweiligen SteCo-Mitglieder im Speziellen „ticken". Grundsätzlich gemeinsam ist jedem höheren Management, dass es wenig Zeit hat. Der Projektmanager tut also gut daran, die Mitglieder des SteCo nicht mit seitenlangen Berichten und langatmigen Abhandlungen zu quälen. Hier gilt definitiv das „KISS-Prinzip": Keep It Short and Simple. Dazu gehören eine wirklich kurze und klar formulierte „Executive Summary" sowie leicht lesbare Grafiken (siehe Kapitel 10). Die Erfahrung lehrt, dass sich viele komplexe Zusammenhänge grafisch viel einfacher darstellen lassen und schneller verständlich sind als geschriebene Berichte und Tabellen. Sollte das vom Unternehmen verwendete Standardprojektreporting das nicht bereits in geeigneter Form unterstützen, scheuen Sie sich nicht davor, das dann selbstständig zu ergänzen bzw. dem SteCo eine entsprechende Ergänzung vorzuschlagen, insbesondere, da verschiedene Menschen unterschiedliche Vorlieben haben. Wenn es um benötigte Entscheidungen durch das SteCo geht, gilt es, zwei mögliche Kardinalfehler zu vermeiden:

a. Belästigen Sie das SteCo nicht mit Entscheidungen, die Sie selbst fällen können und sollen. Wegen „Bagatellen" ein SteCo zu bemühen, vermittelt den Eindruck von Unsicherheit und fehlender Führung und ist daher definitiv hinsichtlich Vertrauensbildung kontraproduktiv. Allerdings macht es eine Menge Sinn, Projektentscheidungen zu dokumentieren und in das regelmäßige Reporting einzubauen. Damit geben Sie dem SteCo die Möglichkeit, diese Entscheidungen bei Bedarf zu hinterfragen oder zu widerrufen. Hierauf wird im Kapitel 10 noch eingegangen.

b. Handelt es sich wirklich um Entscheidungen, die auf SteCo-Level entschieden werden müssen, sind Sie gut beraten, nicht nur das Problem zu erläutern, sondern dazu gleich noch mindestens zwei machbare und konsensfähige Lösungsvorschläge mit den dazugehörenden Pros und Kontras anzubieten, die Sie vorab mit dem Projektteam und eventuell anderen betroffenen Parteien erarbeitet haben. Das SteCo möchte von Ihnen grundsätzlich Lösungen und nicht Probleme hören. Es möchte am liebsten nur mit dem Kopf nicken müssen. Kaum etwas frustriert ein Mitglied des Topmanagements mehr, als wenn ihm von den Mitarbeitern ein Problem vorgesetzt wird. Nicht nur, dass er/sie sich jetzt erst in die Thematik einarbeiten müsste, obwohl dafür gar keine Zeit vorhanden ist. Auch fragt er/sie sich unwillkürlich, wofür denn die Mitarbeiter, die fachlich dem

2.2 Soft Skills

Thema inhaltlich viel näher sein sollten, eigentlich bezahlt werden, wenn er/sie dann das Problem selbst lösen muss.

Hierzu noch drei Tipps:

▶ 1. Sollte bei größeren Projekten zu Anfang noch kein SteCo aufgestellt worden sein, ist es smart vom Projektmanager, ein solches vorzuschlagen. Insbesondere, da der vorschlagende Projektmanager hierbei evtl. auch auf die Zusammensetzung Einfluss nehmen kann und damit sicherstellt, dass die tatsächlich benötigten Entscheider Teil des SteCo werden.
2. Wenn Sie die SteCo-Mitglieder und deren Vorlieben und Präferenzen noch nicht gut kennen, fragen Sie sie gleich bei der ersten Sitzung, was sie gerne in welcher Form von Ihnen bekommen möchten, welche Themen im SteCo behandelt und wie eventuelle Eskalationen/Emergencies abgefahren werden sollen. Dabei stellen Sie, wie oben beschrieben, proaktiv einen oder mehrere Vorschläge hierzu vor.
3. Viele Topmanager haben eine Abneigung gegen das Wort „Problem", da es in vielen Unternehmen stark negativ belegt ist. Gewöhnen Sie sich deswegen an, lieber von „Herausforderungen", „Challenges" oder „Issues" zu sprechen. Das vermittelt von vornherein den Eindruck, dass sie grundsätzlich lösbar sind, insbesondere wenn Sie, wie oben beschrieben, diese gleich zusammen mit gangbaren Lösungsvorschlägen vorstellen.

Eine weitere vertrauensbildende Maßnahme ist es, stets sehr gut vorbereitet zu einem SteCo Meeting zu gehen. Das bedeutet nicht nur, tief in der Materie der Sitzungsagenda zu stecken, sondern auch auf alle anderen möglichen Fragen und Themen, die während der Sitzung auftauchen könnten, gut vorbereitet zu sein. Hierzu macht es Sinn, dass man sich in der Vorbereitungsphase in die Rolle der SteCo-Mitglieder versetzt und sich überlegt, was die Fragen sein könnten und wie die entsprechenden Antworten aussehen sollten. Auch sollte man auf Themen vorbereitet sein, die zwar nicht Gegenstand der Sitzungsagenda sind, aber z. B. von allgemeinem Interesse sein könnten, wie z. B. der aktuelle Status in der Bearbeitung einer früher diskutierten Herausforderung, der mögliche Einfluss des kürzlich in den Medien berichteten Anstiegs des Nickelpreises auf die Herstellkosten, der Ausfall des Lieferanten XYZ, ... Natürlich ist es nicht möglich, zu allen denkbaren Fragen die Antworten parat zu haben. Aber wenn Sie zumindest viele dieser

Fragen jenseits der Agenda spontan beantworten oder zumindest sinnvoll kommentieren können (z. B.: „... die rechnerische Überprüfung der Lebensdauer hat gezeigt, dass wir das Ziel halten können ...", „... der höhere Nickelpreis ist in der aktuell prognostizierten Herstellungs-Grenzkosten bereits berücksichtigt ...", „... zusammen mit dem strategischen Einkauf haben wir bereits drei potenzielle Alternativlieferanten identifiziert ..."), wird das maßgeblich zu einem Vertrauensgewinn in Sie und Ihr Team beitragen. Brillieren können Sie, wenn Sie dabei auch noch selber einzelne Punkte anbringen, die den SteCo-Mitgliedern noch nicht bekannt sind, Sie aber zusammen mit Ihrem Team schon die Lösung parat haben (z. B.: „... am Firmenstandort ABC sind infolge eines Blitzschlags sämtliche Rechner ausgefallen. Wir konnten jedoch bei der benachbarten Universität Rechnerkapazitäten anmieten, sodass es keine Projektverzögerung geben wird ...").

Ein weiterer Kardinalfehler ist es, den Projektstatus zu wenig oder zu selten zu rapportieren. Denke ich zum Beispiel an meine mittlerweile sehr alten Eltern und höre ich einige Tage lang nichts von Ihnen, mache ich mir da wenig Sorgen. Wenn was wäre, können sie sich ja jederzeit bei mir telefonisch melden. Dagegen werde ich sofort nervös, wenn sie mich zu einer ungewohnten Zeit anrufen, da ich davon ausgehe, dass irgendetwas passiert sein muss. Im Gegensatz zum Privatleben ist es im Beruf genau umgekehrt: Höre ich als Manager, Stakeholder oder SteCo-Mitglied von einem Projekt längere Zeit nichts mehr, beginne ich mir automatisch Sorgen zu machen: Da muss irgendetwas schief gegangen sein; das Team arbeitet vielleicht fieberhaft, aber erfolglos an einer Lösung; wenn ich nur davon wüsste, könnte ich Ihnen wahrscheinlich helfen; wie erkläre ich meinem Management, dass wir die Markteinführung wohl verschieben müssen und warum ich da nicht rechtzeitig eingegriffen habe .... Es ist also falsch verstandene Fürsorge für die Stakeholder, ihnen Informationen vorzuhalten und zu glauben, man täte ihnen und sich selbst damit einen Gefallen. Stakeholder wollen regelmäßig und eher hoch frequent über Status und Fortschritt informiert werden, auch wenn es nichts außer „on-track" zu berichten gibt. Und erst recht, wenn das Team auf eine neue Herausforderung gestoßen ist, solange man diese Information dann auch gleich mit einem Aktionsplan und der Bewertung möglicher Konsequenzen und Alternativen versieht. Am Ende wollen die Stakeholder das gute Gefühl haben, dass sie stets Bescheid wissen und sich selbst aber nicht kümmern müssen, da der Projektleiter und das Projektteam alles im Griff haben. Das gibt dem Stakeholder den gewünschten „Peace-of-Mind" und er/sie kann sich beruhigt um andere Themen kümmern.

Nur schlimmer, als die Stakeholder nicht regelmäßig zu informieren ist es, wenn die Chefs der Stakeholder besser informiert sind bzw. früher von Problemen wissen. Damit verspielt ein Projektleiter jedes Vertrauen bei den Stakeholdern.

2.2 Soft Skills

Natürlich handelt es sich hier um eine Gratwanderung: Zu wenige oder zu seltene Informationen machen die Stakeholder nervös. Zu detaillierte und zu häufige Informationen ermüden die Stakeholder und können, je nach Typus der Stakeholder, auch Mikro-Management-Tendenzen auslösen, was wirklich kein fähiger Projektleiter braucht. Wie oben beschrieben, lotet man am besten gleich zu Beginn des Projekts zusammen mit den SteCo-Mitgliedern aus, welche Art von Informationen sie in welchem Detaillierungsgrad und mit welcher Häufigkeit erwarten. Suchen Sie sich einen im Unternehmen anerkannten und respektierten „Elder Statesman", der Sie coacht und berät und vielleicht in schwierigen Situationen auch mal eine Lanze für den Projektleiter und das Projektteam bricht.

Schließlich darf man gerade bei großen, teuren und für das Unternehmen wichtigen Projekten den Einfluss der Firmenpolitik nicht unterschätzen. Auch wenn ihr Unternehmen Offenheit, teamübergreifende Zusammenarbeit, Kundenfokussierung, Unternehmertum und Transparenz predigt, sehen die Realitäten auch im höheren Management oft anders aus. Schließlich geht es bei solchen Projekten oft auch um Ego, Prestige, Macht und Karriere des höheren Managements. So ist es nicht immer auszuschließen, dass es bei den Stakeholdern sowohl Unterstützer als auch mehr oder minder offensichtliche Gegner oder zumindest Bedenkenträger hinsichtlich Ihres Projekts gibt. Das kann viele unterschiedliche Gründe haben. Zum Beispiel war das „Go" zu ihrem Projekt das Ergebnis eines Machtkampfes auf höherer Eben, wo es eben auch (vorläufige) „Verlierer" gegeben hat. Oder bei der Nominierung des Projektleiters ist der Wunschkandidat und Protegé eines der Stakeholder unterlegen. Manchmal ist der Grund auch nur, welcher Teil der Organisation für das Projekt zuständig ist und hofft, die Lorbeeren einzusammeln. Wer also glaubt, dass hier nur Sachargumente und das Interesse des Unternehmens eine Rolle spielen, täuscht sich leider. Persönlich habe ich es mehr als einmal erlebt, wie mein Projekt zum Spielball der verschiedenen politischen Interessen und Eitelkeiten des höheren Managements geworden ist. Ein Projektmanager tut in solchen Situationen gut daran, sich nicht zwischen die Fronten ziehen zu lassen oder (zu offensichtlich) Partei für die eine oder andere Seite zu ergreifen, auch wenn eine gewisse Loyalität zu ihrer Reporting-Linie von allen Beteiligten erwartet wird. Solange Sie aber immer sachlich und nur im Interesse des Projekterfolges bzw. dem Wohl des Unternehmens argumentieren, werden selbst Ihre Gegner Sie respektieren, auch wenn sie anderer Meinung sein sollten. Sie tun schließlich trotz aller politischen Verwicklungen nur Ihren Job. Trotzdem sollten Sie ein Gespür für die jeweiligen politischen Strömungen entwickeln, um zumindest die Mehrzahl der Fettnäpfchen umgehen zu können. Auch hier empfiehlt es sich, einen Coach zu haben, der die verschiedenen politischen Strömungen einschätzen kann.

Auch hier noch ein Tipp: Vermeiden Sie es tunlichst, einem Stakeholder, z. B. im Rahmen einer SteCo Sitzung, öffentlich und direkt zu widersprechen, auch wenn Sie die schlagenden Argumente alle parat haben: Das Ego vieler Topmanager lässt so eine öffentliche Zurückweisung durch einen hierarchisch Tiefergestellten nicht zu und Sie riskieren, sich einen Stakeholder zum Feind zu machen. Auch wenn das Ansinnen des betroffenen Stakeholders aus Ihrer Sicht noch so abwegig klingen mag, sollten sie stets diplomatisch vorgehen, wissend, dass, was immer in diesem SteCo Meeting besprochen oder sogar beschlossen wurde, (noch) nicht in Stein gemeißelt ist. Sie sollten also stets konstruktiv bleiben, sich für die Anregung oder den Vorschlag bedanken und versprechen, das umgehend mit dem Team aufzunehmen. Tatsächlich können solche aus Projektsicht auf den ersten Blick zunächst unsinnig wirkenden Anregungen/Vorschläge sich als nützlich erweisen. Dahinter kann sich die längere Erfahrung, der bessere Blick für das „Bigger Picture" oder auch Ihnen verborgene firmenpolitische Rahmenbedingungen verbergen, die der jeweilige Stakeholder in diesem Gremium aber vielleicht nicht im Detail erläutern kann oder will. Es lohnt sich also immer, solchen Anregungen/Vorschlägen nachzugehen, auch wenn sie sich später in Luft auflösen sollten.

Ist aus Ihrer Sicht ein falscher Beschluss gefällt worden, nehmen Sie das erst einmal hin und sagen Sie die Umsetzung zu. Sie vermeiden damit erst einmal einen Konflikt und als stur und rechthaberisch dazustehen. Auch wenn viele Topmanager eine öffentliche Zurückweisung nicht dulden, sind sie im Vier-Augen-Gespräch anderen Sichtweisen und Argumenten deutlich zugänglicher. Suchen Sie also in so einem Falle nach der Sitzung das direkte Gespräch, offiziell mit dem Ziel, ihm/ihr das Teamergebnis zu seinem/ihrem Vorschlag/Beschluss vorstellen zu wollen, bzw. weil Sie und Ihr Team als Folge des jüngsten Beschlusses auf eine Komplikation gestoßen sind und Sie den Stakeholder darüber zeitnah informieren wollen. Dabei sollten Sie dann auch gleich noch mögliche Alternativen mit ihren Pros und Kontras vorstellen. Sie geben dem Stakeholder damit die Gelegenheit, nicht nur ohne „Gesichtsverlust" von seiner Sichtweise abrücken zu können, idealerweise übernimmt er einen ihrer Vorschläge als seine eigene Idee, wird sich dafür einsetzen und geschmeichelt sein, einen wichtigen persönlichen Beitrag geliefert zu haben. Sie haben also dazu beigetragen, dass er/sie Teil der Erfolgsstory wird und sich damit einen Unterstützer gesichert. Das Ganze erfordert vom Projektleiter ein gewisses Maß an politischem Geschick und die Fähigkeit, die eigene Mimik und Gestik auch in schwierigen Situationen kontrollieren zu können. Insbesondere benötigt es auch die Fähigkeit, eigene, brillante Ideen anderen „anzubieten", damit die damit glänzen können; also die Fähigkeit, die eigene Eitelkeit, den persönlichen Ehrgeiz und den vielleicht verletzten Stolz bisweilen zugunsten des Projekts hintanstellen zu können. Auch hier ist es sehr hilfreich, einen Coach zu haben, bei

2.2 Soft Skills

dem man sich einerseits von Zeit zu Zeit ausheulen kann (auch Projektleiter sind nur Menschen), der aber auch als „Sounding Board" dient, um z. B. Vier-Augen-Gespräche mit einzelnen Stakeholdern vorzubereiten.

Ein weiterer Tipp:

▶ Gehe nicht zu Deinem Herrn, wenn er Dich nicht ruft (bzw. wenn Sie es nicht wollen): Jedes Treffen mit den Stakeholdern birgt die Gefahr, dass Sie mit mehr oder minder sinnvollen zusätzlichen Aufgaben beladen werden. Da Sie typischerweise bereits einen 150-Prozent-Job haben, sollten Sie das nicht ohne Not provozieren.

Fairerweise muss man hier aber auch zugunsten des Topmanagements bzw. der Stakeholder ergänzen: Es handelt sich in der Regel um hocherfahrene, vielbeschäftigte und sehr intelligente Menschen. Sie können sich aber mit diesem Projekt vielleicht nur wenige Stunden im Monat beschäftigen und stecken natürlich längst nicht so tief in der Materie wie das Projektteam. Auch sie wollen keine falschen Entscheidungen treffen und sie wollen, dass das Projekt zum Erfolg wird. Es ist Ihre Pflicht als Projektleiter, die Stakeholder geeignet zu informieren und zu unterstützen, dass sie die richtigen Entscheidungen fällen.

Last but not least: Eine ganz zentrale Eigenschaft eines erfolgreichen Projektleiters bzw. einer erfolgreichen Projektleiterin ist *Mut*. Mut, sich selbst und dem Projektteam ambitionierte Ziele zu setzen; Mut, Risiken einzugehen; Mut, ausgetretene Pfade bei Bedarf zu verlassen; Mut, Neues auszuprobieren; Mut auch, um der „alten Garde" in ihren Unternehmen sowie bei Bedarf auch den Stakeholdern und dem Topmanagement die Stirn zu bieten. Wer immer ganz sicher gehen möchte, mag auch in der Lage sein, ein Projekt erfolgreich abzuschließen. Aber es wird nur eines der vielen durchschnittlichen und unspektakulären Projekte sein, die teurer und langwieriger als notwendig waren, dabei nur durchschnittlich erfolgreiche Produkte liefern, und die das vorhandene Potenzial Ihres Teams und der vorhandenen Technologien bei weitem nicht ausschöpfen. Sie haben damit Ihrem Unternehmen (und somit auch Ihren Kollegen und Teammitgliedern) einen Bärendienst erwiesen, hat es doch viel Ressourcen und Geld in das Projekt und damit auch in Sie investiert mit dem Ziel, ein wettbewerbsfähiges Produkt zu bekommen, mit dem Marktanteile dazugewonnen werden können, um erfolgreicher zu sein und noch mehr Geld und Ressourcen in noch spannendere Projekte stecken zu können. Wozu es im Detail Mut braucht und wie man damit umgeht, wird in späteren Kapiteln noch ausführlich behandelt werden.

Unterm Strich kann man aus den obigen Abhandlungen gut erkennen, wie vielfältig die Fähigkeiten eines Projektmanagers sein müssen (siehe Abb. 2.1). Natürlich sind wir trotz dem einen oder anderen angeborenen Talent nicht so zur Welt

Abb. 2.1 Idealer Skill-Set eines Projektmanagers

gekommen. Aber alle diese Fähigkeiten sind erlernbar bzw., soweit in den Grundzügen schon vorhanden, weiter ausbaubar. Entweder durch gezielte Aus- und Weiterbildungsmaßnahmen und/oder mittels einem projektbegleitenden Coaching z. B. in Form eines erfahrenen Projektleiters an Ihrer Seite. Erstaunlicherweise lässt sich Vieles, was oben beschrieben wurde, auch einfach durch Common Sense erschließen: Fragen Sie sich selbst in einer schwierigen Situation, wie Sie damit umgehen würden, wenn es Ihr eigenes Geld, Ihre eigenen Mitarbeiter, Ihre eigene Firma, Ihre alleinige Entscheidung wäre oder Ihre Familie beträfe. Sie werden sehen, dass viele Menschen, und wahrscheinlich Sie selbst auch, anders entscheiden, wenn es um das eigene Wohl geht, anstatt dem eines anderen oder ganz anonym „der Firma". Ein klassisches Beispiel hierfür ist der Unterschied im Umgang mit einem Geschäftswagen gegenüber Ihrem eigenen Fahrzeug. Oder bei der Entscheidung für eine Bestellung mal schnell x% mehr der Firmenmittel oder aber Ihr privates Geld einzusetzen.[4] Aber auch, wenn Sie sich vorstellen, wie Sie einen Kon-

---

[4] Ein früherer Mitarbeiter, wenn auf Dienstreise, ging beim Bestellen des Abendessens stets so vor, dass er im Menü erst einmal schaute, was die teuersten Gerichte sind, um dann daraus etwas zu bestellen. Mit seinem privaten Geld hätte er das natürlich nicht gemacht, sondern intuitiv einen Preis-Leistungs-Vergleich durchgeführt.

flikt in Ihrer Familie schlichten würden gegenüber Ihrer Vorgehensweise im Unternehmen: Zum Beispiel gehen Sie mit ihrem eigenen, uneinsichtigen Kind bestimmt anders um als mit einem uneinsichtigen Mitarbeiter oder Kollegen.

Wenn Sie das also aktiv reflektieren, dann fangen Sie an, wie ein wirklicher Unternehmer zu denken, der sich um seine Firma, seine Mitarbeiter, seine knappen Ressourcen etc. sorgt und damit verstanden hat, dass nicht er/sie selbst im Mittelpunkt steht, sondern das Projektergebnis zum Wohle des Unternehmens und seiner beschäftigten Mitarbeiter.

2.3   Leading without Authority

Eine wesentliche Eigenschaft jedes Projektleiters ist es, führen zu müssen, ohne wirklich die Kontrolle zu haben: Weder rapportieren die Projektmitarbeiter direkt an den Projektleiter – sie sind nur von Disziplinenmanagern temporär ausgeliehen, die für deren Entwicklung und Karriere in der Firma verantwortlich sind –, noch ist der Projektleiter tatsächlich im Besitz der Projektbudgets und des Terminplans, da die jährlichen Anpassungen durch das höhere Management beschlossen werden in Abhängigkeit von den aktuellen Unternehmensprioritäten. Im schlimmsten Fall ist der Projektleiter sogar noch abhängig von anderen Einheiten in seiner Firma bezüglich der zu liefernden Beiträgen und er/sie hat nicht einmal formell Zugriff auf das dazugehörende Budget oder die eingesetzten Ressourcen.

Beispiel

In einem meiner früheren Projekte hing der Markteinführungstermin, für den ich direkt verantwortlich war, ganz entscheidend davon ab, dass in der benachbarten Fertigungseinheit Mitarbeiter und Maschinen für die Qualifikation der Herstellprozesse rechtzeitig und ausreichend zur Verfügung stehen. Tatsächlich hatte ich aber weder das Budget noch die Weisungsbefugnis über diese Mitarbeiter und Maschinen. ◄

Auch neigen geforderte Terminstrecken dazu, unabhängig von den zur Verfügung gestellten Budgets und Mitarbeitern eher kürzer als länger zu werden. Das bisweilen Unangenehme dabei ist, dass das in der Organisation auch jeder weiß.

Das Phänomen nennt man „Leading without Authority". Eine schöne Beschreibung für diese Situation habe ich im Buch „Results without Authority" [2] gefunden, die ich hier im englischen Original wiedergeben möchte:

„One analogy I like to use is that running a project is like driving a vehicle downhill. Control of a moving vehicle primarily involves the steering wheel, the accelerator, and the brake. Having all three is nice, but with a project, someone else's foot is on the accelerator, and if you brake, you will be late. You do have both hands on the steering wheel, though. You steer with process, influence, and metrics, keeping your trajectory as true as you can. With adequate preparation, diligence, and attention to detail, you can reach your destination, exhausted but exhilarated, with no casualties and only a few minor dents here and there. Project control starts at project initiation, and it will require your full attention all the way through to the end."

Das beschreibt die Situation eines Projektleiters ziemlich gut und mag auf den ersten Blick zunächst etwas entmutigend klingen. Tatsächlich zeigt Tom Hendrick hier aber auch schon den Weg zur Lösung auf: Vorbereitung, Sorgfalt und ein Auge für die Details. Aus meiner persönlichen Erfahrung würde ich hier noch ergänzen: die Fähigkeit, überzeugen und mitreißen zu können, Empathie, Ausdauer und Mut. Es kommt also auf die richtige Mischung von Hard Skills (Methoden, Prozesse) und Soft Skills (menschliche Eigenschaften) an sowie die Fähigkeit, diese situativ geschickt einzusetzen. Das alles ist für viele Menschen grundsätzlich erlernbar und dieses Buch soll dabei einen Beitrag leisten, indem es grundlegende Methodiken, Denkweisen und Ansätze vorstellt und auch praktische Tipps gibt für den Umgang mit typischen Projektsituationen und potenziellen Krisen.

Es muss hier aber auch klar gesagt werden: Menschen, die ihre Erfüllung im fachlichen Tiefbohren finden, die am liebsten im „stillen Kämmerlein" ungestört allein arbeiten und Reporting, Dokumentieren und Präsentieren nur als administrativen Overhead empfinden, sollten sich vom Projektmanagement fernhalten. Sie werden dort weder erfolgreich noch glücklich sein. Das ist genauso wie beim Gerätetauchen: Wer sich schon mit Maske und Schnorchel beim Abtauchen überwinden muss, wird sich später beim Gerätetauchen nie wohlfühlen, keinen Spaß haben und im schlimmsten Falle sogar eine Gefahr für seine Tauch-Buddies darstellen.

An dieser Stelle noch ein kleiner Trost mit Blick auf die scheinbar geringe Kontrolle der nur von Disziplinenmanagern ausgeliehenen Projektressourcen: Als auch langjähriger Linienmanager kann ich Ihnen versichern, dass auch direkte Vorgesetzte nicht über diktatorische Vollmachten verfügen und in gleicher Weise wie Projektleiter ihre Teammitglieder immer wieder überzeugen, motivieren und abholen und hin und wieder für sie auch eine Lanze brechen müssen. Andernfalls steht der Linienmanager bald ohne sein Team da.

2.4 Heterogene und multikulturelle Teams

Eine besondere Herausforderung für einen Projektleiter ist es, heterogene und multikulturelle Teams zu führen.

Mit *heterogenen Teams* ist hierbei gemeint, dass einzelne Teammitglieder oder sogar komplette Teams aus unterschiedlichen Geschäftsbereichen (z. B. Forschung und Entwicklung (F&E), Fertigung, Produkt Management, ...) und/oder externen Partnerfirmen stammen. Das kann unter Umständen zu erheblichen zusätzlichen politischen Komplikationen führen, die sich den meist ohnehin schon sehr anspruchsvollen und herausfordernden Projektaufgaben überlagern. Sei es in Form von Rivalitäten zwischen internen und externen Teams oder sogenannten „Turf-Fights" zwischen internen Einheiten, die um Einfluss, Macht und Anerkennung buhlen. Hier muss der Projektleiter auf jeden Fall eine neutrale und ausgleichende Position einnehmen, um eine Spaltung seines Teams und wenig hilfreiche Grabenkämpfe zu vermeiden. Damit muss er/sie sich zwar prinzipiell immer wieder mit Angriffen der verschiedenen Seiten auseinandersetzen, die ihm/ihr mehr oder minder direkt vorwerfen werden, parteiisch zu sein. Der Projektleiter wird hier also immer wieder viel Zeit aufwenden müssen, um zu erklären, auszugleichen, Konflikte zu entschärfen, einen „common ground" zu finden etc. Das erfordert vom Projektleiter ein hohes Maß an Integrität und Glaubwürdigkeit, damit sein/ihr Team die auch zum Teil unpopulären Entscheidungen mittragen wird. Ein demotiviertes, passives oder sogar destruktives Team kann sich der Projektleiter nicht leisten. Nicht leichter wird das, wenn dann auch noch seitens der Stakeholder auf den Projektleiter Druck ausgeübt wird, z. B. das sehr anspruchsvolle und prestigeträchtige Unterprojekt XYZ einem externen Partner zu übergeben, anstatt es durch ein internes Team bearbeiten zu lassen. Jeder Projektleiter ist gut beraten, sich in solchen Situationen zu überlegen, wie er/sie unnötige Konflikte entschärfen kann oder sie erst gar nicht entstehen lässt; möchte er/sie doch schon aus Selbsterhalt vermeiden, die nächsten Jahre mit viel Zeitaufwand und hohem Energieeinsatz permanent Konflikte zu schlichten.

Eine Konfliktvermeidungsmethode, die sich in der Vergangenheit immer wieder bewährt hat, ist es, Teams zu mischen (zumindest, wo das in sinnvoller Weise getan werden kann) bzw. einen lokalen Vertreter des anderen Teams vor Ort präsent zu haben. Ein gemeinsames Ziel wirkt Wunder, wenn es darum geht, Konflikte zu vermeiden.

Um hier ein konkretes Beispiel zu nennen:

Beispiel

Mein damaliger europäischer Arbeitgeber hatte sich nicht nur einige Jahre zuvor einen US-amerikanisches Wettbewerber einverleibt. Er arbeitete im F&E auch intensiv mit externen Partnerfirmen zusammen. Die mir zugeordneten Teams bestanden dann konsequenterweise auch aus Mitarbeitern von beiden Seiten des Atlantiks sowie auch von einem externen Partner. Während sich schon die internen Teams auf beiden Seiten des Atlantiks nicht grün waren, misstrauten beide gemeinsam dem externen Partner; umso mehr, als dieser externe Partner vom obersten Entwicklungsleiter hochgeschätzt und regelmäßig bei der Vergabe von anspruchsvollen Aufgaben bevorzugt ausgewählt wurde. Nach etlichen, oft wenig rationalen Konflikten, die ich nur mit viel Mühe und mehr oder weniger erfolgreich lösen konnte, wurde mir klar, dass es hierzu eine dauerhafte Lösung braucht, wollte ich nicht per Abendschule eine psychologische Zusatzausbildung absolvieren und mich zu einem größeren Prozentsatz meiner Zeit mit „Seelenmassage" beschäftigen. Wesentliche Gründe für die anhaltenden Konflikte waren vor allem Missverständnisse und Missinterpretationen, ein „Zwischen-den-Zeilen-Lesen", aber auch sprachliche und kulturelle Hürden, kurz: Kommunikationsprobleme. Da ich mich ja regelmäßig bei allen Parteien vor Ort aufhielt, war mir zudem bewusst, dass das kein Problem nur einer Seite war, sondern auf Gegenseitigkeit beruhte und die Kollegen beim externen Partner unter den gleichen Kommunikationsproblemen litten und dass das insgesamt zu vielen unproduktiven „Reibungsverlusten" führte. Man muss hier berücksichtigen, dass damals das Kommunikationswerkzeug Videokonferenz noch in den Kinderschuhen steckte und in den meisten Fällen infolge mangelnder Bandbreite nicht funktionierte. Stattdessen waren die Hauptkommunikationswerkzeuge E-Mail und Telefon, letzteres auch nur bedingt, da wegen der Zeitverschiebung nur zeitlich eingeschränkt verfügbar und es zudem auch gute Sprachkenntnisse voraussetzt. Also lief die Kommunikation hauptsächlich per E-Mail, dem schlimmsten Kommunikationsmittel überhaupt, gibt es doch jede Menge Raum für Missverständnisse und Missinterpretationen, noch dazu, wenn man sich in einer fremden Sprache austauscht.

Mit der Unterstützung des sehr verständnisvollen und hilfreichen Geschäftsführers des externen Partners identifizierten wir einen seiner Mitarbeiter, der aufgrund seiner persönlichen Struktur geeignet und bereit war, für ein Jahr im Rahmen einer Short-Term-Delegation nach Europa überzusiedeln und vor Ort die Front-End-Rolle für die Kommunikation zwischen den beiden Parteien zu übernehmen. Der Effekt war im positiven Sinne dramatisch: Nach kürzester Zeit beschränkten sich die Konflikte nur noch auf unvermeidliche, fachliche

2.4 Heterogene und multikulturelle Teams

Themen, alle zwischenmenschliche Konflikte und Konkurrenzdenken waren Geschichte. Warum war das so? Statt langwierige und oft missverständliche E-Mails auszutauschen, setzte man sich mit dem Kollegen einfach zusammen, diskutierte das Thema und er sprach dann mit seinem Kollegen auf der anderen Seite des Atlantiks, um ihnen das unmissverständlich in ihrer eigenen Sprache zu erklären bzw. Bedürfnisse und Ergebnisse der amerikanischen Kollegen den europäischen zu erläutern. Mindestens genauso wichtig ist, dass der „Feind" plötzlich ein Gesicht hatte, ganz sympathisch war und man konnte abends zusammen ein Bier trinken gehen und zusammen Fußball schauen. Nach dem ersten Jahr konnten wir dieses Erfolgsmodell fortsetzen und zwei weitere Mitarbeiter des externen Partners verbrachten jeweils sechs Monate in Folge in Europa. Erst nachdem ich selber in die USA wechselte, hat mein Nachfolger in Europa diese Praxis wieder eingestellt, vor allem, um die damit verbundenen und nicht ganz geringen Delegationskosten zu sparen. Die Folge war, dass die Teams innerhalb kürzester Zeit in die alten Verhaltensmuster zurückfielen. Diese Mehrausgaben für die Delegation hatten sich also auf jeden Fall mehr als gelohnt. ◄

Dank der heute sehr gut funktionierenden Videokonferenzen ist so eine Zusammenarbeit über verschiedene Standorte natürlich wesentlich leichter und auch kostengünstiger geworden, verringert sie doch den Bedarf für Dienstreisen. Der Hauptgrund ist, dass die Teilnehmer neben dem gesprochenen Wort auch die Mimik und Gestik des Gegenübers wahrnehmen. Das Allheilmittel ist die Videokonferenz (ViKo) trotzdem nicht. Gerade bei vielen Teilnehmern in einer ViKo geht genau dieser Vorteil wieder verloren, wenn man sie nur noch in Briefmarkengröße sehen kann. Ebenso, wenn keine Kommunikationsdisziplin besteht und ständig viele Teilnehmer durcheinander sprechen bzw. manche Teilnehmer nie zu Wort kommen. Auch wenn es sich um multikulturelle Teams handelt, können Mimik und Gestik sowie Ausdrucksweisen schnell missverstanden werden. Eine (wechselseitige) Delegation sollte deshalb zumindest in frühen Phasen einer Zusammenarbeit von noch nicht zusammengewachsenen und gut vernetzten Teams als Option immer mitberücksichtigt werden. Regelmäßige persönliche Treffen zum Kennenlernen und zum Team-Building können durch ViKos auch nicht ersetzt werden. Menschen, die erfolgreich zusammenarbeiten sollen, brauchen einfach auch Raum zum Quatschen und zum gemeinsam Spaß Haben.

Eine weitere Herausforderung können multikulturelle Teams darstellen. Neben verschiedenen Sprachen herrschen in verschiedenen Kulturen auch unterschiedliche Wertesysteme und Denk- und Arbeitsmuster. Natürlich denkt jetzt jeder (Europäer) sofort an die Zusammenarbeit mit indischen oder chinesischen Kollegen.

Tatsächlich gibt es sogar innerhalb Europas mehr oder minder subtile Unterschiede, die eine Zusammenarbeit erheblich behindern können. Auch die uns scheinbar so ähnlichen Nordamerikaner ticken erstaunlich anders als wir Europäer. Die verschiedenen Spielarten und Gründe für diese Unterschiede aufzuzählen, würde ganze Bücher füllen. Und natürlich unterliegen diese überall einem beständigen und kontinuierlichen Wandel und dürfen auch nicht pauschalisiert werden. Für den Projektleiter ist es aber entscheidend wichtig, sich mit diesen potenziell vorhandenen kulturellen Unterschieden auseinanderzusetzen, können sie sich doch schnell zu Sprengstoff innerhalb des Teams entwickeln und dann erhebliche Mengen „Sand im Getriebe" darstellen. Natürlich kann ein Projektleiter jetzt nicht die kulturellen Unterschiede im Detail studieren und dann auch die Mitarbeiter unterschiedlich behandeln. Insbesondere dann nicht, sollten sich in seinem/ihrem Team gleich ein gutes halbes Dutzend oder mehr verschiedene Kulturen befinden. Jeder Projektleiter ist jedoch gut beraten, für mögliche Unterschiede sensibilisiert zu sein und den verschiedenen Kulturen respektvoll und zurückhaltend entgegenzutreten. Es verschafft Ihnen Respekt, wenn Sie z. B. im Vier-Augen Gespräch bei passender Gelegenheit und in entspannter Atmosphäre den Vorgesetzten oder den Projektmitarbeiter auch mal fragen, ob dies oder jenes für sie in Ordnung ist. Insbesondere, wenn Ihnen Ihr Bauchgefühl sagt, dass irgendetwas nicht gut angekommen ist, oder sich ein Mitarbeiter nach einem Meeting merkwürdig verhält. So etwas schafft Vertrauen und wechselseitigen Respekt und die dafür aufgewendete Zeit ist gut investiert.

Nur um auch noch ein paar konkrete Beispiele zu nennen, ohne hier auch nur ansatzweise verallgemeinern zu wollen:

Beispiel 1

Frisch in den USA angekommen, ein international aufgestelltes Projekt leitend, machte ich eine merkwürdige Beobachtung: Saß ich mit meinen amerikanischen Teams zusammen, z. B. um den Projektfortschritt und mögliche Probleme zu besprechen, stellte ich fest, dass sie meinen Vorschlägen stets einhellig und uneingeschränkt zustimmten. Das Gefühl war, wie durch eine offene Tür zu fallen; war ich es doch von meinen deutschen Teams gewohnt, dass jeder meiner Vorschläge einer Einladung zu einer Diskussion gleichkam, nämlich sie zu hinterfragen und die damit verbundenen neuen Probleme im Detail aufzulisten und mir erst einmal zu erklären, warum sie nicht funktionieren werden. Mein damaliger, seit langem in den USA lebender Chef klärte mich dann aber schnell auf, dass das nicht an meinen genialen Leadership-Fähigkeiten oder meiner hohen technischen Expertise läge und auch dass die amerikanischen Mitarbeiter meinen Vorschlägen nicht wirklich unbedingt zustimmten, sondern eben einem

Vorgesetzten nur nicht offen widersprechen würden. Das liegt am amerikanischen Arbeitsrecht, wo Mitarbeiter sehr schnell gekündigt werden können und auch nur eine extrem kurze Kündigungsfrist haben. Sind Mitarbeiter also unzufrieden oder sehen, dass die Führungskraft das Projekt an die Wand fahren wird, dann widersprechen sie nicht, sondern suchen sich einen neuen Job. Der (unerfahrene) Vorgesetzte merkt das erst, wenn die Kündigung auf dem Tisch liegt und der Mitarbeiter am nächsten Tag schon nicht mehr da ist. ◄

Beispiel 2

Im Jahr 2000 befand ich mich im Rahmen einer Short-Term-Delegation in Großbritannien. Das Ziel meines Aufenthalts war es, nach einem Merger meines Arbeitgebers mit einem anderen internationalen Unternehmen die Zusammenarbeit zweier sich so gefundenen Einheiten zu organisieren. Selbst aus einer in der Schweiz beheimateten Organisation mit flachen Hierarchien und großen persönlichen Entscheidungsspielraum kommend, fand ich mich unversehens und völlig unerwartet in einer sehr starren und streng hierarchisch aufgebauten Organisation wieder. Während ich selbst als Manager das Großraumbüro gewohnt war, musste ich dort sogleich ein Einzelbüro beziehen, winzig klein und ohne Fenster, um von den britischen Mitarbeitern als Manager erkannt und wahrgenommen zu werden. Entsprechend lief dort auch die Kommunikation mit anderen Einheiten noch ausschließlich über die Vorgesetzten, anstatt direkt auf Mitarbeiterebene, wie es sich auf dem „Kontinent" bereits seit dem Ende der 1980er-Jahre zunehmend durchgesetzt hatte (siehe dazu auch Töpfer und Mehdorn [3]). Neben den klassischen Hürden in Form unterschiedlicher Werkzeuge und Prozesse galt es vor allem, diese kulturellen Unterschiede zu überwinden, ohne dass es dabei Gewinner und Verlierer gab. ◄

Von meinen russischen Kollegen habe ich in fast 20 Jahren der Zusammenarbeit gelernt, dass Offenheit und Ehrlichkeit und ein respektvoller Umgang das historisch gewachsene „ideologische" Eis schnell schmelzen lassen. Ich habe deren oft unkonventionelle Lösungsansätze[5] und die herzliche und menschliche Art der Zusammenarbeit sehr zu schätzen gelernt. Äußerst geschätzte Projektmitarbeiter aus Korea, Ägypten, China, Mexico und anderen Ländern haben mich an die verschiedenen Befindlichkeiten ihrer unterschiedlichen Kulturen herangeführt, ohne die ich

---

[5] Kreative und oft unkonventionelle Lösungsansätze, die sicher auch dadurch bedingt waren, dass sich die russischen Kollegen in Ermangelung der im Westen früher verfügbaren Computing-Power mehr auf die theoretischen Grundlagen und vereinfachte Modellierungen abstützen mussten.

hilflos von einem Fettnapf in den nächsten getreten wäre. Und wer glaubt, dass sich Schweizer von Deutschen nur durch den Dialekt unterscheiden, der wird dort mit Sicherheit in den „Röstigraben" fallen.

Generell gibt es kein allgemein gültiges „Kochrezept" zum Umgang mit unterschiedlichen Kulturen. Was aber definitiv hilft, ist eine Sensibilisierung dafür, dass Menschen unterschiedlicher Herkunft und/oder aus anderen Kulturkreisen grundsätzlich anders „ticken" (können), es dabei kein „richtig oder falsch" bzw. „besser oder schlechter" gibt und alle unterschiedlichen Verhaltensmuster und Wertesysteme Gründe haben, die es zu verstehen und zu tolerieren bzw. zumindest zu respektieren gilt. Eine ehrliche Neugierde, diese Unterschiede verstehen zu wollen und auf die Menschen im Rahmen deren Toleranzgrenzen zuzugehen, hilft dabei ungemein, da das von den betroffenen Menschen überwiegend als positiv empfunden wird (solange es nicht als aufdringlich wirkt). Den meisten Menschen eigen ist die Absicht, anderen helfen zu wollen bzw. an ihrem Wissen und Erfahrungen teilhaben lassen zu wollen. Gehen Sie also vorsichtig und in respektvoller Weise auf diese Menschen zu und bitten Sie sie um deren Hilfe, Ihnen nicht verständliche Verhaltensweisen zu erläutern. Zeigen Sie Interesse und Neugierde an deren Kultur, fragen Sie z. B. nach empfehlenswerten Restaurants mit einheimischer Küche und berichten Sie über Ihre Erfahrungen damit. Lassen Sie sich Begriffe in der jeweiligen Landessprache beibringen und nutzen Sie diese bei passenden Gelegenheiten. Zeigen Sie vor allem (und das gilt nicht nur im Umgang mit anderen Kulturen), dass Sie neben Ihrer Aufgabe als analytisch und strukturiert denkender Projektmanager, der jeden Tag unermüdlich das gemeinsame Projekt vorantreibt und von den Mitarbeitern deren maximale Leistung und mehr einfordert, der selten zufrieden mit dem Fortschritt ist und immer schon ein paar Schritte vorausdenkt, am Ende auch nur ein Mensch ist. Vertrauen gilt es da nicht nur bei den Stakeholdern aufzubauen, sondern vor allem auch innerhalb des Teams. Da dürfen soziale oder kulturelle Unterschiede nicht im Weg stehen.

2.5 Das Pareto-Prinzip

Das Pareto-Prinzip ist so bekannt wie es auch regelmäßig ignoriert wird. Für ein erfolgreiches Projekt spielt es aber eine entscheidende Rolle, ist es doch direkt ein Mittel zur effizienten und fokussierten Projektarbeit. Der Vollständigkeit halber sei hier das Pareto-Prinzip, welches in vielen Bereichen und verschiedenen Ausprägungen Anwendung findet, nochmal kurz vorgestellt und die Bedeutung für das Durchführen effizienter Projekte kurz diskutiert. Gemäß Wikipedia [4]:

2.5 Das Pareto-Prinzip

„Das Pareto-Prinzip, benannt nach Vilfredo Pareto (1848–1923), auch Pareto-Effekt oder 80-zu-20-Regel genannt, besagt, dass 80 % der Ergebnisse mit 20 % des Gesamtaufwandes erreicht werden. Die verbleibenden 20 % der Ergebnisse erfordern mit 80 % des Gesamtaufwandes die quantitativ meiste Arbeit. Die Pareto--Verteilung beschreibt das statistische Phänomen, dass eine kleine Anzahl von hohen Werten einer Wertemenge mehr zu deren Gesamtwert beiträgt als die hohe Anzahl der kleinen Werte dieser Menge."

Interessanterweise hatte Pareto diese Erkenntnis nicht aus technischen oder naturwissenschaftlichen Untersuchungen gewonnen, sondern aus einer im Jahr 1906 untersuchten Grundbesitzverteilung in Italien, wobei er herausfand, dass ca. 20 % der Bevölkerung ca. 80 % des Bodens besitzen. Interessanterweise zeigte auch eine Studie aus dem Jahr 1989, dass 20 % der Bevölkerung 82,7 % des Weltvermögens besitzen. Ebenso gemäß Wikipedia [4]:

„Vilfredo Pareto untersuchte auch die Einkommensverhältnisse europäischer und südamerikanischer Länder. Er fand heraus, dass sich die Gesellschaft in einer sozialen Pyramide – „pyramide sociale" – anordnet. Die Armen bilden die Basis und die Reichen die Spitze. Bildlich gesprochen handelt es sich um eine Pfeilspitze oder die Spitze eines Kreisels. … Daraus leitet sich das Pareto-Prinzip ab. Es besagt, dass sich viele Aufgaben mit einem Mitteleinsatz von rund 20 % erledigen lassen, sodass 80 % aller Probleme gelöst werden. Es wird häufig kritiklos für eine Vielzahl von Problemen eingesetzt, ohne dass die Anwendbarkeit im Einzelfall belegt wird. …"

Tatsächlich handelt es sich hier nicht um ein striktes Naturgesetz, sondern nur um eine Art Daumenregel, die zwar nicht unbedingt quantitativ exakt, aber in ihrer Kernaussage verblüffend zutreffend ist. Wir alle haben ein Bauchgefühl für dieses Phänomen entwickelt. Sei es in der Schule, dem Studium, in der Freizeit oder dem Berufsleben: Bei jeder neuen in Angriff genommenen Aufgabe machen wir zunächst sehr schnell und mit geringem Aufwand signifikante Fortschritte, während jede weitere Verbesserung einen immer größeren Aufwand erfordert. Sei es beim Erlernen eines Musikinstruments, einer Sportart aber auch bei der Anwendung von Technologien: Die größten Fortschritte werden immer am Anfang erzielt, während der Aufwand für jede weitere Verbesserung exponentiell zunimmt (siehe Abb. 2.2).

Ist eine Technologie ausgereift („mature"), sind nur noch kleine Verbesserungen durch eine weitere Verfeinerung und Optimierungen von Prozessen und Methoden möglich, die jedoch mit immer größeren Aufwänden einhergehen. Man befindet sich also in der obigen Darstellung schon ganz weit rechts auf der Kurve. Signifikante Verbesserungen können dann oft nur noch durch den Einsatz weiterer, neuer Technologien erreicht werden. Dabei wird ein neuer „Zyklus" gestartet, der

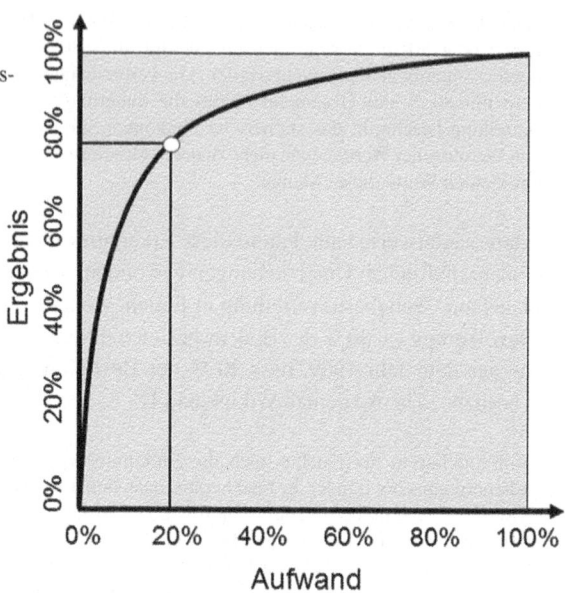

Abb. 2.2 Grafische Darstellung des Pareto-Prinzips: 80 % des Ergebnisses werden mit 20 % des Gesamtaufwands erreicht

dann seinerseits einen Reifeprozess durchläuft, bis der zu treibende Aufwand nicht mehr in einem vernünftigen Verhältnis zur erreichbaren Verbesserung steht (siehe Abb. 2.3).

Ein reales Beispiel aus dem Bereich der Flugtriebwerke bzw. der stationären Gasturbinen ist die Turbinentechnologie:

> **Beispiel**
>
> Ein wesentlicher Treiber zur Effizienzsteigerung dieser Geräte und damit zur Verringerung des Brennstoffverbrauchs ist die Erhöhung der Temperatur der Verbrennungsgase am Turbineneintritt. Die in den frühen Jahren der Turbinen eingesetzten konventionellen Stähle waren dabei früh an ihren Einsatzgrenzen angekommen. Ein wesentlicher Schritt zur weiteren Steigerung der Turbineneintrittstemperaturen war die Entwicklung hochtemperaturbeständiger Legierungen auf Basis von Nickel und Kobalt, den sog. „Super-Alloys". Um die Temperaturen weiter zu erhöhen, mussten die aus diesen Werkstoffen hergestellten Schaufeln aktiv gekühlt werden. Aber erst die Einführung der sog. „Filmkühlungstechnologie", bei der die Oberfläche der Schaufeln durch einen dünnen Kühlluftfilm vom direkten Kontakt mit den heißen Verbrennungsgasen ge-

2.5 Das Pareto-Prinzip

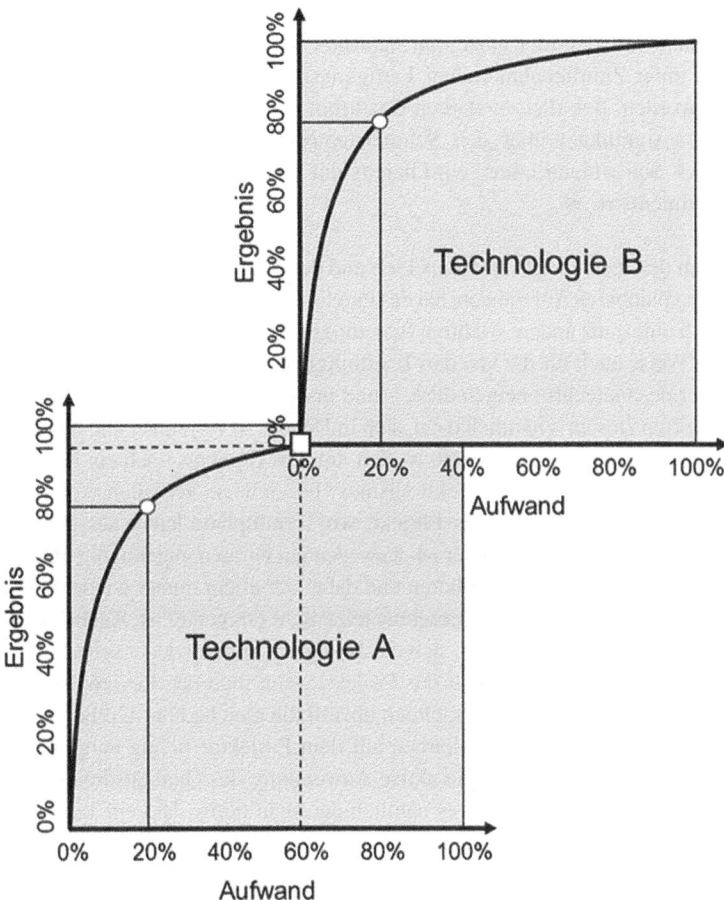

Abb. 2.3 Signifikante Verbesserungen durch den Einsatz einer neuen Technologie in Kombination mit einer ausgereiften früheren Technologie

schützt werden, stellte einen weiteren technologischen Sprung dar. Nachdem auch diese Methode einen gewissen Reifegrad erreicht hatte, stellte die nächste technologische Evolution die Einführung keramischer Beschichtungen dar, der sog. „thermal barrier coating" (TBC), die den Wärmeübergang vom Heißgas zum Schaufelgrundwerkstoff signifikant reduzieren und damit eine weitere Steigerung der Heißgastemperatur erlauben und/oder den Kühlluftbedarf reduzieren, was sich seinerseits auch wieder positiv auf den Wirkungsgrad der Geräte auswirkt. Parallel dazu sind natürlich die vorhergehenden Technologien auch unter Zuhilfenahme neuer Fertigungstechnologien immer weiter verfeinert worden. Bei allen modernen Gasturbinen liegen die Heißgastemperaturen bereits signifikant über den Schmelztemperaturen der verwendeten Super-Alloys. Seit einigen Jahren wird bereits mit vollständig keramischen Bauteilen experimentiert. ◄

Neben den technologischen Aspekten und den für eine angestrebte Produktverbesserung planbaren Aufwänden, hat das Pareto-Prinzip für das Projektmanagement aber auch eine ganz andere wichtige Bedeutung. Das Pareto-Prinzip gilt nämlich in gleicher Weise auch für die von den Teammitgliedern durchzuführenden Arbeiten. Im „Eifer des Gefechts" neigen diese – und insbesondere Ingenieure scheinen davon betroffen zu sein – nämlich dazu, sich in Details zu verrennen und immer noch mehr Iterationsschleifen drehen zu wollen, um das Ergebnis noch ein bisschen zu verbessern. Diese auch als „Perfektionismus" bezeichnete Verhaltensweise ist eine der größten Zeitfallen für jedes Projekt, wo Terminpläne leicht aus dem Ruder laufen können. Jeder Projektleiter ist deswegen gut beraten, regelmäßig mit seinem Team den Fortschritt zu kontrollieren und dabei vor allem immer wieder die Frage in den Raum zu stellen, ob das Ergebnis jetzt nicht gut genug ist. Auch sollten Sie Ihre Mitarbeiter dazu ermutigen, sich diesbezüglich immer wieder selbst zu hinterfragen. Ist es noch Mehrwert für das Projekt, wenn man den Review-Bericht ein drittes Mal durchgeht, damit tatsächlich überall die gleiche Font-Größe verwendet wird? Bei der Präsentation die Farben auf dem Projektor richtig dargestellt werden? Hilfreich ist dabei auch die aktive Anwendung des Qualitätsdreiecks (siehe nächstes Kapitel): Vielleicht ist es nämlich gar nicht nötig, dass ein Team weitere Iterationsschleifen drehen muss, nur um noch ein bisschen näher an das ursprüngliche Ziel zu kommen. Eventuell hat ein anderes Team nämlich seine Ziele übererfüllen können und in Summe liegt das Gesamtprojekt daher gut im Zielkorridor. Oder das Projekt ist bei einem anderen Ziel deutlich über dem Soll-Wert, dass damit die leichte Verfehlung eines anderen Ziels aus Sicht des Business-Cases leicht ausgeglichen werden kann.

Grundsätzlich ist das starre Festhalten an ursprünglich definierten Zielen antiagil, da auch Projektziele in sinnvoller Weise immer wieder hinterfragt werden müssen und gegebenenfalls angepasst werden können oder sogar müssen. Entscheidend ist nämlich nicht die Erreichung der ursprünglichen Ziele, sondern nur ein für die Kunden attraktives Produkt, wie in späteren Kapiteln erläutert wird.

Literatur

1. Adams D (2010) The ultimate Hitchhiker's guide to the galaxy. Random House LCC US, New York
2. Hendrick T (2006) Results without authority, controlling a project when the team doesn't report to you. AMACOM, American Management Association, New York
3. Töpfer A, Mehdorn H (1994) Total Quality Management. Hermann Luchterhand Verlag GmbH & Co. KG, Neuwied/Kriftel/Berlin
4. https://de.wikipedia.org/wiki/Paretoprinzip. Zugegriffen am 12.02.2022

Projekt-Philosophien 3

Zusammenfassung

Projekte folgen nicht der Logik von Montageanleitungen oder Kochrezepten, die einmal erstellt nur noch akribisch befolgt und in der richtigen Reihenfolge abgearbeitet werden müssen. Tatsächlich besitzen Projekte eine Eigendynamik, die dazu führt, dass sich im Laufe der Projektabwicklung Rahmenbedingungen, Anforderungen und Ziele ändern können, bzw. sogar müssen. Zum Beispiel dann, wenn die im Rahmen der Projektbearbeitung gewonnenen Zwischenergebnisse zeigen, dass die ursprünglichen Ziele so nicht mehr erreichbar sind. Auch lassen sich nicht alle im Laufe eines Projekts eintretenden Eventualitäten vorab planen. Einfach mal loszulaufen führt aber erfahrungsgemäß zu langwierigen und teuren Projekten. Der Versuch, sich gegen alle Eventualitäten abzusichern, macht die Projekte noch länger und noch teurer. In diesem Kapitel werden daher eine Reihe von grundsätzlichen Projektphilosophien für eine smarte Planung und flexible Durchführung von Projekten vorgestellt.

3.1 Qualitätsdreieck

Typischerweise haben Projekte immer mehrere Ziele, die zusammen den erfolgreichen Business Case ausmachen und die erfüllt werden sollen. Üblicherweise handelt es sich dabei um drei Typen von Zielen: technische Ziele (z. B. Wirkungsgrad, Leistung, Lebensdauer, Schall- und/oder Abgasemissionen), kommerzielle Ziele (z. B. Entwicklungskosten, Herstellkosten und die daraus resultierende Verkaufsmarge und der Return-of-Investment bei einem erwarteten Verkaufspreis, Ersatzteilkosten, Implementierungskosten) und terminliche Ziele (z. B. Entwicklungsdauer und Time-to-Market des für die Kommerzialisierung verfügbaren Produkts, Implementierungszeiten, Verfügbarkeit). Vereinfacht kann man diese drei Zieltypen auch abgekürzt als „Technik", „Kosten" und „Zeit" bezeichnen.

Fragen Sie mal in Ihrem Projektteam, welches der drei Ziele das Wichtigste ist. Typischerweise werden die Ingenieure spontan die Technik anführen, ist das Produkt doch nicht verkäuflich, wenn z. B. die verbesserte Performance verfehlt wird. Der Controller und der Vertrieb werden typischerweise zuerst einmal die Kosten nennen, da man ja nicht teurer sein darf als der Wettbewerb und zu hohe Entwicklungskosten den Return of Investment (ROI) unattraktiv machen. Schließlich wird das Marketing die Zeit favorisieren, da es gilt, bis zu einem bestimmten Zeitpunkt das neue Produkt im Markt zu haben, um Marktanteile sichern bzw. ausbauen zu können.

Tatsächlich haben aber alle drei Gruppen Recht bzw. Unrecht, indem der Business Case nämlich nur dann ideal erfüllt wird, wenn alle drei Ziele bestmöglich erreicht werden. Vom Projektleiter und seinem Team wird daher erwartet, dass alle drei Ziele gleich priorisiert und erreicht werden sollen. Für eine erfolgreiche Projektarbeit ist es jedoch wichtig zu verstehen, dass diese drei Ziele nicht willkürlich und unabhängig voneinander gewählt werden können, da zwischen ihnen enge Abhängigkeiten bestehen. Diese Abhängigkeiten gilt es als Projektteam stets im Auge zu behalten, bieten sie auch die Möglichkeit kreativer Trade-offs im Rahmen eines agilen Projektmanagements. Diese Abhängigkeiten und die damit verbundenen Gefahren, aber auch Opportunities werden im Folgenden erläutert.

Am einfachsten darstellen lassen sich die drei Ziele in Form eines Dreiecks (siehe Abb. 3.1), wobei die Schenkel des Dreiecks nicht einfach Linien sind, sondern eine Kopplung zwischen den Zielen darstellen. Man nennt dieses Dreieck Qualitätsdreieck, da die maximale Qualität des Produkts nur erreicht werden kann, wenn alle drei Zieltypen maximal erfüllt werden.

Abb. 3.1 Qualitätsdreieck

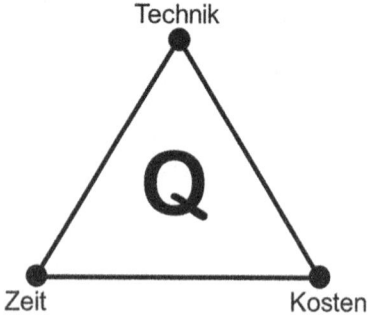

3.1 Qualitätsdreieck

Liest man das Qualitätsdreieck wie ein Spider-Chart, bei dem die drei Entwicklungsziele jeweils die 100 %-Erreichung darstellen (siehe Abb. 3.2), dann lassen sich die Abhängigkeiten leicht verdeutlichen.

Stellt man sich jetzt vor, dass z. B. nach Abschluss der Projektspezifikation mit der dazugehörenden Quantifizierung der Ziele und des daraus abgeleiteten positiven Business Case auf einmal die Forderung kommt, das eine oder andere Ziel „nachzuschärfen", z. B. indem der angestrebte Wirkungsgrad des Produkts weiter angehoben werden soll bzw. die Produktkosten weiter reduziert werden sollen.

Abb. 3.3 zeigt die Konsequenzen für die anderen Ziele: Eine Erhöhung der technischen Ziele (links im Bild), die das Produkt ohne Zweifel attraktiver für den Kunden machen werden, hat aber auch zur Folge, dass die Kosten tendenziell höher werden, da z. B. aufwendigere Herstellungsverfahren, teurere Materialien, engere Fertigungstoleranzen etc. gewählt werden müssen. Auch wird sich unter Umständen die Projektdauer etwas verlängern und damit die Markteinführung verspäten, da die aufwendigeren Herstellungsverfahren etc. gegebenenfalls längere Entwicklungszeiten benötigen. Eine Verringerung des Produktkostenziels (rechts im Bild, als Übererfüllung des Ziels dargestellt) wird mit großer Wahrscheinlichkeit dazu führen, dass bei den ursprünglichen technischen Zielen Zugeständnisse gemacht werden müssen, da z. B. auf aufwendige Herstellungsverfahren verzichtet werden muss. Dafür könnte sich jedoch die Projektdauer etwas verkürzen, da die einfacheren Herstellungsverfahren eventuell auch eine geringere Entwicklungszeit benötigen. Am Ende kann nur eine Neuberechnung des Business Cases sowie eine

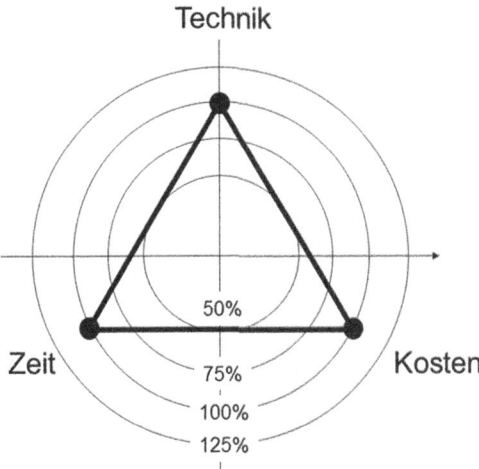

Abb. 3.2 Qualitätsdreieck als Spider-Chart

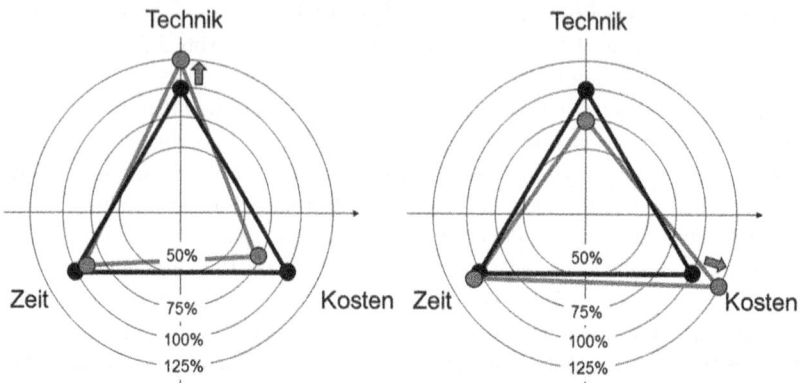

Abb. 3.3 Konsequenzen der Steigerung der Technikziele (links) bzw. der Steigerung der Kostenziele (rechts) auf die anderen Projektziele: Graues Dreick gegenüber dem ursprünglich schwarzen Dreieck

Machbarkeitsbetrachtung der neuen Zielevorgaben Auskunft darüber geben, ob die neuen Ziele immer noch ein attraktives Produkt ergeben oder nicht, insbesondere da die verschiedenen Ziele unterschiedliche Wertigkeiten innerhalb des Business Cases haben.

Diese Abhängigkeiten zwischen den Zielen ermöglichen dem Projektteam aber auch, das kreativ zu nutzen, um abhängig vom Projektfortschritt und den dabei gewonnenen Ergebnissen und Erkenntnissen gegebenenfalls sinnvolle Trade-offs zwischen den einzelnen Zielen vornehmen zu können, anstatt sklavisch und mit Einsatz aller verfügbaren Mitteln zu versuchen, jedes gesetzte Ziel unbedingt und unabhängig voneinander zu erreichen. Stellt sich im Laufe des Projekts nämlich heraus, dass z. B. ein bestimmtes technisches Ziel nicht oder nur mit immensem Mehraufwand erreicht werden kann, können verschiedene mögliche Trade-offs erstellt und bewertet werden, wie in den folgenden echten Beispielen demonstriert werden soll:

Beispiel 1

Die Designiterationen zur Erreichung der geforderten Lebensdauer eines Bauteils haben immer noch nicht zu einem befriedigenden Ergebnis geführt. Das Team ist zu dem Schluss gekommen, dass es noch mindestens fünf weitere Iterationen benötigt. Da sich das Teilprojekt mittlerweile auf dem kritischen Pfad befindet, würde das zu einer Verzögerung des Projekts um mindestens drei Monate führen, ohne dass sichergestellt ist, dass am Ende die gewünschte Lebens-

3.1 Qualitätsdreieck

dauer dieses einen Teils wirklich erreicht wird. Ein möglicher Trade-off war, dass anstelle des ursprünglichen Werkstoffs ein höherwertigeres Material verwendet wird, das aber auch etwas teurer ist. Um die ursprünglichen Produktkosten wieder erreichen zu können, schlägt das Team vor, nach Fertigstellung des Produkts eine Nachentwicklung zu starten, sodass mit der zusätzlich verfügbaren Zeit das günstigere Bauteil zur Verfügung gestellt werden kann, welches dann das etwas teurere, aber schneller verfügbare Bauteil ersetzen wird und damit ab dem N-ten verkauften Produkt der ursprüngliche Business Case wieder erfüllt wird. Die Betrachtung des Business Case zeigte, dass es tatsächlich sinnvoller war, die Markteinführung nicht zu verschieben und daher lieber für die ersten N-1 verkauften Produkte die geringfügig höheren Produktkosten zu akzeptieren. ◄

Beispiel 2

Im Laufe des Projekts hat sich herausgestellt, dass die Entwicklung der Gussprozesse deutlich mehr Zeit benötigt und teurer wird als ursprünglich geplant. Damit ist nicht nur das Time-to-Market deutlich gefährdet, da diese Prozessentwicklung mittlerweile auf dem kritischen Pfad liegt, sondern auch das Kostenziel. Grund ist, dass bei den Diskussionen mit dem Gusslieferanten offensichtlich wurde, dass für die Prozessentwicklung voraussichtlich mehrere Gusswerkzeuge nötig sind, wovon jedes ca. drei Monate Herstellzeit hat und mehrere hunderttausend Euro kosten wird. Dies wird sich nicht nur signifikant negativ auf die Projektdauer und die Projektkosten, sondern auch auf die Produktionskosten auswirken, da die Werkzeugkosten später auf die Produktionskosten der Gussteile umgeschlagen werden. Da eine Projektdauerverlängerung und eine Erhöhung der Herstellkosten gemäß den Stakeholdern unbedingt vermieden werden sollen, hat sich das Projektteam zusammen mit dem Gusshersteller einen gangbaren Trade-off überlegt: Anstelle eines üblicherweise verwendeten Hartstahlwerkzeugs wird stattdessen ein modular aufgebautes Aluminiumwerkzeug in Auftrag gegeben. Der Nachteil ist, dass das weichere Aluminiumwerkzeug aufgrund seiner schnelleren Abnutzung nur für wenige Dutzend Gussversuche geeignet ist und für die spätere Serienproduktion auf jeden Fall ein neues Hartstahlwerkzeug gefertigt werden muss. Der Vorteil ist aber, dass es innerhalb weniger Tage gefertigt werden kann und eine Größenordnung weniger kostet. Der noch viel entscheidendere Vorteil des modularen Aufbaus ist aber, dass im Zuge der Gussprozessiterationen mit geringem Aufwand vorab identifizierte kritische Bereiche durch Einsätze einfach modifiziert werden können, ohne dabei das ganze Werkzeug jedes Mal neu fertigen zu müssen, wodurch nochmal Wochen an Zeit eingespart werden können. Außerdem erlaubt es diese Vorgehensweise, bereits erste Validierungstests mit den Prototypenteilen durchführen zu können und gegebenenfalls noch späte Optimierungen einführen zu können, wodurch sich vielleicht die Perfomance des Produkts noch weiter steigern lässt. Am Ende stimmten die Stakeholder diesem Vorschlag zu. Damit erhöhten sich zwar die Projektkosten durch das zusätzliche modulare Aluminiumwerkzeug geringfügig, eine Projektdauerverlängerung konnte jedoch verhindert werden und am Ende konnte auch die Produktperformance noch leicht verbessert werden. ◄

Beispiel 3

Natürlich können auch Trade-offs zwischen Teilzielen des gleichen Typs gemacht werden. Es hatte sich in einem Projekt gezeigt, dass der angestrebte Kühlluftverbrauch einer Turbinenschaufelreihe überschritten werden musste, um das Lebensdauerziel zu erreichen. Die Folge wäre eine Verschlechterung der Turbinenperformance und damit ein verschlechterter Business Case gewesen. Bei der Überprüfung der Ergebnisse anderer Schaufelreihen stellte sich jedoch heraus, dass bei einer anderen Reihe die Lebensdauer mit der verfügbaren Kühlluftmenge ca. 50 % überschritten wurde, was aber keinen Mehrwert für einen Betreiber dargestellt hätte, da alle Schaufelreihen zu aufeinander abgestimmten Zeitpunkten gewechselt werden müssen. Durch die Verschiebung der Kühlluftmengen zwischen den beiden Schaufelreihen konnten letztendlich beide Schaufelreihen das Lebensdauerziel erreichen, ohne dass der Gesamtkühlluftverbrauch erhöht und damit die Turbinenperformance negativ beeinflusst worden wäre. Hierzu brauchte es nicht einmal das Einverständnis der Stakeholder, sondern konnte vom Turbinenprojektleiter allein festgelegt werden. ◄

Wichtig bei allen solchen Trade-offs ist jedoch: Ist ein sinnvoller Trade-off einmal identifiziert worden, dann müssen die daraus resultierenden neuen Ziele und der dazugehörende Business Case sowie eventuelle zusätzliche sofortige oder zukünftige Maßnahmen dokumentiert und von den Stakeholdern offiziell freigegeben werden. Die früheren Ziele sind damit ungültig und nichtig, die Spezifikationen müssen revidiert werden und das Projekt ist damit wieder auf Kurs. Auch für die Motivation des Teams ist das von großer Bedeutung. Würden sie weiterhin an den ursprünglichen, mittlerweile nicht mehr gültigen Zielen gemessen, wäre das Projekt spätestens ab diesem Zeitpunkt per Definition ein Misserfolg.

▶ Das wichtige Take-away für einen Projektleiter ist, dass einmal festgelegte Ziele nicht in Stein gemeißelt sind und im Laufe des Projekts immer wieder kritisch hinterfragt werden müssen. An Zielen festzuhalten, die nachweislich nicht mehr erreichbar sind, hilft niemandem. Schon gar nicht den Stakeholdern eines solchen Projekts oder den zukünftigen Kunden. Ziele müssen also ebenfalls aktiv gemanagt und bei Bedarf angepasst werden. Es obliegt dabei dem Projektleiter, unternehmerisch zu denken und zu handeln und den Stakeholdern attraktive Alternativen anzubieten, wenn manche Ziele nicht mehr erreichbar sind. Dieser „Mindset" führt dann auch ganz selbstverständlich zu dem in späteren Kapiteln beschriebenen Risiko- und Opportunity-Management.

3.2 Front-Loading

Alle Entwicklungsprojekte sind zum Zeitpunkt, an dem sie gestartet werden, per se schon zu spät: Nachdem Marketing und Sales die Bedürfnisse definiert haben und eine erste Machbarkeitsstudie erfolgreich war, kann es gar nicht schnell genug gehen. Es geht um Marktanteile, die grundsätzlich größer ausfallen, je früher das Produkt im Markt ist. Es geht um zusätzlichen Umsatz und Ertrag. Es geht um Management- und Sales-Boni, etc. Das heißt, der Druck auf das Entwicklungsteam ist von Anfang an groß, lieber früher als später fertig zu werden. Und mit nichts kann man das mehr demonstrieren, als erste Meilensteine so früh wie möglich erreicht zu haben. Die Tendenz ist also gegeben, dass sich das Team, angefeuert von den Stakeholdern, so schnell wie möglich in die Arbeit stürzt. Es scheint auch in der menschlichen Natur zu liegen, eine scheinbar verstandene Aufgabe so schnell wie möglich in Angriff zu nehmen. In der Hinsicht fallen die Stakeholder da beim Projektteam in der Regel durch offene Türen, wenn sie schnelle Ergebnisse fordern.

Tatsächlich lehrt die Erfahrung, bestätigt durch zahlreiche wissenschaftliche Studien, dass nichts einen frühen Markteinführungstermin mehr gefährdet als das schnelle „Loslaufen". Jedes Projektteam, welches erfolgreich sein möchte, tut also gut daran, diesem natürlichen Impuls sowie auch dem Druck des höheren Managements zu widerstehen und zunächst eine saubere und vorausschauende und umfassende Projektplanung zu erstellen. Es reicht nicht, wenn die technischen Ziele definiert worden sind, um mit der Bearbeitung zu starten. Zusätzlich müssen Projektrisiken und Opportunities identifiziert und gegebenenfalls Mitigations definiert und in die Projektplanung integriert werden. Dies wird in späteren Kapiteln noch ausführlich erläutert werden. Auch ist es wichtig, sicherzustellen, dass neben

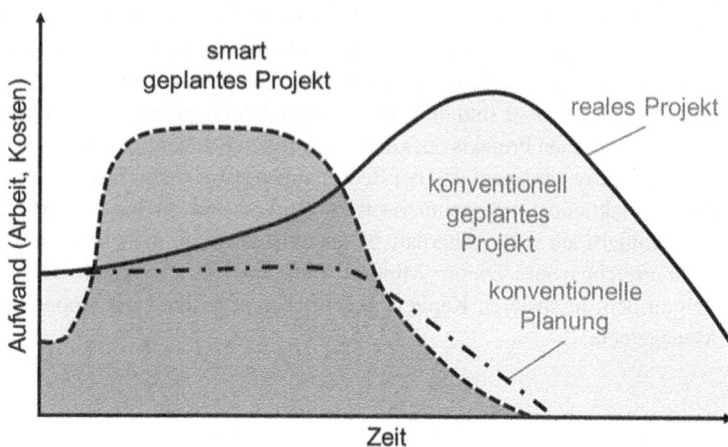

Abb. 3.4 Typische Aufwandsverläufe über der Zeit für konventionell geplante (strichpunktierte Linie) und konventionell ausgeführte (durchgezogene Linie) Projekte und smart geplante Projekte (gestrichelte Linie)

den F&E-Disziplinen alle anderen benötigten Parteien wie z. B. Produktion, Einkauf, Logistik, Lieferanten, Service, Marketing und Produktmanagement, etc. „an Bord" sind und auch über die benötigten Kapazitäten und Budgets verfügen; auch, wenn deren Beiträge vielleicht erst zu einem deutlich späteren Zeitpunkt benötigt werden. In Abb. 3.4 ist qualitativ dargestellt, was in vielen wissenschaftlichen Studien nachgewiesen worden ist, wie unterschiedlich sich Aufwände und Zeitschienen bei konventionell und bei smart geplanten Projekten verhalten. Dabei ist hier mit „konventionell" gemeint, dass das Projekt nach der initialen Machbarkeitsstudie und der Verabschiedung des Pflichtenhefts oder der Spezifikation unmittelbar mit Fokus auf die technische Entwicklung allein in Angriff genommen wurde, natürlich mit der ehrlich gemeinten Absicht, das Produkt so schnell wie möglich in den Markt zu bringen. Die in Abb. 3.4 dargestellte strichpunktierte Linie stellt dabei den ursprünglichen Projektplan dar und die durchgezogene Linie das, was dann häufig tatsächlich passiert. Nicht nur, dass das Projektende deutlich verspätet ist, auch die tatsächlichen Aufwände sind signifikant höher, was sich dann auch in den tatsächlichen benötigten Entwicklungskosten niederschlägt und sich negativ auf das ROI des zu entwickelnden Produkts niederschlägt. Auch haben die Mehraufwände dazu geführt, dass die in diesem Projekt länger als geplant gebundenen Ressourcen (Manpower und Geld) nicht für andere Produktentwicklungen zur Verfügung standen. Der Schaden für das Unternehmen ist also noch wesentlich größer.

3.2 Front-Loading

Im Gegensatz dazu steht das gestrichelt dargestellte, „smart" geplante Projekt, welches wesentlich früher und mit niedrigeren Aufwänden abgeschlossen werden konnte und bei dem in der Regel wesentlich kleinere Abweichungen zwischen der Planung und tatsächlichen Aufwänden und Zeitschienen auftreten.

Hierbei fällt auf den ersten Blick auf, dass beim smarten Projekt der initiale Aufwand deutlich niedriger ist als bei dem konventionellen Projektplan, dann aber nach kurzer Zeit schnell und deutlich über den des konventionellen Projekts ansteigt, um dann gegen Ende schnell wieder abzunehmen.

Der Unterschied zwischen den beiden Planungsarten liegt darin, dass das smarte Projekt sich in einem kleineren Expertenkreis zunächst darauf konzentriert, die Projektanforderungen genauer zu untersuchen und sich dabei ein klares Bild verschafft hat, insbesondere über die verschiedenen zu involvierenden Parteien, die Wechselwirkungen zwischen den diversen Projektschritten, die technischen und kommerziellen Herausforderungen sowie die damit verbundenen Risiken und Lösungsansätze. Nachdem das alles in seiner Konsequenz und Komplexität verstanden ist und die parallel zum eigentlichen Hauptprojekt einzuplanenden zusätzlichen, begleitenden Aufgaben und Maßnahmen berücksichtigt und bei den betroffenen Parteien initiiert worden sind, wächst dann der Aufwand schnell über das ursprünglich erwartete Maß hinaus. Bei diesen zusätzlichen, über die reine technische Produktentwicklung hinausgehenden Aufgaben kann es sich z. B. um frühzeitige Entwicklung von benötigten Herstellprozessen handeln, die Qualifizierung von Materialien und Methoden, die Parallelentwicklung alternativer technischer Lösungen etc. Auch die frühzeitige Einbindung der wesentlichen Lieferanten sowie der Experten aus Produktion und Service zur Sicherstellung der Herstell- und Servicebarkeit wird den Aufwand zu Beginn des Projekts zunächst erhöhen.

Diese auch als „Front-Loading" bezeichnete Vorgehensweise stellt sicher, dass möglichst viele Aspekte schon zum frühestmöglichen Zeitpunkt innerhalb der Projektbearbeitung geprüft und sichergestellt sind. Die frühe Einbindung anderer Bereiche wie z. B. Einkauf, Produktion und Service stellt dabei sicher, dass unangenehme Überraschungen zu einem späten Zeitpunkt im Projekt vermieden werden können, wie z. B., dass am Ende der Produktentwicklung benötigte Herstellverfahren (noch) nicht zur Verfügung stehen oder benötigte Kapazitäten fehlen, dass das Entwicklungsergebnis nicht oder nur zu sehr hohen Kosten produzierbar ist oder dass das fertige Produkt beim Kunden nicht oder nur mit großen Aufwänden gewartet und instandgesetzt werden kann, wodurch die, je nach Branche, sehr wichtigen Service-Margen leiden. Werden solche Themen erst spät im Projekt erkannt und müssen dann geeignete Abhilfemaßnahmen identifiziert und umgesetzt werden, sind eine Projektverschiebung sowie zusätzliche Aufwände die zwangsläufige Konsequenz. Da dann eventuell auch noch bereits früher erarbeitete Ergebnisse neu überprüft werden müssen, führt das zu zusätzlichen Projektiterationen. Der nicht geplante Aufwand wächst dann überproportional, da ja nicht nur die neuen Maßnahmen, sondern auch die nochmalige Überprüfung früherer Ergebnisse notwendig wird. Da typischerweise die verfügbaren Ressourcen begrenzt sind, wird sich auch der Endtermin weiter verschieben. In Abb. 3.4 kann man diesen Effekt bei der durchgezogenen Linie an dem kontinuierlichen Anstieg der Aufwände sowie dem deutlich späteren Endtermin beobachten. Je nachdem, wie weit das Projekt schon fortgeschritten ist, können manche früheren Entscheidungen vielleicht nicht mehr rückgängig gemacht werden. Die Folge ist dann, dass hinsichtlich der Projektziele Kompromisse gefunden bzw. sogar Abstriche gemacht werden müssen, was dann zu einer Verschlechterung des Business Cases führen wird.

Prominente Beispiele für diesen Effekt sind die öffentlichen Projekte Berliner Flughafen BER und die aus Sicht der Kosten und der Termine völlig aus dem Ruder gelaufene Renovation des Segelschulschiffes „Gorch Fock". Neben noch anderen, u. a. politischen Effekten, die hier reingespielt haben dürften, wurden ganz offensichtlich zu Anfang des Projekts nicht die Hausaufgaben gemacht, sodass diese Projekte von einer Krise in die nächste geschlittert sind. Beispiele aus der Privatwirtschaft sind da schwerer aufzuzählen, da die betroffenen Firmen natürlich kein Interesse haben, das zu publizieren. Aber jeder, der ein paar Jahre in der Privatwirtschaft tätig ist, wird schon selbst an solchen Projekten beteiligt gewesen sein oder zumindest von solchen gehört haben.

Die inhärenten Hürden für ein Front-Loading sind, dass sie dem höheren Management und Stakeholdern den Eindruck vermitteln, dass das Projektteam sich nicht zügig an die Arbeit machen würde; das Projektteam also nicht die Dringlichkeit der frühen Markteinführung verstanden hätte. Auch werden die so veranschlagten Projektaufwände und -kosten höher ausfallen als bei vergleichbaren früheren, aber konventionell geplanten Projekten, ohne dass Sie beweisen können, dass es bei ihrer Planung mit sehr großer Wahrscheinlichkeit nicht zu den üblichen Budgetüberschreitungen und Verzögerungen kommen wird. Sie müssen also mit Widerständen seitens des Managements rechnen, obwohl alle rationalen Argumente sowie der gesunde Menschenverstand für ein Front-Loading sprechen.

Beispiel

Wer würde schon versuchen, den „Mount Everest" zu besteigen, ohne ausreichend Material, Verpflegung und Sherpas sowie diverse Redundanzen und Notfallpläne vorab definiert, eingeplant und vor Ort transportiert zu haben? Oder den Deko-Tauchgang zum Schiffswrack wagen, ohne vorab detailliert Grund- und Dekompressionszeiten gemäß dem mitgenommenen Sauerstoffvorrat zu planen und die tatsächlichen Tiefen, Zeiten und Verbräuche während des Tauchgangs kontinuierlich zu checken? Die, die das nicht tun, sind vielleicht schneller beim Wrack angekommen, bleiben unter Umständen aber auch dauerhaft dort. Nur bei öffentlich finanzierten Projekten mit den unerschöpflichen Projektbudgets in Form der nicht mitspracheberechtigten Steuerzahler und der scheinbar völligen Abwesenheit von Abbruchkriterien scheint es jederzeit und in unendlicher Menge „Sherpas" bzw. „Sauerstoff" zu geben. Bei Projekten in der Privatwirtschaft ist das nicht so. ◄

Am besten geht man mit diesen Hürden um, indem man die Stakeholder eng in diese Front-Loading-Planung einbezieht. Können Sie zeigen, dass durch die frühe Einbeziehung anderer Einheiten im Unternehmen, durch den Start einer frühzeitigen Prozessentwicklung in der Produktion, etc. das Kosten- und Terminrisiko potenziell später auftauchender Hürden mit hoher Wahrscheinlichkeit vermieden werden können, wird man seitens der Stakeholder zumindest Verständnis zeigen. Vermeiden Sie es dabei aber, zu diesem sehr frühen Zeitpunkt von Projektrisiken zu sprechen, sondern besser von vorbeugenden Maßnahmen: Vor allem bei teuren und langwierigen Produktentwicklungen möchte zu Beginn niemand etwas von Risiken hören (siehe auch das Kapitel 6: Risiko-Assessment und Risiko-Management). Richtig smart ist es, wenn Sie trotz aller sinnvollen Front-Loading-Planung parallel schon mal mit unkritischen Arbeiten beginnen und erste Milestones meistern. Schützt Sie das doch vor dem Vorwurf, den Start des Projekts hinauszuzögern und damit die Dringlichkeit für Ihr Unternehmen nicht verstanden zu haben.

▶ Um das hier Gesagte kurz und plakativ zusammenzufassen: „Erst denken, dann arbeiten!".

3.3 Puffermanagement

Bevor weiter unten die wesentlichen Schritte einer Projektplanung erläutert werden, sollen in diesem Abschnitt der vielgenutzte Begriff und die Verwendung des sog. „Puffers" erläutert werden. Unter Puffer führt der Duden online die folgenden vier Bedeutungen auf:

1. Federnde Vorrichtung an Vorder- und Rückseite eines Schienenfahrzeugs zum Auffangen von Stößen
2. Kurzform für Kartoffelpuffer
3. Kurzform für Pufferspeicher
4. Kurzform für Pufferbatterie

Ignoriert man hier mal den Kartoffelpuffer, dann handelt es sich bei den anderen drei Beschreibungen grundsätzlich um Einrichtungen zur kurzzeitigen Kompensation von mechanischen Impulsen bzw. um kurzfristigen elektronischen Speicher- bzw. Energiebedarf. Alle diese Puffer dienen also dem Zweck, mit temporären System(über)belastungen umgehen zu können, ohne dass das System selbst Schaden nimmt oder Verluste auftreten: Zum Beispiel der mechanischen Belastung beim Aufprall zweier Eisenbahnwaggons, dem potenziellen Verlust von Daten bzw. unzulässige Unter- und Überlasten im Stromnetz. Puffern kommt also eine sehr wichtige, stabilisierende Wirkung in Systemen zu, da sie eine gewisse „Systemelastizität" ermöglichen, ohne die es zu Systemausfällen kommen könnte.

Analog dazu wird der Begriff auch bei der Projektplanung bzw. dem Projektmanagement eingesetzt, wo teilweise auch Planungspuffer zum Einsatz kommen, die sicherstellen, dass nicht jede Kleinigkeit (wie z. B. die zweiwöchige Grippeerkrankung eines Projektmitarbeiters oder die kleine Kostenüberschreitung bei dem extern bestellten Prototypen) unmittelbar auf den Projektendtermin und das Projektbudget durchschlagen kann. Dabei kann man grundsätzlich zwischen mehreren Sorten von Puffern unterscheiden. Die beiden gängigsten Pufferarten sind der Zeitpuffer und der Zielpuffer. Beide Arten von Puffern können einen konstruktiven oder destruktiven Einfluss auf das Projektergebnis haben, was im Folgenden erläutert wird.

3.3.1 Zeitpuffer

Beim Zeitpuffer handelt es sich um Zeitreserven in den jeweiligen Arbeitsschritten eines (Unter-)Projekts, z. B. um bei verspätetem Input von vorangegangenen Arbeitsschritten oder bei der unerwarteten höheren Zahl von Designiterationen nicht sofort den Gesamtterminplan des Projekts zu gefährden. In Hinblick auf die Robustheit und Elastizität eines Projektplans mit dem Ziel, die nicht planbaren Unwägbarkeiten des täglichen Projektalltags (krankheitsbedingte Abwesenheiten, Emergencies, zusätzlich benötigte Iterationsschleifen, ...) innerhalb des Projekts ausgleichen zu können, ohne jedes Mal gleich den Projektendtermin verschieben zu müssen, machen solche Puffer absolut Sinn. Trotzdem bergen sie auch ein erhebliches Gefahrenpotenzial für den Erfolg des Projekts und sollten deswegen nur sehr selektiv und nur an den richtigen Stellen des Projekts eingesetzt werden, wie im Folgenden erläutert wird.

Insbesondere unerfahrene Projektleiter neigen dazu, bei allen Aufgaben Zeitpuffer einzuplanen in der Annahme, damit das Risiko von Projektverschiebungen zu minimieren. Die Logik ist einfach: Baue ich hier und dort noch einen Puffer ein, dann steht der Terminplan auch noch, wenn dies oder jenes sich verspätet. Besonders schlimm wird es, wenn der gleichen Logik folgend sämtliche Unterprojektleiter sowie deren Teammitglieder das gleiche für ihre jeweiligen Aufgaben tun:

> **Beispiel**
>
> Das Teammitglied, welches für die aerodynamische Auslegung des Schaufelprofils zuständig ist, geht davon aus, dass es realistischerweise zwei Wochen dauern wird, bis das initiale Profil festgelegt ist. Aus der Vergangenheit weiß er jedoch, dass es immer mal passieren kann, dass er zwischenzeitlich für ein anderes Thema kurzfristig abkommandiert wird. Auch könnte er zwischenzeitlich mal krank sein oder die IT könnte mal wieder ein Problem haben, etc. Da er seinen Unterprojektleiter nicht enttäuschen möchte, gibt er deswegen mal lieber drei Wochen für die Aufgabe ein.
>
> Der Unterprojektleiter seinerseits, nachdem er von allen Teammitgliedern deren Zeitschätzungen erhalten hat (z. B. Aerodynamik, Kühlung, Festigkeit, Konstruktion, ...) sagt sich, dass ja immer mal was schief gehen kann, wie z. B., dass der Input für die Schaufelauslegung ein paar Tage zu spät kommt, dass wir vielleicht doch ein paar Iterationen mehr machen müssen usw. und schlägt sicherheitshalber noch 20 % drauf. So denkt er, sicherstellen zu können, dass sein Beitrag in das Hauptprojekt auf jeden Fall rechtzeitig kommen wird.
>
> Der Hauptprojektleiter schließlich, nachdem er die Terminpläne aller seiner Unterprojekte erhalten hat, denkt sich das gleiche, will er doch den versprochenen Terminplan unbedingt halten, und schlägt seinerseits nochmal 20 % drauf. ◄

Verglichen mit der ursprünglichen realistischen Einschätzung aller Arbeitsschritte hat sich die abgegebene Länge des Terminplans bei dieser Vorgehensweise also mindestens verdoppelt, je nachdem, wieviel Projektebenen existieren und wieviel Puffer pro Ebene aufgeschlagen wird. Neben dem entsprechend späteren Markteinführungstermin, haben sich auch die Projektkosten entsprechend erhöht, muss man ja in dieser gepufferten Worst-case-Betrachtung davon ausgehen, dass die Projektmitarbeiter entsprechend länger benötigt werden, z. B. um zusätzliche Iteration auszuführen bzw. wegen der unproduktiven und nicht planbaren Wartezeiten, während der man die Projektmitarbeiter ja nicht kurzfristig an andere Projekte abtreten möchte. Man würde Gefahr laufen, sie nicht wieder rechtzeitig zurückzubekommen. So eine Vorgehensweise wirkt sich also unbedingt negativ auf den Business Case des zu entwickelten Produkts aus, da eine spätere Markteinführung gleichbedeutend ist mit geringerem Marktanteil und höhere Entwicklungskosten mit einem späteren „Return of Investment" (RoI). Der unerfahrene Projektleiter wird jetzt denken: Aber wenigsten werden Termine und das Budget eingehalten oder sogar unterschritten werden, was ja auch was wert ist. Leider ist dem nicht so!

Die Erfahrung lehrt, dass Projekte mit viel Puffer häufiger verspätet sind als Projekte mit wenig Puffer. Warum ist das so? Hier spielt wieder die menschliche Psyche eine Rolle. Wir alle kennen das Phänomen von uns selbst. Wir arbeiten immer dann am effizientesten, wenn wir einen gewissen Druck spüren, liefern zu müssen. Wir sind dann konzentrierter und neigen weniger dazu, uns in peripheren Randthemen zu verlieren. Automatisch und unwillkürlich kommt das Pareto-Prinzip (80:20) zur Anwendung, da wir keine Zeit haben, zum zehnten Mal die Formatierung der Präsentationsfolie zu ändern, nur weil das noch ein bisschen schicker aussehen könnte. Wir konzentrieren uns auf das Wesentliche. In Projekten mit vielen Puffern passiert das Gegenteil: Da wir ja wissen, dass wir noch viel Zeit haben, reicht es ja, wenn ich erst morgen oder übermorgen anfange. Gemäß „Murphy's Law", kommt dann just übermorgen ein dringendes Feldproblem auf den Tisch, welches ich zuerst bedienen muss. Macht aber nichts, wir haben ja noch viel Zeit, bis wir fertig sein müssen. Als ich dann am fünften Tage endlich anfangen möchte, ist mein Kollege, der mir den Input liefern sollte, krankheitsbedingt ausgefallen. Jetzt wird's langsam eng und wir kriegen das nur noch mit Überstunden hin. Dummerweise taucht ein nicht erwartetes Problem auf, sodass wir im Team noch drei Iterationen mehr benötigen als erwartet. Am Tag, an dem wir die Ergebnisse liefern sollten, müssen wir dem Projektleiter leider mitteilen, dass er die trotz aller Anstrengungen und Überzeit erst in der folgenden Woche erhalten wird, wodurch ein anderes Team nicht weiterarbeiten kann. Das Ganze beginnt, zu einem Dominoeffekt zu werden und den gesamten Terminplan (und damit auch die Projektkosten) durcheinander zu bringen. Und das, obwohl ja überall ausreichend Puffer eingebaut wurde.

Ein weiterer Effekt ist, dass Teammitglieder, die nicht angestrengt an ihren Aufgaben arbeiten müssen, um die vereinbarten Ziele erreichen zu können, entweder anfangen, sich mit anderen Dingen zu beschäftigen bzw. von ihren Disziplinenmanagern für andere Aufgaben abgezogen werden. Ersteres bedeutet, dass die Teammitglieder nicht konzentriert bei der Sache sind und damit ineffizient werden. Letzteres bedeutet, dass sie zusätzlich eventuell nicht mehr zur Verfügung stehen, wenn es in den anderen Aufgaben zu Verspätungen kommt oder sich Prioritäten verändern. Beides schadet Ihrem Projekt.

Aus all diesen Gründen müssen sämtliche Arbeitsschritte in einem Projekt grundsätzlich erst einmal realistisch und ohne Puffer geplant werden. Der ausschließliche Besitzer und Verwalter der Puffer im Projektplan ist der Projektleiter,

3.3 Puffermanagement

der Puffer nur sehr selektiv und nur dort setzt, wo es sinnvoll ist, wie in den folgenden Abschnitten erläutert wird. Die Projektmitarbeiter müssen verstehen, dass sie für ihre jeweilige Aufgabe vom Start an Vollgas geben müssen, um das Ziel rechtzeitig zu erreichen. Auf diese Weise arbeiten sie konzentriert und effizient und der Projektleiter riskiert auch weniger, dass ihm oder ihr Mitarbeiter für andere Aufgaben abgezogen werden, sieht der Disziplinenmanager doch, dass seine Leute vollständig eingebunden und ausgelastet sind und nicht auf Arbeit wartend herumsitzen.

Der Anschaulichkeit halber werden diese Zusammenhänge im Folgenden anhand eines generischen Projektplans grafisch dargestellt.

In Abb. 3.5 dargestellt ist der resultierende Projektplan, basierend auf dem Input der Projektmitarbeiter und des Projektleiters, wobei jeder implizit für sich selbst Puffer eingebaut hat. Der kürzeste, zusammenhängende Weg zwischen Start („S") und Ende („E") des Projekts, der damit auch die Mindestprojektdauer bestimmt, wird dabei als der kritische Pfad bezeichnet. Die Unterprojekte B, C und D unterstützen dabei den kritischen Pfad zu verschiedenen Zeitpunkten und auf unterschiedliche Weise, befinden sich selbst aber nicht auf dem kritischen Pfad.

Würde man die implizit eingeführten Puffer sichtbar machen, dann sähe der gleiche Projektplan wie in Abb. 3.6 dargestellt aus. Wie oben erläutert besteht hierbei die Gefahr, dass die einzelnen Unterprojekte trotz großzügiger Puffer verspätet liefern werden und damit den kritischen Pfad verlängern bzw., dass die Puffer gar nicht benötigt werden und die immer knappen Projektressourcen über längere Zeiträume nur warten und dann wahrscheinlich für andere Projekte abgezogen werden.

Stellt man jetzt sämtliche Puffer ans Ende des kritischen Pfads, ergibt sich der in Abb. 3.7 dargestellte Projektplan, wobei die Länge der Unterprojekte A–D jetzt

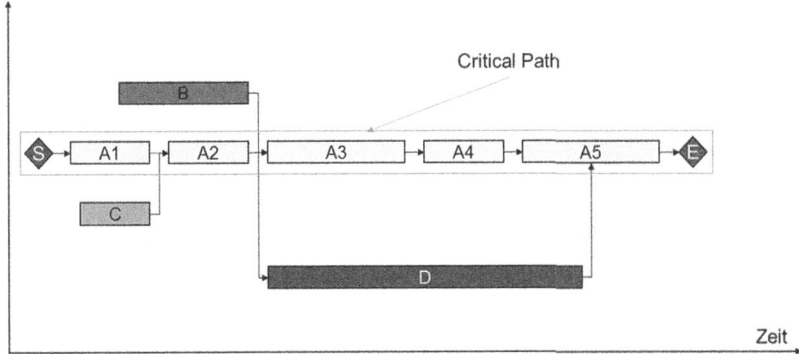

Abb. 3.5 Generischer Projektplan, basierend auf den Abschätzungen der Teammitglieder und des Projektleiters inklusive der versteckten Puffer

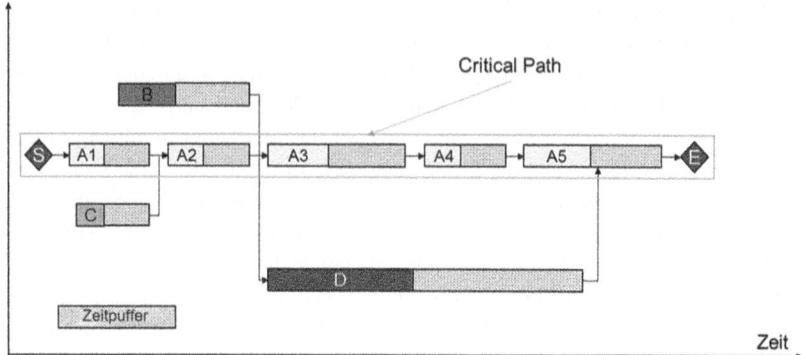

Abb. 3.6 Generischer Projektplan, wo die von den Projektmitarbeitern und dem Projektleiter eingeführten, impliziten Puffer sichtbar gemacht wurden

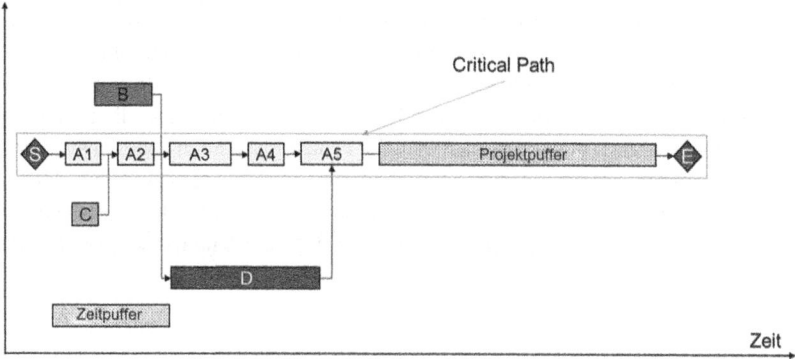

Abb. 3.7 Generischer Projektplan, indem sämtliche impliziten Puffer an das Ende des Projekts gestellt wurden

nur noch auf realistischen Arbeitsaufwänden basiert. Die komplette Elimination des Projektpuffers würde bedeuten, dass alles genau nach Plan funktionieren muss, damit der Projektplan bzgl. Termin und Kosten eingehalten werden kann. Das ist natürlich nicht realistisch, da es immer zu nicht vorhersehbaren und daher unplanbaren Verzögerungen oder Mehraufwänden kommen kann und dazu Abhängigkeiten zwischen den jeweiligen Unterprojekten bestehen. Einer sinnvollen Projektelastizität würde der so entstandene starre und ohne sinnvolle Puffer ausgestattete Plan im Wege stehen. Allerdings, anstatt jetzt in jedem Unterprojekt eigene Puffer

3.3 Puffermanagement

einzubauen (siehe Abb. 3.6) mit all den zu erwartenden negativen Effekten, muss sich das Projekt damit auseinandersetzen, an welchen Stellen sinnvolle Puffer eingefügt werden sollen; so, dass das Projekt zwar zügig und mit „Vorspannung" bearbeitet werden kann, aber gleichzeitig noch über die nötige Elastizität verfügt, um unvorhersehbare Verzögerungen abfedern zu können.

In diesem generischen Beispiel hat das Projektteam nach eingehender Analyse festgestellt, dass ohne den Input der nicht auf dem kritischen Pfad liegenden Unterprojekte B und D die auf dem kritischen Pfad liegenden Unterprojekte A3 und A5 nicht starten bzw. nicht weiterarbeiten können. Der Input des Unterprojekts C ist dagegen nicht kritisch und das Unterprojekt A2 kann auch starten, wenn C verspätet sein sollte. Da in diesem generischen Beispiel angenommen wurde, dass wegen einer beschränkten Ressourcenverfügbarkeit das Unterprojekt B nicht einfach früher gestartet werden kann, macht es jetzt Sinn, jeweils am Ende der Unterprojekte B und D Puffer (sog. „feeding buffer") einzubauen und die restlichen Projekte auf dem kritischen Pfad entsprechend bei Verkürzung des Projektpuffers zu verschieben. Das Ergebnis ist in Abb. 3.8 dargestellt.

Als Folge davon haben sich die Projekte A3–A5 zeitlich verschoben, was u. U. bei der Ressourcenbuchung berücksichtigt werden muss. Auch kristallisiert sich hierbei ein anderer Aspekt bei der Projektplanung heraus: Neben dem „critical path" gibt es auch eine „critical chain". Letzteres beschreibt dabei die für den Projekterfolg kritischen Abhängigkeiten zwischen den jeweiligen Unterprojekten. Sie bestimmt am Ende die Dauer des kritischen Pfads, ist aber nicht mit ihr zu verwechseln (siehe Abb. 3.9). Wäre es z. B. möglich, das Unterprojekt B früher starten

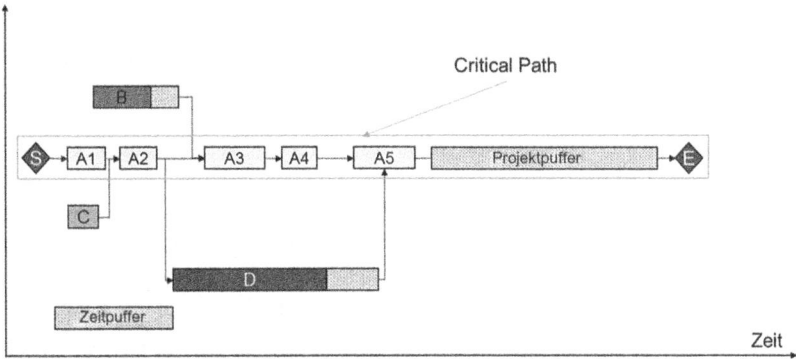

Abb. 3.8 Generischer Projektplan nach Einführung von sog. „feeding buffer" an das Ende der für den Fortschritt des kritischen Pfads kritischen Unterprojekte B und D

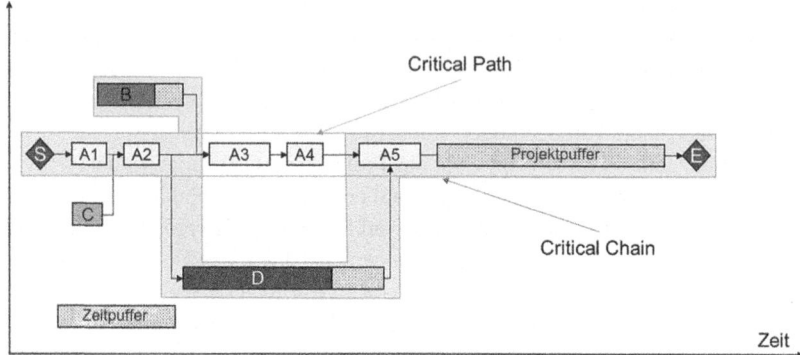

Abb. 3.9 Kennzeichnung der „critical chain" im generischen Projektplan nach Einführung der „feeding buffers"

zu lassen, sodass dessen Ergebnisse auf jeden Fall vor dem Start von A3 verfügbar sind, dann verschwände B aus der kritischen Kette. Auch würde sich dann der kritische Pfad um mindestens den „feeding buffer" des Unterprojekts B verkürzen.

Das sehr mächtige Werkzeug der „critical chain", das nicht nur im Projektmanagement Anwendung findet, wurde ursprünglich von Goldratt [1] entwickelt und in seinem Buch „Die Kritische Kette" [1] vorgestellt. Dieses Buch kann ich den Lesern nur nahelegen, da es nicht nur hochinteressant ist und Einsichten in die grundsätzliche Funktion von Organisationen und den Verhaltensmustern des Topmanagements liefert, sondern sich auch so spannend wie ein Roman liest.

Am Ende dieser Planungsphase bliebt nur noch übrig, zu klären, inwieweit der verbliebene Projektpuffer noch sinnvoll verkürzt werden kann; geht das doch auch einher mit einer früheren Marktverfügbarkeit und einem verringerten Projektbudget, was sich beides positiv auf den Business Case auswirken wird. Ganz auf den Projektpuffer verzichten sollte man in der Regel nicht, da es immer noch zu unvorhersehbaren Schwierigkeiten und daraus resultierenden Verzögerungen kommen kann. In Abb. 3.10 ist schließlich dargestellt, wie der abschließende Projektplan aussehen könnte.

Natürlich gibt es bei dieser Vorgehensweise nicht nur die „feeding buffers". Es könnte auch sinnvoll sein, einen Puffer bei dem einen oder anderen auf dem kritischen Pfad befindlichen Unterprojekt einzufügen, z. B. dann, wenn es dort besonders herausfordernde Aufgaben zu lösen gibt, wo es vielleicht noch keine ausreichende Erfahrung aus früheren Projekten gibt. Die Aufgabe des Projektleiters und nur des Projektleiters ist es, nach Start des Projekts diese Zeitpuffer gut im Auge zu

3.3 Puffermanagement

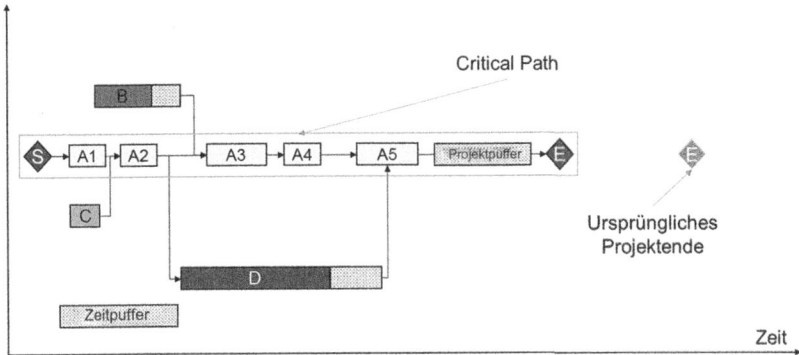

Abb. 3.10 Abschließender Projektplan mit geeigneten „feeding buffers" und einem auf ein vernünftiges Maß reduzierten Projektpuffer

behalten und zu managen. Ist es abzusehen, dass Puffer nicht oder nur teilweise gebraucht werden, dann können andere Aufgaben evtl. früher in Angriff genommen werden und damit andere Puffer aufgefüllt werden. Hierzu müssen dann aber auch die Ressourcen verfügbar sein und der Projektleiter muss gegebenenfalls frühzeitig in Verhandlungen mit den Ressourcenmanagern treten oder andere Teilaufgaben umsortieren. Aber selbst dann, wenn die Ressourcen nicht früher zur Verfügung stehen sollten, wird sich das Projekt auf jeden Fall nicht verzögern. Am Ende wird auch niemand traurig sein, wenn die Puffer nicht alle gebraucht werden und das Projekt etwas früher und mit niedrigeren Kosten abgeschlossen wird.

3.3.2 Zielpuffer

Beim Zielpuffer geht es um den Unterschied zwischen den in der Spezifikation festgeschriebenen Projektzielen und den „ausreichenden" Zielen, mit denen das resultierende Produkt immer noch einen positiven Business Case hat und kommerziell erfolgreich sein wird. Das Bestreben des Marketings und des Topmanagements auf der einen Seite wird es immer sein, die spezifizierten Ziele möglichst hoch anzusetzen, damit das Produkt so erfolgreich wie möglich sein wird. Übertrieben hoch gesteckte Ziele jenseits dessen, was realistisch erscheint, führen aber zum Frust beim Projektteam, welches sich mit einer praktisch unlösbaren Aufgabe konfrontiert sieht, wo es nur Verlierer geben kann. Der resultierende Zielpuffer ist damit unnötig groß.

Das Projektteam auf der anderen Seite wird immer bestrebt sein, die spezifizierten Ziele möglichst tief anzusetzen, damit die Erfolgswahrscheinlichkeit maximal hoch ist. Das ist gleichbedeutend damit, dass der Zielpuffer schon zu Beginn des Projekts zumindest teilweise aufgebraucht wird; also schon relativ kleine Zielverfehlungen das gesamte Projekt hinsichtlich des kommerziellen Erfolgs gefährden können. Gerade in Unternehmen mit einer ausgeprägten Angstkultur ist das ein Problem, da dann oft die spezifizierten Ziele von vornherein zu niedrig gesteckt werden und dabei dann selbst im besten Falle nur das „zweitbeste", oft sogar nur das „drittbeste" Produkt entstehen wird.

Woran liegt das? Menschen neigen dazu, dass sie einmal gesetzte Ziele äußerst selten übertreffen, sondern Ziele in der Regel eher mehr oder minder verfehlen. Ich habe hierzu bis heute noch keine wissenschaftliche Studie finden können. Zumindest ein für mich plausibler Erklärungsansatz ist, dass das mit der Evolution der Menschen bzw. aller Lebewesen zusammenhängt: Ein Grundprinzip im Verhalten aller Lebewesen scheint es zu sein, den Energieeinsatz zu optimieren. Es ist überlebenswichtig für das Individuum und damit auch für das Rudel, dass Energie nicht unnötig verschwendet wird, kann das doch den Unterschied machen zwischen „dem Räuber entkommen zu sein" oder „gefressen zu werden", zwischen „das Beutetier erlegt und damit die Jungen gefüttert zu haben" oder aber „zu verhungern". Kein Raubtier wird bei der Jagd auf ein Beutetier eine unnötige Schleife laufen, auch nicht das verfolgte Beutetier. In der Natur gibt es keine „Kür", nur die „Pflicht".

Mein Eindruck ist, dass sich diese über Millionen von Jahren antrainierte Verhaltensform auch heute noch auf unser Leben auswirkt: Ist ein Ziel mal formuliert, justieren wir Menschen unbewusst unseren persönlichen Energieeinsatz passend zu diesem Ziel. Passiert dann etwas Unvorhergesehenes, dann wird dieses Ziel mit hoher Wahrscheinlichkeit verfehlt, aber es ist zumindest nicht mehr Energie aufgewendet worden als ursprünglich geplant. Genauso in der Natur, wo in so einem Fall der Jäger die Verfolgung frühzeitig abbricht oder erst gar nicht beginnt, um sich den begrenzten Energievorrat für das nächste Beutetier zu sparen. Ebenfalls um Energie zu sparen wird ein Beutetier nicht bei der kleinsten Störung flüchten, sondern erst, wenn es wirklich nötig ist. Andernfalls käme es gar nicht mehr zum Fressen und würde den Räubern schon aus permanenter Erschöpfung leicht zum Opfer fallen.

Hier taucht also wieder das Prinzip des Front-Loading auf: erst mit wenig Energieaufwand und Geschick das Beutetier ausspähen und sich in eine gute Ausgangslage bringen, um es dann mit einem schnellen, aber kurzen Sprint zu erlegen. Auch zeigt die Natur hier einen der wesentlichen Aspekte eines agilen Projektmanagements: rechtzeitig abbrechen, wenn das Ziel mit hoher Wahrscheinlichkeit mit vertretbarem Aufwand nicht mehr erreichbar ist.

3.3 Puffermanagement

In der Arbeitswelt von heute kommt uns dieses tiefverwurzelte Energieminimierungsprinzip oft in die Quere. Verfehlen wir Ziele doch oft, nicht weil die Ziele zu hochgesteckt gewesen sind, sondern weil wir unseren Energieeinsatz auf den minimal notwendigen Aufwand geplant haben. Passiert dann etwas Unvorhergesehenes, dann bleibt uns nur noch aufzugeben oder den Energieaufwand nachträglich nach oben zu schrauben. Wir werden dann mit großer Wahrscheinlichkeit länger brauchen und mehr Kosten verursacht, letztendlich also auch einige der Ziele verfehlt haben.

Tatsächlich ist es so, dass in vielen dieser Fälle sogar höhere Ziele erreichbar gewesen wären, wenn diese (in realistischen Grenzen) von vornherein höhergesteckt worden wären. In so einem Fall ist es dem Team dann von vornherein bewusst, dass es sich mehr anstrengen muss und stellt sich entsprechend auf einen höheren Energieeinsatz ein. Im Umkehrschluss führt eine Reduktion der Ziele nicht zu einer erhöhten Trefferquote, da der einzusetzende Energiebedarf ebenfalls reduziert wird.

Wer das nicht glaubt, darf gerne mal seine oder ihre eigenen Neujahrsvorsätze kritisch hinterfragen: Ich denke hier getrost behaupten zu können, dass im Mittel keiner dieser Vorsätze erreicht worden ist und bestimmt keiner übertroffen wurde. Als andere Analogie darf man sich auch mal vorstellen, wie ein Leichtathletikturnier ablaufen würde, wenn sich die Teilnehmer nicht an den aktuellen Rekorden messen würden, sondern sich ihre Ziele selbst stecken dürften und abhängig von deren Erreichung dann Medaillen verteilt würden. Eine Leistungssteigerung erreichen Sportler nur dann, wenn sie die eigenen Zielsetzungen kontinuierlich über das hinaus steigern, was bisher noch ihre Bestmarke war und damit bisher als unerreichbar schien.

Um also das bestmögliche Ziel realistisch erreichen zu können, kommt dem Projektleiter eine zentrale Rolle zwischen Topmanagement und Projektteam zu. Zusammen mit dem Team muss er gemäß der gesetzten Aufgabenstellung ein realistisches, nicht ein sicheres Ziel festlegen: Welche Produktperformance kann unter Ausnutzung aller gegeben Werkzeuge tatsächlich erreicht werden? Welche Lebensdauer, welche Herstellkosten unter Berücksichtigung einer eingeschwungenen Produktion mit entsprechenden Herstellvolumen? ... Auf diese realistischen Ziele sollte er dann noch eine vernünftige „Vorspannung" setzen, damit sichergestellt ist, dass sich das Team wirklich anstrengen muss, diese zu erreichen. Es darf definitiv kein „Spaziergang" sein.

Gegenüber dem Topmanagement muss er oder sie das entsprechend erläutern und vertreten und damit sicherstellen, dass die nicht ihrerseits eine weitere, unkoordinierte „Vorspannung" aufschlagen und damit die Zielerreichung schließlich unrealistisch wird. An Letzteren wird auch das Topmanagement kein Interesse haben, dazu muss gegebenenfalls aber Überzeugungsarbeit geleistet werden, da Projektteams (nicht ganz zu Unrecht) immer unter dem Generalverdacht stehen, ihre Ziele möglichst tief ansetzen zu wollen. Ist dann der Zielpuffer zwischen spezifizierten Zielen und den ausreichenden Zielen groß genug, dass das Produkt selbst im Falle von gewissen unvorhersehbaren Schwierigkeiten mit großer Wahrscheinlichkeit ein Erfolg werden wird, eventuell aber sogar besser wird als das, was das Projektteam selbst als realistisch sieht, dann hat das Projekt eine sehr hohe Erfolgswahrscheinlichkeit.

Noch zwei Tipps hierzu:

▶ Die tatsächlich ausreichenden Projektziele, bzw. die Zielpuffer, sollten nur im kleinsten Kreis der Stakeholder und dem Projektleiter bekannt sein, da andernfalls der oben beschriebene Effekt der Energieoptimierung zu Buche schlagen könnte.

Sollten am Ende des Projekts zwar die spezifizierten, vorgespannten Projektziele nicht ganz erreicht werden, aber die ausreichenden Ziele übertroffen werden, also der Zielpuffer nicht ausgeschöpft worden sein, muss das vom Topmanagement trotzdem als großer Erfolg gefeiert werden. Schließlich hat sich das Projektteam entgegen der eigenen initialen Einschätzung selbst übertroffen. Andernfalls läuft die Organisation Gefahr, eine Angstkultur zu schüren und die Projektteams werden in Zukunft stets bestrebt sein, Ziele möglichst klein zu rechnen.

3.3.3 Andere Arten von Puffern

Neben dem Ziel- und dem Zeitpuffer gibt es noch andere Arten von Puffern. Zu nennen wäre da vor allem der Ressourcenpuffer. Bei diesem Puffer werden zusätzliche Ressourcen für bestimmte Aufgaben mit besonders hohem Risiko oder Unsicherheiten eingeplant. Zum Beispiel, wenn es um die bei einem externen Partner zu entwickelnde, neuartige Fertigungsmethode oder die Herstellung des Prototypen, oder einer Herstellvorrichtung handelt. Da kann es durchaus Sinn machen, dass man anstelle des zusammen mit dem Partner abgeschätzten Entwicklungsaufwands oder Kosten von 100 % tatsächlich zunächst 120 % plant und damit sicherstellt, dass bei tatsächlicher Planüberziehung das Gesamtprojekt wegen fehlender Mittel nicht zum Stillstand kommt. Gerade bei externen Ausgaben, bei denen es sich aus Projektsicht „nur" um Budget handelt, funktioniert das und kann im Rahmen vernünftiger Grenzen sinnvoll sein. Aber Vorsicht: Am Ende blockieren Sie hiermit immer auch Budget, welches dann anderen Projekten nicht mehr zur Verfügung stehen kann.

Handelt es sich bei den Ressourcen um interne oder externe Manpower, ist das nicht ganz so einfach wie beim Budget. Die im vorangegangenen Kapitel beschriebenen Puffer bedingen implizit auch, dass die dazugehörende Manpower gebucht und budgetiert worden ist. Zum Beispiel müssen in der Personalplanung des Unterprojekts B in Abb. 3.10 die Dauer und Aufwände inklusive des Puffers geplant worden sein. Andernfalls wäre die dazu benötigte Manpower ja nicht verfügbar, wird der Puffer oder Teile davon benötigt. Was aber nicht funktionieren wird ist, sich zusätzliche Manpower einfach ohne konkrete Aufgabe und quasi auf Abruf pauschal zu reservieren. Selbst wenn Ihr Projekt für die Personalkosten der reservierten Mitarbeiter aufkommt, würde das bedeuten, dass die betroffenen Mitarbeiter auf Arbeit wartend herumsitzen. In der Praxis wird das nicht vorkommen, da es in jedem Unternehmen immer mehr Aufgaben gibt als Mitarbeiter bzw. unproduktive Ressourcen sehr schnell ins Visier der Finanzleute kommen, die da ein Einsparpotenzial identifiziert haben.

Aber auch bei dem oben beschriebenen Puffer für externe Ausgaben müssen Sie mit dem externen Auftragnehmer vorab sicherstellen, dass er im Zweifelsfalle auch die dafür benötigten Ressourcen vorhält oder kurzfristig beschaffen kann, also selbst den Zeitpuffer einplant. Im schlimmsten Falle verhindern Sie nämlich weder eine Projektverzögerung noch hilft Ihnen Ihr Budgetpuffer, das zu verhindern, wenn der externe Partner am Ende des ungepufferten Projekts seine Ressourcen für eine längere Zeit abziehen muss. Die Zusammenarbeit mit externen Partnern erfordert daher ein hohes Maß an Kommunikation und Transparenz mit klaren und auch einforderbaren Absprachen.

Wie auch bei den Zeitpuffern, müssen Ressourcenpuffer gut gemanagt, und wenn nicht benötigt, zeitnah und proaktiv wieder abgegeben werden. Gerade nicht (mehr) benötigtes Budget kann mit Sicherheit an anderer Stelle sinnvoll eingesetzt werden.

> ▶ Hier auch noch ein Tipp für die Disziplinen- oder Linienmanager bzgl. der Ressourcenplanung (was auch der Projektleiter im Auge haben sollte, um vor Überraschungen sicher zu sein): Wenn Sie Ihre Mitarbeiter den verschiedenen Projekten zuteilen, bedenken Sie stets, dass es in jedem Unternehmen und jedes Jahr irgendwann

sog. Emergencies geben wird, z. B. in Form von Qualitätsproblemen in der Fertigung, Feldproblemen bei den Kunden, Sonderuntersuchungen für den wichtigen Vertriebstender, usw. Diese Emergencies haben typischerweise allerhöchste Priorität (Fertigung darf nicht stillstehen, Kundenprobleme müssen behoben werden, ...), sind vorab nicht planbar und kommen gemäß Murphy's Law scheinbar immer gleichzeitig. Reservieren Sie also einen Teil ihrer verfügbaren Ressourcen für diese Art von Tagesgeschäft. Auf diese Weise können Sie schnell reagieren und müssen dann nicht jedes Mal Ressourcen aus den Projekten abziehen, die dann wahrscheinlich trotz Puffer verspätet werden und ihr Budget nicht ausgegeben bekommen. Natürlich können Sie diese Emergencies nicht vorab planen. Da helfen nur Erfahrungswerte. Und natürlich sollten im Falle, dass doch mal temporär Ressourcen aus Projekten abgezogen werden müssen, der Grund und die Konsequenzen auf die Projekte von Projektleiter und Disziplinenmanager gemeinsam dokumentiert und transparent kommuniziert werden, um spätere Konflikte und „Fingerpointing" zu vermeiden. Auch der ehrgeizigste Projektleiter muss hier verstehen, dass es auch höhere Prioritäten als das eigene Projekt geben kann und dass er auch in Zukunft auf eine gute Kooperation mit den Disziplinenmanagern angewiesen ist.

3.4 Die Bedeutung von Agilität

Es ist nicht der Zweck dieses Buchs, die Theorie des agilen Prozess- oder Projektmanagements, der dahintersteckenden Prozesse, Rollen und Werkzeuge zu wiederholen. Interessierte Leser mögen hierzu z. B. bei [4], [2] oder [3] nachschlagen. Trotzdem ist Agilität im Zusammenhang mit Projektmanagement ein zentrales Thema, was hier nicht unerwähnt bleiben darf. In den zahlreichen Publikationen zum Thema Agilität ist unter anderem nachzulesen, dass das Prinzip der Agilität ursprünglich aus der Softwareentwicklung stammt und sich dabei zunächst auf das Management von Prozessen und nicht auf das Management von Projekten bezogen hat. Sehr aufschlussreich ist dabei die folgende Passage aus [4]:

> „Der Ursprung des Agilen liegt also im Management von Prozessen und nicht im Management von Projekten. Und genau das sorgt in der Praxis immer wieder für

3.4 Die Bedeutung von Agilität

große Verwirrung. Denn Projektmanagement ist natürlich eine eigene Disziplin, die zunächst einmal unabhängig von den Prozessen im Projekt ist. Genau genommen leitet der Begriff „Agiles Projektmanagement" sogar etwas in die Irre. Denn die agilen Prinzipien und Techniken beziehen sich ja ausschließlich auf das Prozessmanagement. Wenn man „agile" Projekte sauber managen möchte, benötigt man also mehr als diese agilen Prinzipien und Techniken. Viele Aufgaben, die beim Managen eines Projekts anfallen, werden nämlich von den agilen Prinzipien und Techniken nicht umfasst und adressiert, so beispielsweise der Bereich „Ressourcenplanung" oder ein Kick-Off Meeting."

Auch, dass die zugrunde liegende Methodik für Nicht-Softwareprojekte und auch in Abhängigkeit der Art und Komplexität eines Projekts oft angepasst werden muss und daher nicht eine „One-size-fits-all"-Vorgehensweise darstellt. Es macht auch nicht unbedingt Sinn, jedes Projekt in Form von Sprints abzufahren: Alle Unternehmen haben auch eine große Zahl von kleinen bis sehr kleinen Projekten, bei denen zumeist nur ein oder vielleicht auch zwei oder drei Mitarbeiter beteiligt sind, jedoch nur mit einem kleinen Prozentsatz ihrer Arbeitszeit. Auch haben viele dieser Kleinstprojekte nicht unbedingt ambitionierte und bislang unerreichte Ziele, sondern es geht darum, gewisse Standardaufgaben abzuarbeiten, Daten zu sammeln und auszuwerten, eine Lösung für ein konkretes Problem zu finden, etc. Man muss natürlich auch bei der Agilität mit Verstand und Augenmaß vorgehen, um solche „Miniprojekte" nicht prozesstechnisch zu überladen und damit auszubremsen.

Gerade auch bei eher kleinen F&E-Organisationen, stellt die Vielzahl der oft im Zusammenhang mit den Agilitätsmethoden vorgestellten Rollen, wie z. B. die des „Requirement Engineer" (zuständig für die Definition der Anforderung an das zu entwickelnde Produkt), des „System Architect" (zuständig für die Definition der Anforderungen und das Management der Schnittstellen in einem System), des „Scrum- oder Sprint-Masters" (der das Team in der Durchführung der Sprints anleiten und coachen soll), etc. eine Herausforderung dar; zum einen, weil diese Rollen in Abhängigkeit der Größe und Komplexität der Projekte die damit beauftragten Mitarbeiter gar nicht unbedingt auslasten können, es sich also oft nur um „Teilzeit"-Aufgaben eines Mitarbeiters handelt, der vielleicht gleichzeitig in einem anderen Projekt eine andere Rolle wahrnehmen muss; zum anderen, da viele kleinere Unternehmen gar nicht so viele Mitarbeiter im F&E beschäftigen und bezahlen können, um jede dieser Rollen eindeutig einem Mitarbeiter exklusiv und dauerhaft zuordnen zu können, der diese Rolle dann hauptamtlich wahrnimmt. Oft müssen dann mehrere und verschiedene Rollen in Personalunion von einem Mitarbeiter übernommen werden, immer in Abhängigkeit des aktuellen Projektportfolios. Dieser durch eine fixe Rollen-Personen-Zuordnung geprägte statische Ansatz ist im Kern schon wieder antiagil und resultiert in starren Organisationen, die sich nicht flexibel an ein sich kontinuierlich änderndes Projektportfolio und Anforderungsprofil anpassen können. Der zugrunde liegende Denkfehler ist, dass man dabei in einem Projekt benötigte temporäre Rollen mit Personen assoziiert, die quasi als Spezialisten diese Aufgabe wahrnehmen sollen, und auch, dass durch die Vergabe dieser Rolle und des dazugehörenden Titels die jeweiligen Mitarbeiter noch nicht unbedingt wissen und verstehen, wie das am besten zu tun ist.

Tatsächlich macht es viel mehr Sinn, da auch nachhaltiger anstatt in Rollen und Personen, in Aufgaben und Skills zu denken. Dabei werden die Mitarbeiter in einer F&E-Einheit hinsichtlich der für ein erfolgreiches Projekt benötigten Aufgaben und Skills, die diesen idealen Rollen zugrunde liegen, geschult. Am Ende müssen alle F&E-Mitarbeiter sowie auch die angrenzender Organisationen mit dem Sinn und den Prinzipien und Spielregeln eines Sprints vertraut sein. Scrum-Master werden nur zur Einführung der Methodik in ein Unternehmen benötigt sowie für die Schulung neuer bzw. Nachschulungen bestehender Mitarbeiter. Dass z. B. Requirements und Schnittstelle definiert, in konkrete Projektaufgaben und Anforderungen übersetzt und aktiv gemanagt werden müssen, sollte ja auch nicht die Exklusivaufgabe eines zugeordneten Spezialisten sein, sondern ist eine der ureigensten Aufgaben jedes Projektleiters und seines Teams. Hierzu finden sich im Kapitel Projektmanagement noch mehr Details zur Vorgehensweise.

Beispiel

Was passiert, wenn bei der Einführung von Agilität Prozess- und Projektmanagement vermischt werden, habe ich bei einem Unternehmen beobachten können, als dort mit viel Elan und Energie seitens des Topmanagements „Agilität" als *das* neue Erfolgsprinzip zur Produktentwicklung mithilfe von zahlreichen externen Beratern eingeführt wurde. Dabei ist u. a. die Rolle des Projektleiters abgeschafft und dessen Aufgaben über mehrere, teilweise neugeschaffene Funktionen verteilt worden. Auch wurden die der Scrum-Methode entliehenen „Sprints" zum Grundprinzip des Erfolgs jeglicher Aktivität im Unternehmen erhoben und die Mitarbeiter wurden aufgefordert, nur noch in Form von Sprints zu arbeiten.[1] Die absehbare Folge daraus war, dass kurz darauf viele der mit der neuen Vorgehensweise gestarteten Projekte ins Schlingern gerieten, da sich nun bei vielen Projektentscheiden immer gleich mehrere der Funktionsinhaber einig werden mussten, sich davon aber keiner mehr für das Gesamtprojekt verant-

---

[1] Gerüchten zufolge wurden von da an auch alle Board-Meetings in Form von Sprints durchgeführt. Man darf sich ruhig mal ausmalen, wie klassische Firmenprozesse wie z. B. die Lohnbuchhaltung in Form von Sprints abgearbeitet werden.

3.4 Die Bedeutung von Agilität

wortlich fühlte und nur aufgrund einer neuen Funktionsbeschreibung dafür auch nicht automatisch geeignet war. Das Ganze muss man sich in etwa so vorstellen, wie wenn man in einem Taxi sitzt, in dem es nicht nur einen Fahrer gibt, sondern gleich vier Personen, von dem einer das Lenkrad bedient, einer die Pedale, einer schaltet, und schließlich ein vierter im Kofferraum sitzt und für die Routenwahl zuständig ist, keiner der vier sich aber verantwortlich dafür fühlt, bei der genannten Destination auch wirklich in kürzester Zeit anzukommen. Noch dazu, wenn die Fahrt regelmäßig unterbrochen wird, um in starren Mustern Spint-Sitzungen durchzuführen, um den Fortschritt zu beraten und gegebenenfalls das vorgegebene Ziel anzupassen.

Noch dazu kamen sich die Projekte gegenseitig in die Quere, wenn die oft mehreren Projekten zugeordneten Mitarbeiter gleichzeitig in mehreren der streng durchgetakteten Sprint-Sitzungen hätten teilnehmen müssen. Auch wurden bei diesem Unternehmen die Projekte nicht mit der Autorität ausgestattet, Projektziele und -pläne auf der Basis neuer Erkenntnisse, geänderter Randbedingungen oder geänderter Kundenwünsche dynamisch anpassen zu dürfen. Stattdessen mussten sich die Projekte sämtliche Spezifikationen und Pläne sowie deren Anpassungen oder Zieländerungen vom Board des Unternehmens freigeben lassen, welches sich exklusiv das Recht vorbehalten hatte, alle Entscheidungen allein zu fällen. Angesichts der großen Zahl an Projekten wurde das Board damit automatisch zum Bottleneck für alle anstehenden Entscheidungen, die so oft wochen-, wenn nicht monatelang verschleppt wurden. Zunehmend gereizt reagierte das Board dann auch angesichts der großen Zahl von ihm zu fällenden Entscheidungen.[2] Im zunehmenden Maße wurden daher Abweichungen von den ursprünglichen freigegebenen Plänen und Zielen, entgegen allen Lippenbekenntnissen des „Fail Fast" und „Fehler machen ist erlaubt", als Versagen der Teams bestraft. Die Folge war, dass das, was unter dem Etikett „Agilität" nach innen und außen propagiert wurde, genau das Gegenteil darstellte: zentralisierte Entscheidungen, Entmündigung der Projektteams, starre Projektführung, ... alles, was man nur als „anti-agil" bezeichnen kann. ◄

Tatsächlich verbirgt sich hinter dem Begriff der Agilität viel mehr als nur die Arbeitsweise in Form von Sprints oder die Verwendung bestimmter Rollen im Projekt:

---

[2] Direkt skurril mutete dabei die Aufforderung des Boards an die Teams an, „einfach den Mut zu haben, mal zu machen", wenn es die gleichen Boardmitglieder waren, die die Mitarbeiter hart dafür abstraften, wenn die es mal wagten, Entscheidungen zu treffen, ohne das vorherige Okay vom Board eingeholt zu haben.

- *Mindset:* Zunächst ist ein Mindset zu nennen, der es erlaubt, mit Unschärfe umzugehen, und zwar Unschärfe sowohl in der ursprünglichen Zielsetzung als auch in der Art und Weise, wie diese Ziele erreicht werden sollen. Die Unschärfe resultiert dabei daraus, dass zu Beginn des Projekts zwar Ziele definiert worden sein müssen, es aber noch nicht sicher ist, dass diese Ziele auch *erreichbar* sind.

Erreichbar versus erreicht werden
Die Formulierung „erreichbar" ist hier bewusst gewählt worden und ist nicht zu verwechseln mit der Formulierung „erreicht werden": Ob und warum gesteckte Ziele erreicht oder nicht erreicht werden, kann viele Ursachen haben, die u. U. mit dem Projekt selbst gar nichts zu tun haben. Jedes ambitionierte Projekt wird aber Ziele haben, von denen es noch nicht einmal weiß, ob sie erreichbar sind. Wäre bereits sicher, dass diese Ziele erreichbar sind, dann handelt es sich per Definition nicht um ein wirkliches Entwicklungsprojekt, sondern nur um das Abarbeiten bekannter Aufgaben, an deren Ende ein vorhersehbares Ergebnis steht, wie z. B. die monatliche Auszahlung der Löhne durch die Lohnbuchhaltung.

Entsprechend werden sich diese Ziele im Laufe des Projekts mit großer Wahrscheinlichkeit noch mehrmals ändern. Analog werden sich auch die im Laufe des Projekts durchzuführenden Aufgaben und Vorgehensweisen und damit die dazugehörenden Ressourcenbedürfnisse und Terminpläne anpassen müssen.

Mit so einer Unschärfe umgehen zu können ist zunächst einmal eine Herausforderung für einen Projektleiter und sein Team. Und es erfordert ein gewisses Maß an Mut, sich auf eine Reise zu begeben, bei der man noch nicht weiß, ob man auch an dem ursprünglich vereinbarten Ziel ankommen wird oder vielleicht sogar gar nirgendwo ankommt, da das Projekt eventuell vorzeitig abgebrochen werden muss. Hier trennt sich bereits die Spreu vom Weizen der Projektleiterkandidaten. Diejenigen, die Mühe mit so einer Unschärfe haben, sind nicht unbedingt die richtigen, um ein ambitioniertes Projekt zu leiten. Stattdessen sollte diese Unschärfe im unternehmerischen Sinne als Opportunity wahrgenommen werden: die Opportunity, die eigene Kreativität und die des Teams zu fordern, die immer neuen Herausforderungen anzugehen, neue Wege und smarte Lösungen zu finden, anstatt nur ausgetretenen Wegen zu folgen.

Diese Unschärfe stellt aber eine noch viel größere Herausforderung für das jeweilige Unternehmen und dessen Management dar: Unschärfe steht diametral im Gegensatz zu dem, was das Topmanagement eines jeden Unternehmens anstrebt: Planbarkeit und Kontrolle. Das ist auch der Grund, warum sich gerade das Topmanagement mit der Agilität in der Praxis oft schwertut, will man doch dessen Vorteile (Flexibilität, schnelle Entscheidungen, effektiver Einsatz der begrenzten Res-

3.4 Die Bedeutung von Agilität

sourcen, attraktive Produkte etc.) für den eigenen Erfolg nutzen, aber weder sich selbst noch den Eignern/Aktionären eingestehen, dass ein ambitioniertes Entwicklungsprojekt nicht wirklich planbar ist, sondern ein Eigenleben besitzt, welches man nicht wirklich unter Kontrolle hat. Auch fällt es dem Topmanagement bisweilen schwer, die Kontrolle über die wertvollen und stets knappen F&E-Ressourcen, für die man ja bei den Eignern/Aktionären hart kämpfen musste, zumindest teilweise an die hierarchisch niedrigeren Projektleiter zu delegieren. Es hängt ja u. U. auch die eigene Karriere am Erfolg dieser Projekte. Das schlimmste, was ein Topmanagement angesichts dieses Konflikts tun kann, ist eine Angstkultur zuzulassen oder gar zu schüren, in der Projektleiter und deren Teams mit negativen Konsequenzen zu rechnen haben, wenn von ursprünglichen Zielen abgewichen wird oder Projekte sogar vorzeitig abgebrochen werden, da sinnvolle Ziele als nicht mehr erreichbar erkannt wurden. Die unmittelbare Folge ist, dass niemand mehr ambitionierte Ziele vorschlagen wird und die Projekte ein massives „Sandbagging" in Form übergroßer Puffer für Aufwände und Termine einplanen werden, um auf keinen Fall die Ziele zu verfehlen. Die Folge ist also das genau Gegenteil dessen, was man mit Agilität erreichen wollte: teure und langwierige Projekte an deren Ende wenig attraktive Produkte stehen.

Die konkrete Herausforderung für das Topmanagement ist es also, über den eigenen Schatten springen zu müssen und die Unschärfe nicht nur wissentlich zuzulassen, sondern die Projektteams zum selbstständigen Handeln zu empowern und sie nach Kräften zu unterstützen, z. B. indem organisatorische und politische Hürden aus dem Weg geräumt werden.

- *Organisation und Prozess*: Wesentliche organisatorische Elemente eines agilen Arbeitens sind u. a.:
  - Trennung von Linien- und Projektorganisation, was im Wesentlichen einer Matrixorganisation entspricht. Der Vorteil dieser Organisationsform für ein agiles Arbeiten ist, dass hier die administrativen und technischen Aufgaben einer Linienfunktion wie z. B. persönliche Mitarbeiterentwicklung, fachliche Aus- und Weiterbildung, die Definition, Einführung und Pflege der geeigneten Werkzeuge, Prozesse etc. konsequent von den Projektaufgaben separiert werden. Das Projekt ist damit nur der Nutzer der Ressourcen, Kompetenzen und der Werkzeuge, die von den Linienfunktionen zur Verfügung gestellt werden und kann sich auf die Herausforderungen des Projekts konzentrieren. So wie ein Monteur das ihm zur Verfügung gestellte Werkzeug nutzt, sich aber nicht auch gleichzeitig um dessen Entwicklung, Fertigung, Beschaffung und Ersatz kümmern muss.

- Arbeiten in multidisziplinären Teams, die für die Dauer des Projekts zusammengestellt und auch räumlich zusammengesetzt werden und die in ihrer Zusammensetzung an die jeweiligen Projektphasen und die damit verbundenen Aufgaben angepasst werden. Der Projektleiter ist damit, anders als ein Linienmanager, nicht in der Verpflichtung, ein statisches Team kontinuierlich auslasten zu müssen und im schlimmsten Falle Aufgaben finden (oder erfinden) zu müssen, um das Team beschäftigt zu halten. Noch wichtiger aber: Ihm/Ihr stehen alle für die Aufgaben benötigten Disziplinen zur Verfügung, die direkt beieinander sitzen und ohne die Reibungsverluste in einer klassischen Silo-Organisation im Team zusammenarbeiten. Dadurch verkürzen sich Kommunikationswege auf das absolute Minimum, was auch eine sehr situative und spontane Arbeitsweise im Team ermöglicht anstelle einer starren und unflexiblen Aufgabenabarbeitung (siehe auch [5]).

Projektteams und Homeoffice
In Zeiten des zunehmenden mobilen Arbeitens bzw. des Homeoffice ist es natürlich nicht zwingend erforderlich, dass die Teammitglieder alle täglich zusammen in einem Raum oder einem reservierten Bereich im Großraumbüro sitzen. Insbesondere, wenn einige interne oder externe Teammitglieder sogar an anderen Standorten, noch dazu auf einem anderen Kontinent und damit in einer anderen Zeitzone leben. In solchen Fällen muss aber auf jeden Fall sichergestellt sein, dass die betroffenen Mitarbeiter zumindest in einem gewissen Zeitfenster jeden Tag exklusiv für das Team erreichbar sind und auch die technischen Voraussetzungen für eine reibungslos funktionierende Kommunikation (Videokonferenz) und Datenaustausch gegeben sind in Form von IT-Equipment und stabilem Internetzugang und benötigter Bandbreite. Regelmäßige persönliche Treffen der Teammitglieder sind dabei unerlässlich und die damit verbundenen Reisekosten sind gut investiertes Geld, da es für das Team-Building und damit der Zusammengehörigkeit, dem Aufbau und dem Erhalt des wechselseitigen Vertrauens im Team sowie der Vermeidung von Missverständnissen absolut zuträglich ist.

- Das Arbeiten in sogenannten Sprints, wobei sich das Projektteam jeweils für einen vorgegebenen Zeitraum (in den meisten Branchen hat sich dafür ein Zeitraum von zwei Wochen bewährt) und aus dem Kontext der Gesamtprojektziele sinnvolle Zwischenziele definiert, an dessen Ende deren Erreichung und die dabei gewonnen Erkenntnisse reflektiert werden. Auf dieser Basis werden dann die Zwischenziele für den nächsten Sprint definiert. Die gerade bei lang laufenden Projekten erzielte Straffung in die fokussierte Erarbeitung von sinnvollen Zwischenschritten verhindert dabei, dass sich im Team im Laufe der Zeit eine gewisse Trägheit und Erschlaffung einstellt im Sinne von „wir haben ja noch viel Zeit" oder „der nächste Milestone ist erst in einem halben Jahr fällig". Stattdessen bleibt so eine gewisse Vorspannung im Team über die gesamte

3.4 Die Bedeutung von Agilität

Laufzeit erhalten. Genauso wichtig aber ist es, dass die oben erwähnte Erreichbarkeit und auch Sinnhaftigkeit der früher definierten Ziele immer wieder aufs Neue hinterfragt und situativ und kurzfristig die Vorgehensweisen im Team angepasst werden. Gegebenenfalls müssen auch Ziele angepasst werden, wenn die früheren Ziele nicht erreichbar oder nicht mehr sinnvoll sind und stattdessen andere Ziele lohnender sind.

Grundsätzlich muss hier auch noch betont werden, dass dem agilen Arbeiten eine hochgradig strukturierte und disziplinierte Arbeitsweise zugrunde liegt. Früher definierte Ziele und Vorgehensweisen regelmäßig zu hinterfragen, neu zu prüfen und gegebenenfalls umzudefinieren erfordert ein hohes Maß an Verantwortungsbewusstsein, Mut, vorrauschauender Planung und Verständnis der Abhängigkeiten zwischen Projektaufgaben und auch zwischen den involvierten Unternehmensbereichen. Die Challenge jedes Projektleiters ist dabei, dass das gerade bei komplexeren Projekten mit verschiedenen Ebenen von Unterprojekten nicht schnell in ein heilloses Chaos mündet. (Die Vorgehensweisen werden dabei im Kapitel 8: Projektmanagement weiter vertieft).

Zu glauben, Agilität bedeutet, ein Projekt ohne eine klare und sauber erarbeitete Zieldefinition und dem dazugehörenden validen Business Case starten zu können und dabei am Ende ein hoch attraktives Produkt zu bekommen, handelt nach dem Prinzip „Hoffnung" und könnte seine Entwicklungsgelder genauso gut ins Casino tragen. Genauso wenig verbirgt sich hinter Agilität, ständig und unkontrolliert Ziele anzupassen. So geführte Projekte ähneln dann am Ende eher dem Verhalten von Treibholz in der Wasserwalze hinter einem Stauwehr: dreht sich im eigenen Saft, verbrennt Geld und liefert kein Ergebnis.

Agilität bedeutet also weder munter „ins Blaue" hinein zu entwickeln,[3] noch die Ziele willkürlich zu ändern, so wie sich ein Fähnchen im Wind ständig neu ausrichtet. Der Sportwagenbauer möchte am Ende ein neues Auto haben und nicht eine Kartoffelschälmaschine, auch wenn es die beste der Welt ist. Das neue Betriebssystem des Softwareentwicklers soll dem Nutzer eine erhöhte Performance sowie eine verbesserte Stabilität und Datensicherheit bieten und nicht eine Dating-App sein. Richtig angewendete Agilität hätte bei diesen Beispielen dazu geführt, dass diese Projekte nach kurzer Zeit abgebrochen worden wären, wenn die ursprüngliche Zielsetzung nicht erreichbar ist. Oder das Ziel wäre so umformuliert worden, dass das angestrebte Produkt für das Unternehmen attraktiv ist, wie z. B. ein sportliches, aber familientaugliches Crossover anstelle eines Super-Sportwagens. Das Unter-

---

[3] Selbst Start-ups haben eine Businessidee, die sie dann zur Marktreife bringen wollen. Das Brainstorming kommt vor der Gründung des Start-ups.

nehmen hätte als Ergebnis einer sinnvoll eingesetzten Agilität auf jeden Fall die wertvollen Ressourcen für eine andere oder eine angepasste Entwicklung eingesetzt, anstatt etwas zu Ende zu entwickeln, was nicht zum Geschäftsmodell des Unternehmens passt.

▶ Agilität ist also kein Synonym für Planlosigkeit, fehlende Führung oder Chaos.

Literatur

1. Goldratt EM (2002) Die Kritische Kette. Campus, Frankfurt am Main
2. Hruschka P, Rupp C, Starke GD (2009) Agility kompact, Tipps für erfolgreiche Systementwicklung. Spektrum, Akademischer, Heidelberg
3. Krullmann G, Longmuss J, Bullinger AC, Spanner-Ulmer B (2014) Agiles Projektmanagement in der Praxis der Produktentwicklung. aw&l Wissenschaft und Praxis, Chemnitz
4. Preussig J (2020) Agiles Projektmanagement. Haufe-Lexware, Freiburg
5. Töpfer A, Mehdorn H (1994) Total quality management. Hermann Luchterhand, Berlin

Projekt-Entstehung 4

Zusammenfassung

Zu verstehen, wie Projekte entstehen und mit welchen grundlegenden Ansätzen Projekte in erfolgreichen Firmen geplant und ausgeführt werden, hilft zu verstehen, wie Agilität in der Praxis funktioniert und auch zu welchem Projektzeitpunkt welche Art und Qualität von Planung und Spezifikation notwendig ist. In diesem Kapitel werden die Grundprinzipien eines „Phase-gated"-Projektansatzes vorgestellt, der die Keimzelle des agilen Projektmanagements darstellt.

4.1 Produktentwicklungsprozesse

Bevor im nächsten Kapitel auf die konkreten Projektplanungs- und Projektmanagementschritte eingegangen wird, soll an dieser Stelle noch ein kleiner Exkurs bzgl. der Projektentwicklungsprozesse gemacht werden. Grund ist, dass die unterschiedlichen Prozesse, die in vielen Unternehmen zum Einsatz kommen, einen nicht unwesentlichen Einfluss auf die Planung und das Management von Projekten haben können.

In vielen Unternehmen hat sich bei der Bearbeitung größerer Entwicklungsprojekte grundsätzlich die Methode des sog. „Phase-Gate"- bzw. „Stage-Gate"-Prozesses oder allgemein eines „Gated"-Entwicklungsprozesses durchgesetzt. Bei dieser Art des Entwicklungsprozesses wird der gesamte Entwicklungsvorgang inhaltlich in mehrere aufeinanderfolgende Phasen unterteilt, an deren Ende jeweils ein sog. Gate-Review steht. Die Aufgabe des Gate-Reviews ist dabei sowohl aus technischer als auch aus kommerzieller Sicht zu überprüfen, ob in der vorangegangenen Phase alle Voraussetzungen erfüllt worden sind, um das Tor („Gate") zur nächsten Projektphase zu durchschreiten (Abb. 4.1).

Der grundsätzliche Vorteil dieser Art von Prozessen ist, dass bereits lange vor dem Ende des Projekts und bei konsequenter Anwendung dieses Prozesses frühzeitig fundamentale Probleme identifiziert und auch der Projektfortschritt regelmäßig und transparent bewertet werden kann. Auf diese Weise können Projekte mit geringer Erfolgsaussicht –, oder die aus dem Ruder laufen – frühzeitig erkannt und gegebenenfalls beendet werden und damit die stets knappen Entwicklungsressourcen für andere, erfolgversprechendere Projekte eingesetzt werden. Gerade bei großen Entwicklungsprojekten kann dieser Prozess zudem helfen, die Komplexität signifikant zu reduzieren, indem mittels der Anwendung klarerer Regeln, eindeutig definierter Ergebnisse („Deliverables") pro Projektphase, etc. Ordnung einkehrt in einen andernfalls schwer zu kontrollierenden, von den persönlichen Präferenzen der verschiedenen Akteure geprägten potenziell chaotischen Projektablauf. Durch den Einsatz von finanztechnischen Bewertungsmethoden können neben technischen auch kommerzielle Schlussfolgerungen getroffen werden und sind Vorhersagen bezüglich dem erwarteten kommerziellen Erfolg des neuen Produkts möglich, lange bevor es fertig entwickelt ist (regelmäßige Überprüfung des Business Case). In der Hinsicht sind diese Phase-Gate-Prozesse die Keimzelle des modernen, agilen Arbeitens, erlauben sie doch – wenn konsequent gelebt – die ursprünglichen Projektziele immer wieder aus technischer und kommerzieller Sicht neu zu überprüfen und gegebenenfalls anzupassen (siehe z. B. Qualitätsdreieck), solange sich daraus stets ein positiver Business Case und damit ein kommerziell erfolgversprechendes Produkt ergibt.

Daneben gibt es aber auch eine Reihe von potenziellen Nachteilen dieser Prozesse: Gerade für kleine Projekte kann die Anwendung dieser ausgefeilten Prozesse leicht zum „Overkill" für das Projekt werden, wo der administrative Aufwand den eigentlich produktiven und kreativen Anteil in den Schatten stellt und

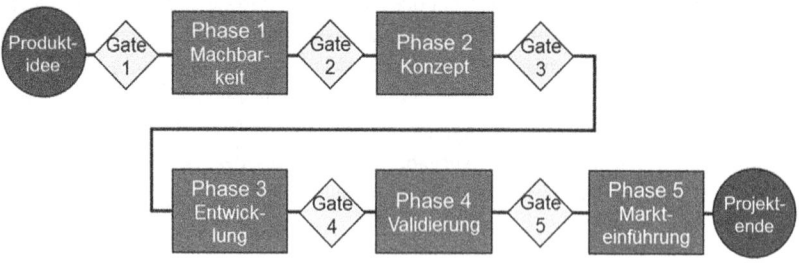

Abb. 4.1 Beispiel für einen Phase-Gate-Prozess

4.1 Produktentwicklungsprozesse

damit die Innovation und eine schnelle Marktverfügbarkeit eher verhindert. Hier werden deutlich schlankere Prozesse benötigt, die zwar die gleichen Qualitätsansprüche sicherstellen, aber mit deutlich geringerem administrativem Aufwand bedienbar sind. Auch können sich derartige ausgefeilte Entwicklungsprozesse eher als hinderlich erweisen, geht es nicht um eine Produkt-, sondern um eine Technologieentwicklung. Hier müssen andere Kriterien und Deliverables verwendet werden und auch die Phasen anders definiert sein als bei einer klassischen Produktentwicklung. Viele Unternehmen haben darauf reagiert und entsprechend abgewandelte Technologieentwicklungsprozesse eingeführt.

Aber selbst bei klassischen Produktentwicklungsprojekten können sich ausgefeilte Phase-Gate-Prozesse als hinderlich erweisen. Insbesondere dann, wenn diese Prozesse für eine bestimmte Klasse von Produkten entwickelt wurden und dann unverändert auch auf andere Produktklassen angewendet werden sollen. Das folgende Beispiel soll verdeutlichen was damit gemeint ist:

> **Beispiel**
>
> Frisch bei einem früheren Arbeitgeber eingestiegen, der auf in Großserie gefertigte und per Katalog angebotene Produkte spezialisiert ist, die über Zwischenhändler an Privatpersonen verkauft werden und der seit vielen Jahren einen Phase-Gate-Prozess im Einsatz hatte, sollte meine Einheit eine neue Produktfamilie entwickeln. Diese Einheit, ursprünglich ein kleines, familiengeführtes Unternehmen, war vor nicht allzu langer Zeit vom Mutterkonzern gekauft worden, und beschäftigte sich u. a. mit Produkten für den gewerblich/industriellen Markt, die durch hohe Leistungen geprägt sind und in kleinen Stückzahlen in Einzelfertigung produziert werden. Diese Produkte werden bevorzugt im Rahmen eines Projektgeschäfts individuell geordert und oft direkt an Bauherren verkauft. Für die Entwicklung des neuen Produkts sollten wir zum ersten Mal den bei der Muttergesellschaft entwickelten und erprobten Entwicklungsprozess anwenden. Sehr schnell stellte uns das vor unerwartete Schwierigkeiten. Dieser für die Entwicklung von in Fließfertigung hergestellte Massenartikel entworfene und validierte Prozess forderte u. a., dass wir pro Variante des neuen Produkts mehrere Prototypen bauen sollten und diese dann alle auch einem umfangreichen Langzeittestprogramm unterziehen sollten. Weiterhin sollte dann von sämtlichen Hauptkomponenten aller Varianten je ein Exemplar als Referenz eingelagert werden, für den Fall, dass es Lieferantenprobleme geben sollte. Versteht man, dass es hier um insgesamt 18 Varianten des neuen Produkts ging, die sich jeweils in den Hauptkomponenten unterscheiden, und jedes Produkt im Mittel in der Herstellung um die 35.000 Euro kostet, dann hätten sich die Kosten für die Prototypen und die Referenzkomponenten schon auf über 2,0 Milli-

onen Euro addiert, zusätzlich zu den eigentlichen Entwicklungskosten. Die Herstellung aller dieser Prototypen sowie die Durchführung des Testprogramms hätte die kleine Fertigung und den einen verfügbaren Produktionsprüfstand für viele Monate blockiert, wodurch wir keine Kundenaufträge mehr hätten bedienen können. Neben weiteren, mehr oder minder vernünftigen Forderungen des Entwicklungsprozesses stellte uns die Forderung nach einem durchzuführenden Falltest endgültig vor ein unlösbares Problem: Der Falltest forderte als eines der Akzeptanzkriterien vor der Produktfreigabe, dass jedes neue Produkt aus 20 cm Höhe asymmetrisch auf eine der Gehäusekanten fallen gelassen wird und danach noch voll funktionsfähig sein muss. Dies war eine Forderung, entwickelt für Geräte, die ca. 5 kg wiegen, und sollte nun auf Geräte angewendet werden, die bis zu mehrere Tonnen Gewicht auf die Waage bringen.

Wir alle können uns noch aus dem Physikunterricht in der Unterstufe an das Gedankenmodell erinnern, wo man eine Ameise, eine Katze und ein Pferd von einem Turm fallen lässt. Für die Ameise ist das völlig harmlos. Für die Katze, wenn der Turm nicht zu hoch ist, geht das eventuell auch noch mit geringen Blessuren gut. Für das Pferd ..., naja.

Das zugrunde liegende Problem war hier, dass der im Mutterkonzern entwickelte Prozess eben für kleine, in Fließfertigung produzierte Haushaltsgeräte entwickelt und validiert worden war und jetzt direkt auch für große, in Einzelfertigung und mit kleinen Stückzahlen produzierte kommerzielle Produkte angewendet werden sollte. Noch dazu auch für Produkte, die ganz andere Kundenbedürfnisse befriedigen müssen. Man kann sich das in etwa so vorstellen, als wollte man einen Kampfpanzer mit den gleichen Prozessen und Kriterien herstellen wie einen PKW, oder ein Kreuzfahrtschiff genauso wie ein Schlauchboot. ◂

Eine andere Falle ist, wenn diese Prozesse sehr starr formuliert sind und sich nicht an die Anforderungen und Bedürfnisse des konkreten Projekts anpassen lassen.

> ▸ Mein Tipp: Machen Sie sich also vor Start des Projekts mit dem in ihren Unternehmen geltenden Entwicklungsprozess vertraut und überprüfen Sie, ob die dort gelisteten Anforderungen, Deliverables und Abläufe zu ihrem Projekt passen oder gegebenenfalls angepasst werden müssen. Dazu gehört auch, ob alle geforderten Milestones wirklich relevant sind oder weggelassen werden können bzw. ob sinnvollerweise zusätzliche Milestones eingeführt werden müssen, etwa um gewisse Freigaben (Prototypenbestellung, Werk-

4.1 Produktentwicklungsprozesse

zeugbestellung, Launch-Customer, …) schon zu einem früheren Zeitpunkt erhalten zu können, als der Prozess es bis dato vorsieht. Scheuen Sie nicht davor zurück, den bestehenden Prozess mit sachlichen Fragen und Vorschlägen zu hinterfragen. Entwicklungsprozesse sind nicht vom Himmel gefallen und basieren stets nur auf den Erfahrungen früherer Jahre und Projekte und müssen im Laufe der Zeit genauso weiterentwickelt werden, wie auch das Portfolio Ihrer Firma. Überzeugen müssen Sie hierbei natürlich den Owner des Entwicklungsprozesses, also z. B. das zentrale Qualitätsmanagement oder das Chief Engineer's Office in ihrem Unternehmen. Unterstützen die Sie bei ihren Vorschlägen, wird es auch seitens der Stakeholder kaum Widerstand geben.

Natürlich sind im Laufe der Jahre diese Phase-Gate-Prozesse kontinuierlich weiterentwickelt und an die Bedürfnisse der jeweiligen Industrien/Unternehmen angepasst worden. So stehen heute in der Praxis und der Fachliteratur zahlreiche Varianten und Ausprägungen zur Verfügung. Ziel dieser verschiedenen Ausprägungen ist es, in Abhängigkeit der Anwendung den Blick des Anwenders auf die spezifischen Herausforderungen zu schärfen bzw. mit geeigneten Prozessschritten zu unterstützen. Ein Beispiel hierfür ist die sog. Design-Review-Based-on-Failure-Mode (DRBFM)-Methode, die ursprünglich von Toyota [1] entwickelt wurde und dort auch eingesetzt wird. Bei dieser Methode handelt es sich im Wesentlichen ebenfalls um einen der Phase-Gate-Prozesse, der jedoch auf die Entwicklung von Produktänderungen spezialisiert ist, also auf Projekte, bei denen es darum geht, ein bereits vorhandenes Produkt zu verbessern. Kern dieses Prozesses ist, dass er sich zur Definition der benötigten Entwicklungs- und Analyseschritte im Wesentlichen auf einer FMEA abstützt. Die dahinterliegende Philosophie ist, dass gerade die vorzunehmenden Änderungen an einem existierenden und funktionierenden Produkt das größte Fehlerpotenzial bergen, welches es zu vermeiden gilt. Also werden im Rahmen einer vom Projektteam und Experten durchgeführten FMEA die mit den anvisierten Änderungen verbundenen Risiken identifiziert und daraus dann die benötigten Arbeitsschritte abgeleitet. Das ist im Prinzip eine Untermenge des hier etwas später vorgestellten Risikomanagements, welches ebenfalls als Projektplanungs- und Projektmanagementwerkzeug Verwendung findet.

Aber Vorsicht: Produktänderung ist nicht gleich Produktänderung. Die DRBFM-Methode lässt sich sehr gut anwenden, wenn es um sehr konkrete Änderungen an einem bestehenden Produkt geht. Also wenn es z. B. das Ziel ist, die Blechdicke einer existierenden Karosserie zu verdünnen, um Materialmenge und damit Herstellkosten einzusparen. Wo diese Methode schon nicht mehr so gut passt ist, wenn es das Ziel ist, bei einer bestehenden Gasturbinenfamilie die Effizienz um x Prozentpunkte zu steigern. Hier handelt es sich dann in der Regel nicht mehr um bereits vorab bekannte singuläre Maßnahmen (Blechdicke, Materialwahl, Herstellungsmethode, ...), die es hinsichtlich ihrer Funktion und Risiken zu bewerten gilt. Hier muss zwar nicht eine neue Gasturbine, aber z. B. eine neuen Verdichter- oder Turbinenbeschaufelung, also wesentliche Hauptkomponenten komplett neu entwickelt werden.

4.2 Produktdefinition

Vor der eigentlichen detaillierten Entwicklungsplanung steht bei den Phase-Gate-Entwicklungsprozessen natürlich erst einmal die Produktideenfindung und ein daraus resultierendes „Lastenheft" sowie eine danach folgende technische Machbarkeitsstudie („Feasibility Study"), an deren Ende das „Pflichtenheft" bzw. die „Produktspezifikation" steht (siehe Abb. 4.2).

Innerhalb des gesamten Entwicklungsprojekts ist dieser Teil der kreativste und oft auch für den Erfolg des Projekts wichtigste Schritt, werden hier doch die grundsätzlichen Weichen und Entscheidungen für das komplette nachfolgende, vielleicht Jahre und Millionen von Euro in Anspruch nehmende Projekt gestellt, welches am Ende ja ein kommerzieller Erfolg werden muss und innerhalb kürzester Zeit auch einen Return of Investment liefern soll. Im Sinne des in einem der vorangegangenen Kapitel beschriebenen „Front-Loading" sollten hier auf keinen Fall gespart bzw. Produktideen schnell „durchgepeitscht" werden. Alles, was in diesen Schrit-

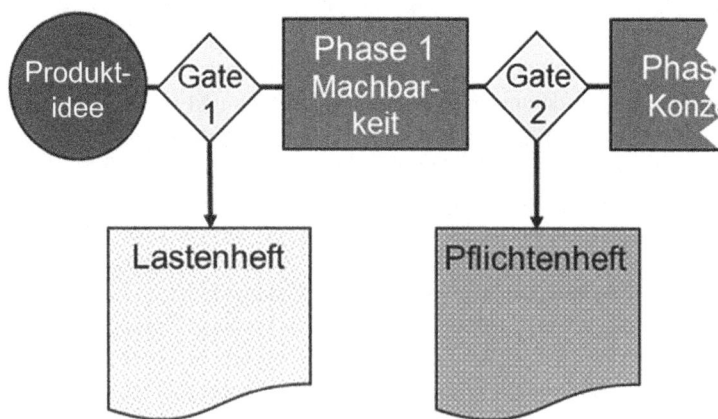

Abb. 4.2 Start des Entwicklungsprojekts mittels Last- und Pflichtenheft

ten sauber erarbeitet wird, spart am Ende des Projekts leicht ein Vielfaches der anfänglich investierten Arbeit ein.

> **Beispiel**
>
> In einem meiner früheren Projekte begann das Ganze als eine Studie für einen möglichen weiteren Upgrade einer seit vielen Jahren im Markt gut etablierten und erfolgreichen Gasturbinenfamilie, die bereits in der Vergangenheit viermal überarbeitet worden war. Die ursprüngliche Idee war, die Performance des Produkts ein weiteres Mal zu steigern mit dem Ziel, dass die bereits im Feld implementierten Anlagen vom Dispatcher öfters angefordert werden und sich damit die Laufzeiten der Anlagen erhöhen und deswegen auch die sehr lukrativen Serviceaufträge häufiger erfolgen. Ein weiteres Ziel war dabei, dass die Konkurrenz mit ihren kopierten Ersatzteilen durch die neue und veränderte Hardware bis auf Weiteres nicht mehr anbieten kann. Im Laufe der Studie zeigte sich dann aber bald, ganz der Logik des Pareto-Prinzips folgend, dass infolge der bereits früher eingeführten Upgrades, der durch die Nachrüstbarkeit gegebenen starren konstruktiven Randbedingungen sowie dem Fehlen einer grundsätzlich neuen Technologie nur noch sehr kleine Performancesteigerungen möglich waren, dafür aber mit relativ großem Aufwand (z. B. notwendigen Modifikationen am Rotor oder dem Gehäuse): Man befand sich also im Pareto-Chart (Abb. 2.2) schon sehr weit rechts im flachen Bereich der Kurve. Natürlich waren die Stakeholder zunächst misstrauisch, ob das Team das auch sauber analysiert und sich genügend Mühe gegeben hatte, wirklich alle Optionen auszuloten; waren Upgrades doch das, was man seit bald 15 Jahren erfolgreich getan hatte (überschaubare Aufwände und Kosten, schnelle Markteinführung, niedriges Projektrisiko, …). In dem Zusammenhang wurden dann auch einige nervöse Stakeholder so richtig kreativ, und mancher der originelleren Vorschläge konnte dann nur unter Zuhilfenahme der Gesetze der Thermodynamik schnell wieder „beerdigt" werden. Als dann auch den Stakeholdern nichts mehr einfiel, setzte sich langsam die Erkenntnis durch, dass das zugrunde liegende Gasturbinenkonzept ohne irgendeine grundsätzliche neue Technologie tatsächlich ausgereizt ist[1] und eine signifikante Performanceverbesserung nur durch ein grundsätzlich neues Maschinenkonzept, welches dann auch nicht mehr nachrüstbar ist, erreicht werden kann. Konsequenterweise erhielt das Team schließlich den Auftrag, eine Machbarkeitsstudie für eine komplett neue Gasturbinenfamilie durchzuführen. ◄

---

[1] Ein smarter Ansatz war damals gewesen, in diese Studie auch bei den Stakeholdern anerkannte und respektierte externe Experten einzubinden, die das Ergebnis des Teams prüften und bestätigten. Der „Prophet im eigenen Land" gilt eben nichts, was vereinfacht ausgedrückt auch eine Kurzbeschreibung des Geschäftsmodells vieler Beratungsfirmen ist.

Grundsätzlich lassen sich solche Studien im Detail (Dauer, Kosten, Ergebnisse) nicht vorausplanen, da sie naturgemäß einer Eigendynamik folgen, die man nur mit der Ersterforschung eines bislang unbekannten Höhlensystems vergleichen kann, bei der zu Anfang noch nicht einmal klar sein wird, ob man da trockenen Fußes durchkommt oder man am Ende größere Strecken mit einer Tauchausrüstung bewältigen muss. Aufgrund der großen Eigendynamik mit vielen Verzweigungen und „Sackgassen" empfiehlt es sich auch, mit einem eher kleinen Team von Experten und nur auf der Basis von vereinfachten Simulationsmethoden und Expertise zu arbeiten. Schnell den richtigen „Pfad" gefunden zu haben ist dabei oft wichtiger als die Exaktheit der Ergebnisse, die später ohnehin im Detail analysiert werden müssen. Diese Vorgehensweise erfordert daher ebenfalls wieder den bewussten und konstruktiven Umgang mit einer gewissen Unschärfe, was oft im Widerspruch steht zu der von den Stakeholdern geforderten Genauigkeit, da am Ende auf der Basis dieser Ergebnisse ja weitreichende Entscheidungen gefällt werden müssen. Der Projektleiter wird es da wieder mit dem von mir so benannten „Projekt-Paradoxon" zu tun haben, dass Stakeholder bzw. das Topmanagement in Ihrem Unternehmen das Ergebnis der Entwicklung schon kennen möchten, bevor sie über dessen Entwicklung entscheiden müssen. Eine Ausprägung dieses Paradoxons ist, dass in manchen Unternehmen unter dem Deckmantel einer Machbarkeits- oder Konzeptstudie das Produkt eigentlich schon „undercover" entwickelt wird, bevor die eigentliche, offizielle Entwicklungsentscheidung gefällt wird. Da hat man dann aber bereits 50 % oder mehr der Entwicklungskosten bereits ausgegeben. Eine andere Ausprägung ist, dass Entwicklungsziele von vornherein so niedrig gesetzt werden, dass sie mit an Sicherheit grenzender Wahrscheinlichkeit auch erreicht werden, wobei dann aber oft wenig aufregende Produkte entstehen.

▶ Die Quintessenz daraus ist, dass es Mut braucht, neue Projekte zu starten: Mut, das auf der Basis vorläufiger Ergebnisse zu tun. Mut, auch zu akzeptieren, dass so manches Projekt dann auch frühzeitig wieder gestoppt werden muss, wenn detailliertere Ergebnisse vorliegen, und dass dies keinen Misserfolg darstellt, sondern auf diese Weise für das Unternehmen viel Geld und Zeit gespart wurde.

4.2.1 Phase 0: Produktidee

Die eigentliche Findung der Produktidee, bei vielen Unternehmen auch als „Phase 0" bezeichnet, kann dabei auf unterschiedliche Weise stattfinden. Zum Beispiel ist die Produktidee das Ergebnis eines ausgefeilten, jährlich aktualisierten „Innova-

4.2 Produktdefinition

tion Funnel" und/oder von Marktanalysen und Kundenbefragungen und/oder das Ergebnis von Wettbewerbsdruck oder der Verfügbarkeit neuer Technologien. In jedem Fall macht es oft Sinn, dass in dieser „Phase 0" in der Regel getrieben durch das Marketing, ein multi-disziplinäres Team mit Vertrieb, Technik, Service und Produktion im Sinne eines Brainstormings die verschiedenen Anforderungen, Bedürfnisse und Möglichkeiten zusammenträgt und hinsichtlich „Kundenwert" und prinzipieller „Machbarkeit" bewertet. Detaillierte technische Studien machen zu diesem frühen Zeitpunkt noch keinen Sinn, geht es doch primär erst einmal darum, ungeachtet der tatsächlichen Machbarkeit, attraktive Produktideen zu entwickeln und hinsichtlich ihres Marktwerts zu bewerten. Technische Expertise ist zu diesem Zeitpunkt jedoch erforderlich, um Ideen, die dem Bereich „Science-Fiction" zuzuordnen sind, frühzeitig herauszufiltern, da deren weitere Verfolgung den Prozess nur unnötig belasten und herunterbremsen würde.

Es macht sehr viel Sinn, im Rahmen dieser Phase bereits wichtige Kunden direkt und nicht nur die Vertriebseinheiten einzubinden, zum Beispiel in Form von Befragungen über deren Einschätzungen, wie sich Märkte und deren Kundenverhalten in Zukunft verändern werden, oder indem die Kunden z. B. mittels eines Fragebogens entscheiden müssen, welche der möglichen verbesserten Produkteigenschaften für sie wichtiger und welche weniger wichtig sind. Dabei sollten aber die Kunden nicht pauschal gefragt werden, was sie sich wünschen. Die zu erwartende Antwort wird dann sinngemäß „höher, weiter, schneller" lauten, was Sie bereits gewusst haben.

Bei dieser Vorgehensweise werden u. U. verblüffende Ergebnisse zutage treten, die nicht selten ein etwas anderes Bild zeichnen als das, was der eigene Vertrieb vorhersagt. Das liegt nicht daran, dass der eigene Vertrieb nicht mit seinen Kunden spricht, sondern an dessen systembedingten, zumindest teilweisen Betriebsblindheit. Diese rührt daher, dass der Vertrieb ja stets nur anbieten kann und soll, was bereits im eigenen Portfolio verfügbar ist. Konsequenterweise fordert der Vertrieb von der Technik daher genau die Produkte, die im Vergleich zum Wettbewerb im eigenen Portfolio fehlen. Für ein langfristig erfolgreiches Produkt ist dies aber oft zu kurz gegriffen, da der Wettbewerb, bis das entsprechende eigene Produkt verfügbar ist, schon wieder einen Schritt weiter sein wird. Ein neues Produkt muss daher nicht nur Lücken im eigenen Portfolio schließen, sondern auch schon vorausschauend weitere heutige oder zukünftige Kundenbedürfnisse befriedigen können.

Schließlich sollten in diesem Prozess auch Vertreter aus den Forschungsabteilungen bzw. Kenner der neuen oder in Entstehung begriffenen Technologien vertreten sein. Durch die Verknüpfung von Kundenbedürfnissen mit neuen Technologien besteht die Chance, auch neue Produkte zu definieren, die das Potenzial haben, nicht nur einen bestehenden Markt zu bedienen, sondern auch einen eigenen Markt neu zu schaffen (Walkman, Smartphone, …), wo sich das Unternehmen dann per Definition als Marktführer etablieren kann.

Am Ende dieses Prozesses wird dann aus der Vielzahl der möglichen Produktideen nur ein relativ kleines Portfolio von besonders attraktiven und mehr oder weniger kurzfristig umsetzbaren Ideen übrig bleiben. Das Team hat dabei die Aufgabe, die Vorteile und Attraktivität dieser Produktideen jeweils zu beschreiben und zu quantifizieren in Form eines sog. „Lastenheftes" zu jeder Produktidee. Dabei entsteht ein erster Business Case, der neben den erwarteten Marktanteilen, jährlichen Absatzmengen und Deckungsbeiträgen auch Aussagen zu den erwarteten Entwicklungskosten, Entwicklungszeiträumen bzw. Marktverfügbarkeit, dem Fit zur Unternehmens- bzw. Portfoliostrategie, sowie natürlich auch dem Return of Investment macht. Auch sollten hier bereits erste Aussagen zu möglichen Entwicklungs- und/oder Marktrisiken gemacht werden. Insbesondere ist es ein wichtiger Teil des Lastenheftes, die dem Business Case zugrunde liegenden und daher notwendigen Produkteigenschaften wie z. B. die maximal zulässigen Herstellkosten, die mindestens benötigten Leistungsparameter, Lebensdauer etc., also das technische Anforderungsprofil aufzulisten.

Im ersten Gate-Review stellt das Team die jeweiligen Produktideen und deren Lastenhefte dem Gremium der Stakeholder vor, welches sich typischerweise aus den Leitern des Marketings, des Vertriebs, der Entwicklung, des Services und der Produktion sowie gegebenenfalls weiterer Personen zusammensetzt. Dieses Gremium entscheidet dann auf der Basis der verfügbaren Informationen unter Berücksichtigung der verfügbaren Entwicklungsbudgets, der grundsätzlichen Machbarkeit und Attraktivität, der Unternehmens- und Portfoliostrategie, etc., welche der vorgestellten Produktideen weiterverfolgt werden sollen; welche dieser Ideen also in die nächste Phase, die technische Machbarkeitsstudie, eintreten sollen. Basis für diese Machbarkeitsstudie ist dabei das im Gate-Review freigegebene Lastenheft.

4.2.2 Phase 1: Machbarkeitsstudie

Im nächsten Schritt wird in Form einer technisch-kommerziellen Machbarkeitsstudie untersucht, inwieweit die im Lastenheft geforderten Produkteigenschaften grundsätzlich erreicht bzw. sogar übertroffen werden können und dabei so gut wie möglich quantifiziert. Hierzu wird ein kleines Team von Fachleuten und Experten aus verschiedenen relevanten Bereichen (F&E aber z. B. auch Produktion, Service, Marketing, Vertrieb, …) zusammengestellt, die das mit vereinfachten Ansätzen, simplen Werkzeugen und viel Erfahrung überschlägig auf der Basis auch von Plau-

4.2 Produktdefinition

sibilitätsbetrachtungen bearbeiten. Am Ende dieser Phase steht nicht nur eine realistische Produktspezifikation, sondern auch eine realistische Abschätzung der zur Entwicklung dieses Produkts benötigten Aufwände und Budgets sowie auch der Entwicklungsdauer. Diese Aussagen resultieren in der Regel aus Erfahrungen mit ähnlichen Projekten in der Vergangenheit. Auf der Basis dieser Abschätzungen muss schließlich der Business Case aus dem Lastenheft aktualisiert werden. Es geht hier am Ende darum, eine für den im Lastenheft formulierten Produktwunsch realistische und machbare Antwort zu finden, die oft nicht alle Wünsche erfüllen kann, in manchen Aspekten aber vielleicht sogar besser ist und auf jeden Fall für das Unternehmen ein erstrebenswertes Produkt darstellt. Andernfalls sollte die Produktidee am Ende dieser Studie nicht weiterverfolgt werden.

Ein wesentlicher Knackpunkt dieser Machbarkeitsstudie ist, dass es sich am Ende immer noch um Abschätzungen handelt, zwar auf deutlich höherem Niveau als in der Ideenfindungsphase, aber eben nicht um harte, nachgeprüfte und validierte Fakten. Hiermit tun sich viele Unternehmen schwer (siehe das zu Anfang dieses Kapitels beschriebene „Projektparadoxon"), sowohl auf Ebene der Mitarbeiter als auch auf der Managementebene. Und es braucht ein gewisses Maß an Mut aller Beteiligten, eine große, teure und lange dauernde Entwicklung auf der Basis einer Spezifikation loszutreten, die noch etliche Unschärfen und Annahmen beinhaltet. Das erfordert insbesondere auch das Grundverständnis auf allen Unternehmensebenen, dass sich die in der Spezifikation gemachten Angaben im Laufe des Projekts mit großer Wahrscheinlichkeit noch ändern werden.

Gerade in Unternehmen ohne eine echte und gelebte „Fehlerkultur" bzw. in denen eine Angstkultur herrscht, kann man beobachten, dass diese Machbarkeitsstudien in der Regel sehr lange dauern, mit großem Personalaufwand betrieben werden und daher teuer sind. Der Grund ist, dass sowohl Mitarbeiter als auch Management am Ende der Studie alle in der Spezifikation wiedergegebene Zielwerte so gut wie möglich abgesichert haben wollen, also sicherstellen wollen, dass die in der Spezifikation angegebenen Produkteigenschaften am Ende der Entwicklung auch ganz, ganz sicher erreicht werden. Oft geht das dann auch noch damit einher, dass die dabei ermittelten Zielwerte dann noch „sicherheitshalber" reduziert werden und viele Zeit- und Budgetpuffer eingebaut werden, sodass auch sichergestellt wird, dass der in der Spezifikation angegebene Markteinführungstermin auf jeden Fall erreicht werden kann und das Budget nicht überschritten wird. Im Prinzip verschmelzen bei dieser Vorgehensweise die beiden Phasen Machbarkeits- und Konzeptstudie zu einer einzigen Phase. Immer gut daran zu erkennen, wenn die Spezifikation erst zu einem Zeitpunkt vorliegt, wenn die Entwicklung schon sehr weit fortgeschritten ist. Aufgrund der im vorangegangenen Kapitel beschriebenen Mechanismen führt diese Vorgehensweise aber häufig dazu, dass es dann erst recht zu Projektverzögerungen und Zielverfehlungen kommen wird. Die Folge dieser Vorgehensweise ist, dass dann im nächsten Projekt mit noch größeren Puffern gearbeitet wird. Auch führt diese angstgetriebene Vorgehensweise dazu, dass das eigentliche agile Prinzip des Phase-gated-Entwicklungsprozesses, welches ja an geeigneten Stellen, regelmäßig und frühzeitig feststellen soll, ob das Projekt erfolgversprechend ist oder nicht, unterlaufen wird. Zumindest aus Sicht des F&E ist die Konzeptphase mit die teuerste und ressourcenintensivste Projektphase, in die hier allein auf der Basis des Lastenheftes „gesprungen" wird, ohne dass vorher das Ergebnis einer technisch-kommerziellen Machbarkeitsstudie abgewartet worden wäre.

> **Beispiel**
>
> Bei einem früheren Arbeitgeber hatte diese angstgetriebene Denk- und Arbeitsweise in einen Teufelskreis geführt: Aus Angst, die „versprochenen" Ziele nicht erreichen zu können, wurden die Projektkosten immer größer, die Entwicklungszeiten immer länger, während gleichzeitig die angestrebten technischen Verbesserungen immer kleiner wurden. Das Topmanagement war daher immer weniger bereit, in neue Entwicklungen zu investieren und die prognostizierten Kosten und Entwicklungszeiten waren unerträglich hoch. Daher forderten sie umso mehr, dass mit den widerstrebend freigegebenen Mitteln die Ziele aber unbedingt erreicht werden müssen. Dies hatte dann zur Folge, dass seitens des F&E die Entwicklungskosten und Zeiten noch größer wurden, um sicherzustellen, die Projektziele auf jeden Fall erreichen zu können, während die technischen Ziele selbst immer ambitionsloser wurden. Die Folge daraus war, dass dieses Unternehmen mit einem immer größer werdenden Aufwand immer weniger attraktive Produkte entwickelte und vom Wettbewerb zunehmend abgehängt wurde.
>
> Ich selbst, von einem Wettbewerber kommend, bei dem keine Angstkultur herrschte, war oft fassungslos angesichts der prognostizierten Entwicklungskosten und Zeiten sowie der Masse an aufgewendeter Manpower, hatte ich doch erlebt, wie man andernorts ambitioniertere Produkte mit oft weniger als der Hälfte der Kosten und gut einem Drittel kürzerer Entwicklungszeit in den Markt bringt. Das habe ich damals auch oft und vergeblich mit meinen Kollegen im F&E diskutiert und dabei auch konkreten Vorschläge gemacht, wie das zu erreichen ist.[2] Erst viel später habe ich verstanden, dass das nicht an mangelndem Verständnis der Kollegen lag, sondern daran, dass eine tief verwurzelte Angst-

---

[2] Natürlich stets, ohne proprietäres Wissen meines früheren Arbeitgebers preiszugeben.

4.2 Produktdefinition

kultur nicht bottom-up zu ändern ist. Und auch, dass sich die Kollegen in dem Dilemma befanden, dass sie ihrem Topmanagement jahrelang gepredigt hatten, wie aufwendig und teuer solche Entwicklungen sind, und dass sie jetzt natürlich in ihrer eigenen Story gefangen waren: Wie hätten sie erklären sollen, dass das jetzt auf einmal zu den halben Kosten gehen soll, ohne eigene Fehler einzugestehen. Prinzipiell wäre das z. B. nur durch die Einführung eines neuen Entwicklungsprozesses gegangen, mit dem sie dann die deutlich höhere Entwicklungseffizienz hätten begründen können. Aber auch das hätte Mut erfordert, dem Topmanagement dann das Versprechen für kürzere und kostengünstigere Entwicklungsprojekte abzugeben und genau dieser Mut fehlte ja. Genauso auch wie der Wille, einzugestehen, dass die bis dato eingesetzten eigenen und vielleicht auch hoch gelobten Prozesse nicht mehr den „Stand der Technik" darstellen. Vielleicht stand bei dem einen oder anderen auch die eigene Arroganz im Wege ... Auf jeden Fall hat dieses Unternehmen ein paar Jahre später nicht ganz überraschend ein unrühmliches Ende gefunden. ◄

Eine weitere, kleinere Falle in diesem Prozess ist, dass das am Ende der Machbarkeitsstudie im Gate-Review verabschiedete „Pflichtenheft" bzw. die Spezifikation das „Lastenheft" ablöst. Letzteres hat bestenfalls noch historischen Wert, da es das Ergebnis der ursprünglichen Ideenfindung widerspiegelt. Die darin enthaltenen Forderungen sind aber nicht mehr gültig, sondern nur noch die in der freigegebenen Spezifikation.

In einem Projekt habe ich einmal erlebt, wie das Marketing versuchte, trotz anders lautender und offiziell freigegebener Spezifikation immer noch die Forderungen des von ihm mitformulierten Lastenheftes durchzusetzen und dabei auch im Rahmen offizieller Gate-Reviews Abweichungen vom Lastenheft als Zielverfehlung anzuprangern. Projektteam und Review-Chairman haben damals lange gebraucht, das dem Marketing auszureden.

Was hier trivial klingt ist ganz entscheidend für einen agilen Mindset: Das einzige, was bei einem Projekt „in Stein gemeißelt" ist, ist dass es am Ende ein für die Kunden attraktives, zum Unternehmen passendes und Profit abwerfendes Produkt sein muss. Alles andere unterliegt einer regelmäßigen Überprüfung und Anpassung an die tatsächlichen Gegebenheiten. Natürlich darf diese nicht willkürlich und unkontrolliert erfolgen. Das erfordert ein hohes Maß an Transparenz und auch Strukturen, sowas geordnet und zielgerichtet zu managen. Ein Mittel sind die oben beschriebenen Gate-Reviews am Ende der jeweiligen Projektphase. Spätestens hier wird anhand der vorliegenden Ergebnisse überprüft, ob der Business Case für das Produkt noch attraktiv ist oder nicht. Spätestens an dieser Stelle können auch ganz offiziell Revisionen der Spezifikation selbst vorgenommen werden, die es dann zu begründen und zu dokumentieren gilt. Wie auch beim Lastenheft gilt stets nur die jüngste Spezifikation. Früherer Revisionsstände haben keinen Einfluss mehr auf das Projekt. Wie etwas später gezeigt wird, können und sollen bei Bedarf Zielanpassungen aber auch innerhalb der Phasen sinnvoll und notwendig sein.

Ganz wichtig für den Projektmanager und das Projektteam ist es, am Ende der Machbarkeitsstudie auch zu verstehen, um was für eine Art von Projekt es sich handeln wird, bevor die Konzeptphase gestartet wird. Die Planung, die Struktur oder der zu verwendende Prozess und auch die Wechselwirkungen („Interfaces") zu anderen Einheiten oder Projekten werden davon abhängig sein:

- Handelt es sich um die Modifikation eines existierenden Produkts, bei dem konkrete Änderungsmaßnahmen durchgeführt werden sollen (z. B. die Optimierung der Wandstärke eines Gefäßes), dann bietet sich z. B. eine Vorgehensweise wie der zu Anfang dieses Kapitels beschriebene DRBFM-Prozess an.
- Handelt es sich zwar auch um die Modifikation eines existierenden Produkts, welches aber die komplette Neuentwicklung von wesentlichen Hauptkomponenten beinhaltet (z. B. eine neue Turbinenbeschaufelung als Upgradepaket einer bestehenden Maschinenflotte, wobei die neue Beschaufelung aber immer noch zu den bestehenden Rotoren und Gehäusen passen muss), dann kommt schon ein vollständiger Produktentwicklungsprozess zum Einsatz.
- Handelt es sich um eine komplette Neuentwicklung, dann muss vor allem berücksichtigt werden, dass viel Randbedingungen außerhalb und innerhalb des Produkts noch nicht definiert, sondern selbst Teil der Entwicklung sind. Hier muss der gewählte Entwicklungsprozess die wechselseitigen Abhängigkeiten und eine gezieltes Schnittstellenmanagement berücksichtigen.

Schnittstellenmanagement

Um das anhand eines Beispiels drastisch zu verdeutlichen: In dem Entwicklungsprojekt für eine komplett neue Gasturbine war ich für die Entwicklung der Turbine und ein Kollege für die Entwicklung der Brennkammer zuständig. Eine der wesentlichen Randbedingungen für die Entwicklung einer Turbinenbeschaufelung ist neben der Geometrie des Brennkammeraustritts vor allem die Kenntnis der Temperaturverteilung am Turbineneintritt; bestimmt das doch den Kühlungsbedarf an verschiedenen Stellen entlang der Schaufelhöhe und damit die erzielbare Lebensdauer der Schaufeln. Auf meine Anfrage beim Kollegen, wie das Temperaturprofil aussehen wird, sagte er mir, dass er das erst sagen könne, wenn die Prototypenmessungen vorlägen. Zu dem Zeitpunkt wären aber meine Turbine und die Fertigungsprozesse bereits fertig entwickelt und die

4.2 Produktdefinition

Hardware im Prototyp verbaut gewesen. Unterscheidet sich das gemessene Profil wesentlich von den Entwicklungsannahmen, dann müssten zumindest große Teile der Turbine neu entwickelt werden, um die Lebensdauerziele des Produkts zu erreichen. Natürlich konnte der Kollege zu dem Zeitpunkt tatsächlich noch keine genauen Aussagen bezüglich der endgültigen Form des Temperaturprofils machen, da es selbst ein Teil des Entwicklungsergebnisse und daher nicht frei wählbar ist. ◄

Bevor also die detaillierte Projektplanung gestartet wird, sollten sich, wie im vorangegangenen Kapitel beschrieben, der Projektleiter und das Projektteam mit dem anzuwendenden Entwicklungsprozess auseinandersetzen und klären, inwieweit alle dort enthaltenen Milestones, Deliverables, Reihenfolgen der Abläufe etc. erforderlich, sinnvoll und hilfreich sind; auch ob es eventuell Ergänzungen braucht, um z. B. projektspezifische frühzeitige Freigaben zu erhalten oder potenzielle Qualitätslücken zu schließen. Darüber hinaus muss geklärt werden, welche internen und externen Organisationseinheiten in welcher Form involviert sein müssen, dabei welche Beiträge zu welchem Zeitpunkt zu liefern haben und dann auch im Gremium der Stakeholder vertreten sein sollten. Entsprechende Anpassungen müssen in Absprache mit den Stakeholdern sowie dem Owner der Entwicklungsprozesse idealerweise vor Beginn der Konzeptphase vereinbart und dokumentiert werden, eventuell auch unter Zuhilfenahme der später vorgestellten „Decision Protocols".

Nehmen Sie sich unbedingt die Zeit hierfür, auch wenn man sie drängt, doch „endlich loszulegen". Im Sinne des früher beschriebenen „Front-Loadings" ist das gut investierte Zeit, um am Ende schneller und mit einem besseren Ergebnis fertig zu werden und dabei unnötige Kosten zu sparen, als wenn Sie und Ihr Team sich voreilig in das Projekt stürzen. Sie können dabei natürlich auch besonders ungeduldige Stakeholder beruhigen oder zufriedenstellen, indem Sie schon mal ganz offensichtliche und unkomplizierte Aufgaben, die keine großen Interaktionen mit anderen Projektteilen haben, beginnen lassen.

4.2.3 Phasen 2–4: Konzept-, Entwicklungs-, Validierungsphasen

Während die vorangegangen Projektphasen typischerweise noch mit überschaubarer Teamstärke, geringem Budget und in einer Mischung aus situativen Brainstormings und vereinfachten Analysen abgehandelt worden sind, ändert sich das jetzt zum Start der Konzeptphase grundlegend. Für die folgenden Phasen gilt es auf der Basis detaillierter Ziele, Deliverables innerhalb ambitioniert gesteckter Terminstrecken abzuliefern und ein für die Kunden attraktives und validiertes Produkt möglichst schnell und sicher auf den Markt zu bringen, mit dem Ziel natürlich, nicht nur die Entwicklungskosten in kürzester Zeit wieder reinzuholen, sondern für das Unternehmen langfristig Umsatz und Gewinne zu erwirtschaften. Dabei steht dieses Projekt natürlich in Konkurrenz zu anderen möglichen Entwicklungen innerhalb des Unternehmens um die immer knappen Ressourcen und das beschränkte Budget, sodass auch eventuell Priorisierungen auf der Basis der benötigten Aufwände, der Produktverfügbarkeit sowie dem kommerziellen Nutzen des Produkts gefällt werden müssen. Und natürlich möchte das Topmanagement so viel Transparenz, Berechenbarkeit und Verbindlichkeit bei solchen Entwicklungsprojekten wie möglich, muss es sich doch im Zweifelsfalle auch gegenüber Eignern oder Aktionären rechtfertigen.[3] Letztendlich geht es auch um den Business Case des Produkts selbst, wenn überschossene Entwicklungskosten einen fristgerechten Return of Investment infrage stellen oder wenn infolge davongelaufener Entwicklungszeiten das Produkt zu spät für den Markt zur Verfügung steht und damit eventuell Markt-Opportunities verpasst werden.

Die folgenden Phasen erfordern also eine detaillierte Projektplanung auf der Basis klar definierter Ziele, Deliverables und der tatsächlich verfügbaren Ressourcen. Dabei ist es nicht mit einer einzigen initialen Planung getan. Tatsächlich werden sich die Aufgaben genauso wie die Ziele, Prioritäten, Vorgehensweisen und die daraus resultierenden Pläne im Laufe der Zeit weiterentwickeln und müssen daher in regelmäßigen Abständen aktualisiert bzw. überarbeitet werden. Dabei werden auch Projektrisiken verschwinden bzw. neue auftauchen, die in der Planung ebenfalls zu berücksichtigen sind. Auch wird im Rahmen der Gate-Reviews jedes Mal wieder eine Neuplanung vorzulegen sein, die auf der Basis der Ergebnisse der vorhergehenden Phase die nächsten Schritte hinsichtlich der benötigten Ressourcen und Budgets und der dazugehörenden Zeitstrecken realistisch wiedergibt.

Vor diesem Hintergrund werden die in den nächsten Kapiteln vorgestellten Vorgehensweise und Prozessschritte mal mehr, mal weniger häufig für jede Projektphase zu wiederholen sein.

Literatur

1. Toyota Group (2005) Beginners guide to DRBFM. SQC Study Committee TQM Promotion Committee Toyota Group, Ver. 1.0, 2005

---

[3]Auch wenn das natürlich etwas im Widerspruch zur Natur von echten F&E-Aktivitäten steht, wo zu Anfang weder das Ergebnis noch die dazu benötigten Aufwände und Kosten wirklich bekannt sein können.

Projektplanung 5

Zusammenfassung

Im Rahmen dieses Kapitels wird die Vorgehensweise bei der detaillierten Projektplanung vorgestellt. Neben der klassischen Projektplanung, wo mittels einer „Work-Breakdown-Structure" die einzelnen Aufgaben identifiziert, in eine logische Reihenfolge und mit Ressourcen versehen werden, liegt das Hauptaugenmerk hier jedoch darauf, wie mittels der Berücksichtigung von Projektrisiken und einer sinnvollen Parallelisierung von Aufgaben wirklich ambitionierte Projektpläne (kostengünstig und schnell) mit gleichzeitig hoher Erfolgswahrscheinlichkeit generiert werden können. Dabei wird auch noch auf die spezifischen Herausforderungen der Zusammenarbeit mit unternehmensinternen und -externen Partnern eingegangen.

Am Anfang der nächsten Projektphase, der Erarbeitung des Produktkonzepts, steht zunächst die detaillierte Projektplanung. Die erste Frage, die sich hier aufdrängt, ist: Warum erst jetzt? Warum nicht schon am Ende der Machbarkeitsstudie, wo doch bereits Projektkosten und Projektzeiten quantifiziert werden mussten? Der Grund ist, dass eine vernünftige Planung voraussetzt, dass zumindest der größere Teil des Teams an Bord ist, wenn die Detailplanung gemacht wird. Belastbare Projektplanungen sind das iterative Ergebnis einer Teamarbeit, in der als freie Parameter nicht nur die individuelle Expertise der verfügbaren Teammitglieder eingeht, sondern natürlich auch deren persönlicher Erfahrungslevel und Verfügbarkeit: Planen sie das gleiche Projekt mit zwei verschieden zusammengesetzten Teams, dann werden Sie mit Sicherheit zwei verschiedene Ergebnisse bekommen. Und das nicht nur infolge der statistischen Streuung der Schätzungen, sondern v. a. aus den folgenden Gründen: Ein relativ neues, noch nicht sehr erfahrenes Teammitglied wird für die gleiche Aufgabe länger brauchen als ein „alter Hase". Wenn Letzterer aber nur mit 50 % seiner Zeit verfügbar ist, dann ist der junge Mitarbeiter vielleicht schneller, trotz höherer Anzahl an Entwicklungsiterationen. Gerade bei großen, komplexen Projekten, mit mehreren Ebenen und eventuell sogar noch externen Entwicklungspartnern, wird sich in ihrem Unternehmen kaum eine einzelne Person finden lassen, die mit allen Disziplinen so weit vertraut ist, dass sie allein eine realistische und belastbare Planung erstellen kann. Die mögliche Folge wäre, dass nachdem die Teams an Bord sind, erst einmal eine Diskussion starten würde, inwieweit die darin enthaltenen Aufgaben, die damit verbundenen Aufwände und Zeitdauern realistisch sind oder nicht. Kein guter Start für ein neues Projekt, aber ein bei top-down geplanten und linear gemanagten Projekten wiederkehrendes Phänomen. Das Gleiche wiederholt sich, wenn ein herzustellendes Produkt entwickelt wird, ohne dass zu einem frühen Zeitpunkt die wesentlichen Hersteller eingebunden sind. Die werden einem dann nämlich oft nach Ende der Entwicklung erklären, was und was nicht herstellbar ist, was die wirklichen zu erwarteten Herstellkosten sind, etc. Auch, wie etwas später im Kapitel zu den Projektrisiken ausführlich erläutert wird, ist das Risikoassessment ein wesentlicher Bestandteil einer Projektplanung und kann per Definition nicht von einer Person allein, sondern nur im Projektteam und zusammen mit weiteren Experten sinnvoll durchgeführt werden. Auch wollen Sie ein Risikoassessment nicht mit Personen durchführen, die selbst von diesen Risiken nicht betroffen sein werden. Das wäre in etwa so, wie beim Bergsteigen die Seile, das Gerät, die Route sowie Notfallszenarien mit einem Team A zu prüfen und zu planen und dann mit einem anderen Team B den Aufstieg machen zu wollen.

Die zweite Frage ist, warum überhaupt eine detaillierte Planung? Ist das angesichts des agilen Projektmanagements noch zeitgemäß? Hierzu gibt es zwei Antworten:

Bei kleineren Projekten, bei denen z. B. nur ein kleines Team weitestgehend unabhängig von anderen Einheiten an prinzipiell bekannten Arten von Projekten arbeitet, muss man es mit der Projektplanung tatsächlich nicht übertreiben. Hier ist oft eine erfahrungsbasierte Annahme ausreichend und diese Art von Projekten wird ohnehin eine gewisse, auch gewünschte agile Eigendynamik entwickeln, die einen unverhältnismäßig hohen administrativen Aufwand nicht rechtfertigen wird. Hier muss nur im Rahmen der agilen Projektabwicklung sichergestellt werden, dass diese Projekte sich nicht zu unendlich langen und mäandernden „Spaghetti-Projekten" entwickeln. Typische Vertreter dieser Art von Projekten sind z. B. kleinere Softwareentwicklungen oder individuelle Hardwareverbesserungen etc.

Bei größeren, mehrschichtigen Projekten ist eine Planung unumgänglich. Wüssten die verschiedenen Teams ja gar nicht, wann Teilergebnisse geliefert werden bzw. abzuliefern sind und wann welche Ressourcen in welcher Form benötigt werden. Auch wüsste das Topmanagement nicht, wie viel Budget sie zur Verfügung stellen müssen und bis wann mit dem Produkt zu rechnen ist. Das Ganze hätte den Charakter, in ein Flugzeug einzusteigen, bei dem noch nicht klar ist, wo es hinfliegen soll und ob es überhaupt genügend Treibstoff dabeihat. Im Folgenden wird das etwas ausführlicher beschrieben.

5.1 Projektplanung: Basics

Bei größeren und komplexeren Projekten, wo mehrere Teams in verschiedenen internen und externen Einheiten engverzahnt miteinander arbeiten müssen, um ein anspruchsvolles Produkt innerhalb kürzester Zeit und mit einem möglichst sparsamen Umgang mit den verfügbaren Ressourcen in den Markt zu bringen, ist eine detaillierte Planung unerlässlich. Andernfalls weiß ein Unterprojekt A nicht einmal ansatzweise, wann es mit dem benötigten Input eines anderen Unterprojekts B zu rechnen hat und kein Ressourcenmanager wird Ihnen alle benötigten Ressourcen einfach mal pauschal für die nächsten zwei bis drei Jahre freihalten. Solche nicht geplanten Projekte sind von vornherein dem Untergang geweiht, da sie bzgl. Kosten, aber vor allem bzgl. Projektzeiten aus dem Ruder laufen werden. Natürlich gelten auch hier die Mechanismen der agilen Projektführung und es muss jedem Projektmanager klar sein, dass ein so erstellter Plan bereits am nächsten Tag veraltet sein wird: Nach der Planung ist vor der Planung! In der Hinsicht stellt der erste Projektplan eben nur eine sinnvolle Projektstrukturierung dar, die dann aber im Laufe des Projekts, basierend auf dem Projektfortschritt, den erarbeiteten Ergebnissen und den nicht planbaren Einflüssen, kontinuierlich angepasst, erweitert, umgestrickt etc. werden muss. Ein Livingstone oder ein Kolumbus sind auch nicht einfach in den Busch gelaufen oder ins Blaue losgesegelt. Stattdessen haben sie Material, Proviant, Mannschaft etc. nach bestem Wissen und Gewissen geplant und haben dann ihre Pläne situativ angepasst. Ehrlich gesagt, wäre wohl auch niemand freiwillig mit auf die Expedition gegangen, hätte es keinen Plan gegeben und die Geldgeber hätten auch keine Mittel freigegeben.

A. Der erste Schritt in so einer Planung sollte typischerweise eine Art Kick-off-Workshop sein, wo Sie zusammen mit den in der Machbarkeitsstudie Beteiligten und evtl. dem einen oder anderen Stakeholder, den Teammitgliedern (interne und externe) die Ziele des Projekts vorstellen. Dabei insbesondere die

Bedeutung des Ergebnisses für das Unternehmen, die (bereits bekannten) spezifischen Herausforderungen und Risiken erläutern, aber auch wie damit im Laufe des Projekts umgegangen werden soll. Begeistern Sie die Teams von der spannenden Aufgabe, zeigen Sie aber auch Verständnis für Bedenken und Sorgen. Nehmen Sie den Mitgliedern vor allem die Angst vor möglichen Rückschlägen und Hürden, indem sie ihnen erklären, wie das Projekt damit umgehen wird: Spielregeln, Eskalationswege, Rollen und Verantwortlichkeiten, Kommunikationswege, Reporting, Meetingstrukturen ... Es wird keine Verlierer oder Schuldigen geben. Sollte es sich herausstellen, dass das Projekt nicht umsetzbar ist, dann ist das auch eine wichtige und wertvolle Erkenntnis. Wichtig ist vor allem: Involvieren Sie die Teammitglieder von Anfang an in die Gestaltung und Entscheidungen. Nicht Sie sind das Projekt, sondern das gesamte Team ist das Projekt. Das schafft Identifikation mit den Aufgaben und Zielen und damit die benötigte Ownership jedes Einzelnen, die zum Erfolg führt.

B. Der zweite Schritt ist, dass jedes Projektteam auf der Basis von klar definierten Deliverables zum Ende jeder Projektphase sein oder ihr individuelles Unterprojekt plant. Zu den Deliverables gehört dabei neben den zu liefernden Ergebnissen auch die Art und Weise, wie die dokumentiert und im Rahmen von Reviews verteilt und präsentiert werden müssen, da das einen nicht unerheblichen Einfluss auf Aufwand und Zeitschiene haben kann. Die Planung der Unterprojekte beinhaltet dabei (siehe Abb. 5.1, 5.2, 5.3 und 5.4):

   a. Eine Auflistung der durchzuführenden Aufgaben zusammen mit dem jeweils benötigten Input und Output sowie den Sendern bzw. den Empfängern innerhalb und außerhalb des betrachteten Unterprojekts. Die Erstellung

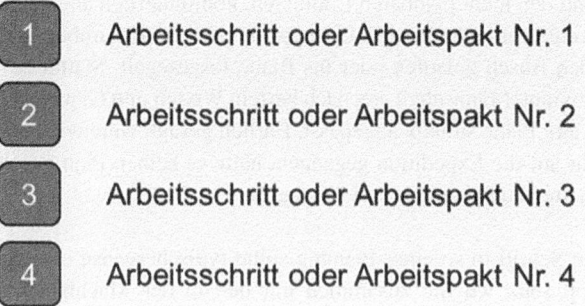

Abb. 5.1 a) Initiale Work-Breakdown-Structure für ein Unterprojekt

5.1 Projektplanung: Basics

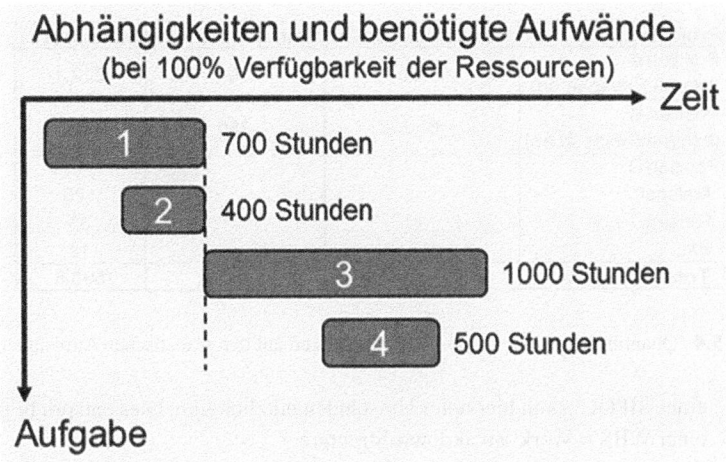

Abb. 5.2 b) Zeitliche und logische Gliederung mit Aufwandsbestimmung

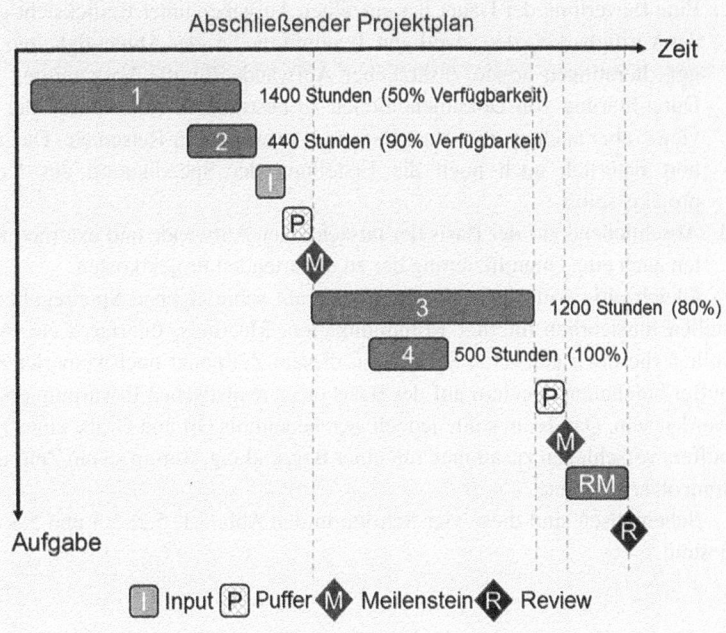

Abb. 5.3 c) Bewertung der realen Projektzeiten unter Berücksichtigung der Ressourcenverfügbarkeit sowie zusätzlicher Aufgaben, wie Reviews und inkl. vorgeschlagener Zeitpuffer

Projektbudget	Arbeitsstunden (h)	Stundenrate (€/h)	Summe (T€)
Position A (interne Ressourcen)	2100	101	212.1
Position B (externe Ressourcen)	850	250	212.5
Position C Material Reisen Etc.			125 35 12
Total			596.6

Abb. 5.4 Quantifizierung der Projektkosten basierend auf den realistischen Aufwänden

eines SIPOC[1] kann hier unter Umständen nützlich sein. Dies entspricht grob einer WBS = Work-Breakdown-Structure.

b. Eine zeitliche und logische Gliederung dieser Aufgaben unter Berücksichtigung von eventuell benötigten Iterationsschleifen sowie den erwarteten tatsächlichen Aufwänden (=Arbeitsstunden).

c. Eine Bewertung der Dauer der einzelnen Aufgaben unter Berücksichtigung der Verfügbarkeit der jeweiligen Teammitglieder, der Abhängigkeiten und ggf. Iterationen sowie zusätzlicher Aufwände für die Vorbereitung und Durchführung von Dokumentationen zu bestimmten Milestones oder Reviews, aber auch externe Ausgaben und Aufwände für Reisen etc. Dazu gehört natürlich auch noch die Erstellung der Spezifikation des Unterprojekts selbst.

d. Abschließend auf der Basis der tatsächlichen Aufwände und externen Kosten auch eine Quantifizierung der zu erwartenden Projektkosten.

Gleichzeitig sollte jedes Unterprojektteam seine eigenen Spielregeln aufstellen hinsichtlich interner Kommunikation, Meetings, Interfaces etc. Auch sollten die oben gelisteten Schritte zu diesem Zeitpunkt noch keinerlei Zeitpuffer beinhalten, sondern auf der Basis einer realistischen Erwartung erstellt worden sein. Das Team sollte jedoch gegebenenfalls Ort und Größe eines Zeitpuffers vorschlagen zusammen mit einer Begründung, warum so ein Zeitpuffer sinnvoll sein könnte.

Schematisch sind diese vier Schritte in den Abb. 5.1, 5.2, 5.3 und 5.4 dargestellt.

---

[1] SIPOC = *S*upplier, *I*nput, *P*rocess, *O*utput, *C*ustomer, z. B. [1].

C. Liegen alle diese Pläne der Unterprojekte vor, dann wird im dritten Schritt, in einer iterativen, übergeordneten Schleife das darüberliegende Hauptprojekt geplant, unter Berücksichtigung der logischen Abhängigkeiten zwischen den Unterprojekten. Und immer noch *ohne* Berücksichtigung von Zeitpuffern. Gegebenenfalls werden hier nochmal die Durchlaufzeiten der individuellen Unterprojekte angepasst werden müssen, sollten sich diese in ihren Startterminen verschoben haben und sich dadurch Verfügbarkeiten der Teammitglieder verändern.

Es ist keine Frage, dass sich diese Planung erheblich vereinfacht, wenn die wesentlichen Teammitglieder einfach für einen größeren Zeitraum komplett verfügbar sind. Dazu müssen sie aber auch in sinnvoller und für das Projekt in gewinnbringender Weise vollumfänglich genutzt werden können. Am Ende müssen sie auch bezahlt werden, auch wenn sie phasenweise nichts zu tun haben. Das treibt Ihre Projektkosten in die Höhe und weckt Begehrlichkeiten bei anderen Projekten nach diesen Teammitgliedern. Einmal an ein anderes Projekt abgegeben, werden Sie es schwer haben, die wieder zurückzubekommen, was dann wiederum Ihren Zeitplan durcheinanderbringen kann.

In diesem Schritt müssen schließlich auch die übergeordneten Projektaktivitäten geplant werden, wie Koordination, Reporting, Dokumentation, Reviews, Reisen etc. Aus der Summe der Unterprojekte plus der übergeordneten Aufwände ergeben sich dann die Projektkosten des Hauptprojekts. Sollten darüber weitere Projektebenen bestehen, wiederholt sich diese Schleife auf der entsprechenden nächsthöheren Ebene. Der gesamte Projektplan wird also „bottom-up" entwickelt. Daraus resultiert auch nochmal die Begründung, warum zum Zeitpunkt des Gates der Machbarkeitsstudie noch keine endgültige Planung existieren kann, sondern nur eine möglichst gute „top-down" Abschätzung.

▶ Tipp: Versuchen Sie aus den oben genannten Gründen eher mit weniger Teammitgliedern zu planen, die dann aber auch zusammenhängend und kontinuierlich eingesetzt werden. Sollte sich dabei ihre Projektdauer etwas verlängern ist das aller Wahrscheinlichkeit trotzdem der bessere Plan, da die benötigten Ressourcen dann komplett unter Ihrer Kontrolle stehen. In den meisten Unternehmen werden Sie sowieso eher mit knappen als mit großzügigen Ressourcen planen müssen.

5.2 Projektplanung: Advanced

Soweit die „Pflicht" jeder Projektplanung. Im Folgenden werden wichtige Elemente der „Kür" einer erfolgreichen Projektplanung beschrieben.

5.2.1 Risikoplanung

Bis zu diesem Zeitpunkt sind in der Regel nur die offensichtlichen Arbeitsschritte bei der Projektplanung berücksichtigt worden, wie z. B. die aerodynamische Auslegung der Schaufelprofile, die Konstruktion des Gehäuses, die Erstellung der Steuerungssoftware, die Lebensdauerbewertungen etc. Alles Aufgaben, die typischerweise bei der Entwicklung solcher Produkte eben gemacht werden müssen und die die Teammitglieder auch beherrschen und wahrscheinlich schon dutzende Male durchgeführt haben. Tatsächlich handelt es sich bei der Entwicklung von neuen Produkten stets auch um das Betreten von Neuland. Schließlich soll das neue Produkt ja besser sein als alle vorangegangenen Produkte. Geht man davon aus, dass die Vorgänger, mit denen ihnen zur Verfügung stehenden Möglichkeiten nicht was grundsätzlich falsch gemacht haben, muss man hierzu also irgendwas anders machen als früher. Andernfalls gäbe es das neue Produkt mit seinen besseren Eigenschaften schon. Dieses „was anders machen" sind typischerweise der Einsatz neuer Technologien, neuer Methoden & Prozesse, neuer Ansätze etc., die den früheren Entwicklern nicht zur Verfügung standen. Typischerweise sind diese neuen Methoden etc. aber auch deswegen neu, da sie oft noch nicht zum erprobten und validierten Entwicklungsportfolio gehören, also z. B. zum ersten Mal eingesetzt werden und wofür noch keine Langzeiterfahrungen bestehen.

Validierungsdauer neuer Technologien
Um das einmal drastisch zu verdeutlichen: Im Bereich der Gasturbinen kann man eine für die Lebensdauer der Bauteile relevante Technologie erst als langzeitvalidiert bezeichnen, wenn sie mindestens zwölf Jahre (entspricht ca. 100.000 äquivalenten Betriebsstunden) im kommerziellen Einsatz gewesen ist. Natürlich möchte keine Firma bei einer neuen Technologie erst einmal zwölf Jahre warten, bevor sie in der Entwicklung neuer Produkte eingesetzt wird, da andernfalls der Wettbewerb längst vorbeigezogen ist. Außerdem wird diese Langzeitvalidierung nur vorliegen, wenn die Technologie in einem kommerziellen Produkt zum Einsatz kommt. In anderen Worten, es bleibt Unternehmen, die langfristig erfolgreich sein wollen, gar nichts anderes übrig, als neue Technologien frühzeitig einzusetzen, lange bevor sie abschließend validiert sind. Das bedeutet also, Risiken zu nehmen und diese Risiken aktiv und professionell zu managen.

In anderen Worten, mit dem Einsatz dieser neuen Methoden, Ansätze etc. sind Projektrisiken verbunden. Wo Risiken existieren, braucht es auch zusätzliche Maßnahmen, die im Falle des Eintritts dieser Risiken helfen, die potenziell negativen Konsequenzen abzufedern. Also das Entwicklungsprojekt und das daraus resultierende Produkt nicht sofort zum Misserfolg werden zu lassen. Weder als Projektleiter noch als Manager möchte man/frau nicht „alles auf eine Karte setzen", oder auf Englisch: „to put all eggs in one basket" oder „russisches Roulette" spielen.

Dieses sehr mächtige Thema der Projektrisiken und deren Einfluss auf die Projektplanung und das Projektmanagement werden hier in einem separaten Kapitel ausführlich behandelt. Es sei an dieser Stelle nur so viel verraten, dass als Folge der im Laufe des Projekts wiederholt durchzuführenden Risikoassessments, zusätzliche Entwicklungsaufgaben identifiziert werden, die hinsichtlich Personal-, Termin- und Kosteneinflüsse bei der Projektplanung zu berücksichtigen sind.

5.2.2 Projektparallelisierung

Die zentrale Frage am Anfang dieses sehr wichtigen Kapitels lautet: Kann man Zeit kaufen? Die Antwort hierauf ist eindeutig: Ja, man kann Zeit durch Geld kaufen!

Warum ist diese Frage relevant? Für viele Unternehmen ist es oft entscheidend, mit dem neuen Produkt möglichst früh am Markt zu sein. Gründe hierfür sind z. B., dass ein früherer Markteintritt höhere Marktanteile und damit höhere und frühere Umsätze und Renditen verspricht. Andersherum mag der Wettbewerb bereits ein ähnliches Produkt auf dem Markt haben, und Ihr Unternehmen verliert bereits Marktanteile. Oder es haben sich Regularien geändert und Ihr Unternehmen muss einen regelkonformen Nachfolger einführen, um überhaupt noch verkaufen zu können.

Was hier aber mit „Zeit kaufen" *nicht* gemeint ist, ist einfach mehr Manpower in ein Projekt zu pumpen. Tatsächlich hat diese Vorgehensweise nur ein sehr begrenztes Beschleunigungspotenzial, da viele Aufgaben einfach eine gewisse Zeit benötigen und man nicht unbedingt schneller wird, wenn mehr Menschen an der gleichen Aufgabe arbeiten. Insbesondere deswegen, da mehr Projektmitarbeiter auch mehr Kommunikations-, Koordinations- und Administrationsaufwand bedeuten, der überproportional mit der Größe des Teams ansteigt. Damit wird dann gleich wieder ein Teil des positiven Beschleunigungseffekts aufgefressen. Bis zu dem Punkt, wo sich die vielen Projektmitarbeiter eher gegenseitig behindern als unterstützen. Eine merkliche Projektbeschleunigung, einfach durch mehr Ressourcen, findet man zumeist nur dann, wenn das Projekt zu Beginn schon unterbesetzt war und deswegen viele Aufgaben nur sequenziell bearbeitet werden, die andernfalls mit mehr Ressourcen parallel bearbeitet werden könnten. Eben erst dann, wenn die benötigten Teammitglieder mit anderen Aufgaben fertig geworden sind. Ist ein Projekt aber gemäß den zu bewältigenden Aufgaben ausreichend mit Ressourcen ausgestattet, werden zusätzliche Ressourcen wahrscheinlich nur noch bremsend wirken.

Was hier tatsächlich mit „Zeit kaufen" gemeint ist, ist eine mögliche Parallelisierung von Arbeiten, die im gültigen Produktentwicklungsprozess typischerweise sequenziell, also hintereinander abgearbeitet werden sollen oder sogar zwingend müssen. Warum ist das im Produktentwicklungsprozess so vorgeschrieben? Diese Prozesse spiegeln natürlich die langjährigen Erfahrungen der Unternehmen wider, die oft im Rahmen von mehr oder minder schmerzhaften Fehlern gewonnen wurden und stellen damit ein sehr wertvolles Wissen dar, was nicht leichtfertig über Bord geworfen werden darf. Aber, sie reflektieren eben auch immer die Vergangenheit. Neue Technologien, neue Methoden, neue Werkzeuge etc. können dabei aber auch neue Möglichkeiten eröffnen, die bei der Erstellung dieser Prozesse noch nicht verfügbar oder bekannt waren. Die Möglichkeiten zur Parallelisierung von Entwicklungsschritten hängen dabei wesentlich von der Art des Produkts und des Projekts ab und müssen individuell erarbeitet werden. Weichen die von dem ab, was der offizielle Produktentwicklungsprozess in Ihrem Unternehmen vorschreibt, müssen die damit verbundenen Maßnahmen und Vorgehensweisen natürlich vorab mit dem Prozess Owner und den Stakeholdern abgesprochen und offiziell beschlossen und dokumentiert worden sein (siehe „Decision Protocol", siehe Kap. 9). Sodass dem Projektteam im Laufe des nächsten Reviews nicht die „rote Karte" wegen Abweichung von den geltenden Entwicklungsprozessen gezeigt wird. Hierzu bedarf es einer mehr oder minder großen Überzeugungsarbeit, möchte man doch von dem erprobten und durchaus sinnvollen Entwicklungsprozess abweichen, der in Ihrem Unternehmen vielleicht sogar einem „heiligen Gral" gleicht. Dabei macht es sicherlich Sinn, einen klaren, nachvollziehbaren Vorschlag zu formulieren, der die Pros und Kontras, und insbesondere die damit verbundenen Risiken, auflistet und bewertet, inklusive von Mitigations- bzw. Abbruchkriterien. Der „Nutzen" (= potenzielle Zeiteinsparung) der Abweichung vom bisherigen Prozess muss dabei natürlich höher sein als der potenzielle Schaden. Finden Sie relevante Unterstützer und Befürworter, bevor Sie das dem großen Gremium der Stakeholder vorstellen, insbesondere z. B. in Form anerkannter externer Berater bzw. den Prozess-Ownern.

Zur Veranschaulichung des Prinzips Zeit kaufen zu können, soll hier zunächst ein konkretes Beispiel einer realen und sinnvollen Projektparallelisierung vor-

5.2 Projektplanung: Advanced

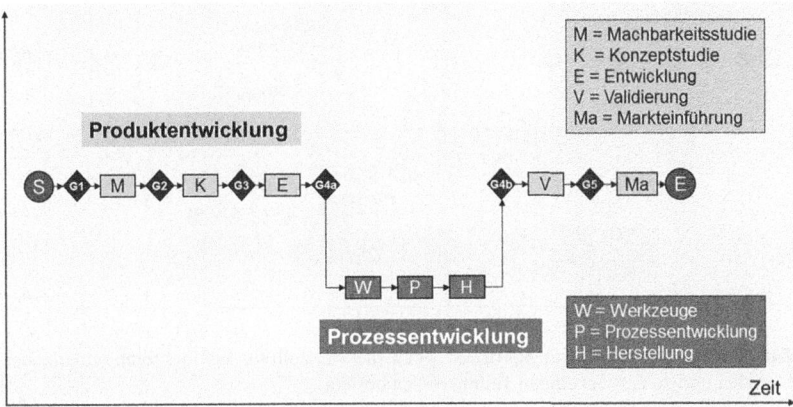

Abb. 5.5 Klassischer Produktentwicklungsprozess mit Hervorhebung der Herstellungsprozessentwicklung für die Produktion

gestellt werden: Gerade bei herstellintensiven Produkten,[2] ist die Entwicklung der benötigten Herstellprozesse oft ein wesentlicher Bestandteil der gesamten Produktentwicklung und damit in der Regel auch auf dem kritischen Pfad der Produktentstehung.

Schematisch ist das in Abb. 5.5 dargestellt, wo am Beispiel des klassischen Phase-Gate-Prozess die Herstellungsprozessentwicklung als Teil der finalen Entwicklung nach unten versetzt explizit dargestellt ist und sich allgemein aus drei Teilen zusammensetzt: der Werkzeug- bzw. Vorrichtungsherstellung, der Herstellungsprozessentwicklung und der Prototypenherstellung zur Validierung des Herstellprozesses. Zu beachten ist hier insbesondere, dass:

- Die einzelnen hier dargestellten Prozessschritte je nach Art des Produkts und der Herstellungsmethode in ihrer Länge stark variieren können. Handelt es sich um gegossene Bauteile (z. B. eine Turbinenschaufel), dauert die Herstellung der Gusswerkzeuge in der Größenordnung von drei Monaten, die Prozessentwicklung oft eher sechs bis neun Monate und die Herstellung der Prototypenteile dann nochmals mehrere Wochen.

---

[2] Mit herstellintensiven Produkten sind hier Produkte gemeint, bei deren Produktion ein signifikanter Anteil an Produktionsschritten, wie z. B. Guss, Spritzguss, 3D-Printing, mechanische Bearbeitung, Wärmebehandlungen, Beschichtungen, Bestrahlen etc. benötigt werden. Im Gegensatz dazu Montageprodukte, bei denen überwiegend zugekaufte, funktionsfertige Komponenten montiert werden.

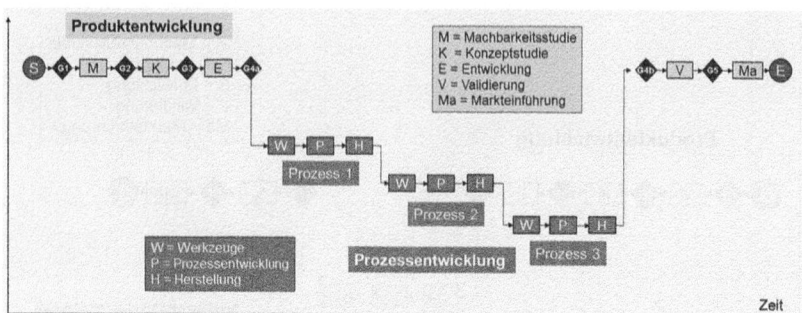

Abb. 5.6 Produktentwicklungsprozess, wenn die Herstellung aus mehreren aufeinanderfolgenden und zu entwickelnden Teilprozessen besteht

- Sich abhängig von der Art des Produkts die Prozessentwicklung vervielfachen kann, wenn sich z. B. der Gussentwicklung, die ebenfalls erst zu entwickelnden Prozesse für die mechanische Bearbeitung und für die Beschichtung anschließen, die ihrerseits natürlich erst begonnen werden können, wenn der vorangegangene Herstellprozess die ersten Teile geliefert hat. In solchen Fällen kann die Herstellungsprozessentwicklung leicht deutlich länger sein als die eigentliche Produktentwicklung (siehe Abb. 5.6).

Solche Entwicklungsprojekte bieten ein erhebliches Beschleunigungspotenzial in Form der Parallelisierung von Produkt- und Prozessentwicklung auf verschiedenen Ebenen.

5.2.2.1 Frühzeitige Einbindung der Produktion

Typischerweise wird bei vielen Unternehmen die Produktion erst nach Abschluss der Entwicklungsphase eingebunden, dann, wenn die Produktdefinition in Form von 3D-Modellen und Maßzeichnungen vorliegt, geprüft und freigegeben ist. Gerade im Falle von ganz oder teilweise bei externen Lieferanten produzierten Produkten ist diese Vorgehensweise typischerweise durch den Einkauf getrieben, der auf der Basis der vorhandenen Produktdefinition von verschiedenen Herstellern Angebote einholt, um dann den „besten" Lieferanten (u. a. gegeben durch den Preis) auszuwählen. Diese Vorgehensweise ist sogar in vielen Unternehmen, z. B. bedingt durch das Aktienrecht, explizit in den Einkaufsregeln vorgeschrieben: z. B. mindestens drei Angebote einholen zu müssen, um dann bei vergleichbaren Leistungen den günstigsten Anbieter auszuwählen. Auch sind die Kosten für Herstellungswerkzeuge oder Vorrichtungen sowie für die Prozessentwicklung nicht unerheblich. Gerade wenn es sich z. B. um Gussprozesse handelt, wo die Werkzeuge schnell mehrere hunderttausend Euro kosten können und mehrere Monate lang Gussversuche zur Optimierung von Prozessparametern und der Zuläufe gemacht werden müssen, bis die gewünschte Gussqualität und eine ausreichende Prozessstabilität erreicht worden sind. Bevor man diese kostspieligen Werkzeuge und die Prozessentwicklung bestellt, möchte man also sichergehen, dass die Produktentwicklung abgeschlossen ist und keine Änderungen mehr zu erwarten sind. Bieten doch auch alle Arten von späten Änderungen den Lieferanten die Möglichkeit, Preise nachverhandeln zu können. Während diese Vorgehensweise bei der Serienproduktion eines bestehenden Produkts (z. B. beim Lieferantenwechsel) absolut vernünftig ist und dabei auch wichtige Complianceregeln erfüllt, ist das sowohl aus technischer als auch kommerzieller Sicht bestenfalls die „zweitbeste" Vorgehensweise bei der Entwicklung neuer, herstellintensiver Produkte.

Aber selbst bei Unternehmen, bei denen die komplette Herstellung inhouse erfolgt, ist es leider immer noch oft üblich, dass das F&E ein Produkt erst mehr oder minder vollständig fertig entwickelt und dann auf der Basis der fertiggestellten Produktdefinition die Produktion schließlich eingebunden wird. Oft trotz der vollmundigen Verwendung von Schlagwörtern wie „Design-to-Manufacturing". Dafür mag es verschiedene Gründe geben, wobei auch oft die menschliche Komponente nicht unterschätzt werden darf. Nicht selten herrscht zwischen Entwicklung und Fertigung innerhalb eines Unternehmens ein mehr oder minder angespanntes Verhältnis: Das F&E macht die Fertigung oft verantwortlich für angeblich herstellungsbedingte Qualitätsprobleme und bezichtigt sie z. B. nur veraltete Herstellmethoden einzusetzen, die es verhindern, bessere Produkte entwickeln zu können. Die Fertigung ihrerseits beschuldigt das F&E, schwer herstellbare Produkte zu entwickeln und damit die Produktionskosten unnötig in die Höhe zu treiben; auch dass die notwendigen Kosten für neue Fertigungsmethoden dann alleine in der Fertigung hängen bleiben. Man schiebt sich also wechselseitig die „heiße Kartoffel" hoher Entwicklungs-, Fertigungs- und Qualitätskosten zu. Die Folge ist, dass das F&E oft vermeidet, die Fertigungskollegen frühzeitig einzubinden, da die zumeist als „Spielverderber" und „Verhinderer" statt als Partner empfunden werden. Das Thema „Design-to-Manufacturing" wird dann eher in Form von allgemein gefassten Konstruktionsrichtlinien abgehandelt anstatt im direkten Dialog.

Tatsächlich liegt ein Schlüssel für erfolgreichere Entwicklungsprojekte herstellintensiver Produkte direkt in der engen Zusammenarbeit von F&E und Produktion. Woran liegt das?

Vieles was von den Ingenieuren heute am Computer konstruiert und simuliert werden kann, getrieben durch das Bestreben, vorhandene Technologien weiter auszureizen und damit ein leistungsstärkeres und attraktiveres Produkt zu entwickeln, ist mit den in einem Unternehmen oder bei den Lieferanten vorliegenden Herstellprozessen unter Umständen nur schwer oder im schlimmsten Falle gar nicht herstellbar. Mögliche Folgen sind, dass am Ende der Produktentwicklung festgestellt wird, dass:

- Neue Herstellprozesse erst entwickelt und eingeführt werden müssen und damit die Projektdauer erheblich verlängert wird und zusätzliche Projektrisiken entstehen.
- Die Herstellkosten des entwickelten Produkts erheblich höher ausfallen (z. B. wegen zu niedrigerer Yield Rates und somit höherer Ausschussraten und konsequenterweise höherer Herstellkosten beim Lieferanten) als ursprünglich angepeilt, was dann wiederum zu einer Verschlechterung des Business Case führt (im schlimmsten Falle, bis zur Einstellung des Entwicklungsprojekts).
- Am Ende der Produktentwicklung auf Basis des Feedbacks der Lieferanten, Kompromisse gefunden werden müssen, mit dem Ziel, zugunsten der Herstellbarkeit auf gewisse Konstruktionsfeatures zu verzichten. Ein Klassiker sind dabei die ursprünglich vom F&E geforderten Herstelltoleranzen. Die Folge ist dann, dass grundsätzliche Entwicklungsschritte wiederholt werden müssen und in der Regel Abstriche bei der Erreichung technischer Ziele und/oder der Herstellkosten gemacht werden müssen. Unterm Strich also, dass sich die Projektdauer wesentlich verlängert, teurer wird und der Business Case schlechter ausfällt (siehe Abb. 5.7).

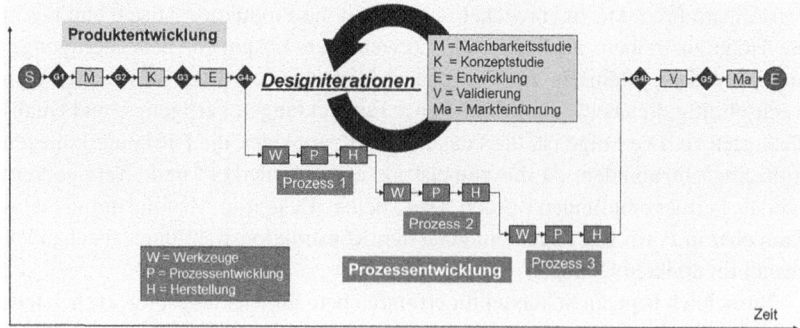

Abb. 5.7 Nachträgliche Designiterationen im Falle von spätidentifizierten Produktionshürden

Vor diesem Hintergrund macht es *absolut* Sinn, die wesentlichen Lieferanten bereits zu Beginn der Entwicklung mit an Bord zu haben, sodass bereits zum frühestmöglichen Zeitpunkt Input bzgl. Machbarkeit, Einfluss auf Herstellkosten sowie auch Bedürfnisse für bereits zu entwickelnde Fertigungsverfahren in die Projektentscheidungen einfließen. Wesentliche Lieferanten sind dabei diejenigen Lieferanten, deren Herstellungsprozessentwicklungen auf dem kritischen Pfad liegen bzw. die daraus resultierenden Herstellkosten für den kommerziellen Erfolg des Produkts maßgeblich sind. Lieferanten von Commodities oder Off-the-shelf-Zukaufkomponenten gehören nicht dazu.

Allerdings besteht hier das Dilemma, dass ein Lieferant wenig geneigt sein wird, sein Know-how und eigene Kapazitäten in so eine Entwicklung einfließen zu lassen, wenn er nicht sicher sein kann, dass er am Ende auch den Auftrag zur Belieferung erhalten wird. Umso mehr, da es nicht mit Expertise allein getan ist, sondern der Lieferant seinerseits die Herstellungsprozesse für ein neues Produkt oft erst entwickeln und validieren muss (z. B. müssen Vorrichtungen, Werkzeuge bestellt und produziert sowie Prozesse entwickelt und validiert werden).

Beispiel

Tatsächlich kenne ich mindestens einen Fall, wo mein damaliger Arbeitgeber zwar frühzeitig Experten von führenden Lieferanten bei der Entwicklung eingebunden hat, ohne ihnen dabei aber schon den Auftrag für die spätere Belieferung zuzusichern. Die Folge war, dass die Lieferantenexperten den Projektteams zwar Hinweise bzgl. Herstellbarkeit etc. geliefert haben, allerdings nur sehr allgemeiner Art und ohne deren spezifisches Know-how preiszugeben. Als dann am Ende der Entwicklung die endgültigen Lieferanten ausgewählt wurden (die nur mehr oder weniger identisch waren, mit den in der Entwicklung einbezogenen Lieferanten) musste das Entwicklungsergebnis dann doch im größeren Stil nachgearbeitet werden. Neben dem Schutz des eigenen Know-how, war der andere wesentliche Grund, dass in dem vorausgegangenen Auswahlprozess die Lieferanten natürlich kräftig im Preis gedrückt worden waren. Nachdem sie den Auftrag schließlich erhalten hatten, nutzten sie dann jede Möglichkeit, den Preis wieder nach oben zu schrauben, oft mit dem Hinweis, dass sie dieser komplizierten Konstruktion nie zugestimmt hätten, wären sie bei der Entwicklung bereits beteiligt gewesen bzw. dass sie auf die zu erwartenden Schwierigkeiten nur unter Preisgabe ihres zu schützendem Know-how hätten hinweisen können. ◄

Ganz anders verhält sich ein in die Produktentwicklung integrierter Lieferant, der auch den Auftrag bereits erhalten hat, das gemeinsam entwickelte Produkt auch zu produzieren. Dieser Lieferant wird alles in seiner Macht Liegende tun, um ein leicht zu produzierendes Produkt mit geringen Qualitätsproblemen zu erzeugen, um seine eigene Marge (der Lieferpreis ist ja schon ausgehandelt) zu optimieren. Dazu wird er sein komplettes Know-how einsetzen, da er auch sicher weiß, dass das nicht einem seiner Wettbewerber zufließen wird. Wird dabei festgestellt, dass neue oder andere Produktionsprozesse erforderlich sind, dann kann deren Einführung oder Entwicklung bereits zu einem sehr frühen Zeitpunkt angestoßen werden, lange bevor das Produkt selbst fertig entwickelt worden ist. Die dafür nötigen Kosten werden dabei situativ und in Absprache mit dem internen oder externen Lieferanten entweder vom Projekt, vom Lieferanten oder gemeinsam getragen. Es besteht dann die Möglichkeit, unter Abschätzung der damit verbundenen Risiken und Aufwände differenzierte Projektentscheidungen zu fällen bzw. auch mehrgleisig mit vorhandener und neuer Technologie zu fahren; zum Beispiel auch die Möglichkeit ins Auge zu fassen, bei den ersten N-Produkten noch mit der bekannten Technologie zu produzieren und dann schon ab der (N+1)ten Installation eine verbesserte Variante mit höherer Performance oder niedrigeren Kosten anbieten zu können. Am Ende resultiert die enge Zusammenarbeit mit der Produktion also in einer „Win-win-Situation" für den OEM wie auch seinen Lieferanten. Es entsteht dabei eine klassische „Pull"-Situation, wo das Projekt die Expertise und Zusammenarbeit des Lieferanten fast aufgedrängt bekommt, anstelle einer „Push"-Situation, wo der Lieferant stetig mauert und Hürden aufbaut.

Die „Bauchschmerzen" des Einkaufs bei einer frühzeitigen externen Lieferantenauswahl beruhen im Wesentlichen auf einem systemischen Missverständnis: Im Verständnis des Einkaufs geht es nach der Freigabe der Produktdefinition direkt in die Serienproduktion. Hierfür sind die Einkaufsprozesse gemacht worden, die dem Zweck dienen, das Unternehmen und damit auch die Eigentümer (z. B. Shareholder) vor vermeidbaren überhöhten Kosten und damit Gewinneinbußen zu schützen. Tatsächlich handelt es sich aber immer noch um die Entwicklungsphase des herstellintensiven Produkts, wo die Entwicklung der Herstellungsprozesse ein wesentlicher Bestandteil ist, wie in den Abb. 5.5 und 5.6 dargestellt. Von einer Serienproduktion kann eigentlich erst nach erfolgter (Feld-)Validierung und uneingeschränkter Verkaufsfreigabe gesprochen werden. Also geht es streng genommen nur darum, einen Entwicklungspartner auszuwählen, wofür die stringenten (Serien-)Einkaufsprozesse nicht zwangsläufig gelten. Manche Unternehmen unterscheiden daher in ihren Einkaufsprozessen klar zwischen Entwicklungs- und serieller Produktionsphase. Die einzige „Kröte", die der Einkauf dabei zu schlucken hat, ist, dass der so ausgewählte externe Entwicklungspartner auch zu Anfang schon den Produktionsauftrag erhält. Anders wird der Lieferant

5.2 Projektplanung: Advanced

aber, wie bereits oben beschrieben, nicht willens sein, sein komplettes Know-how für die Entwicklung zur Verfügung zu stellen.

Die Frage hier ist natürlich, wie kann der Lieferant frühzeitig ausgewählt werden, wenn zu diesem Zeitpunkt ja noch gar keine 3D-Modelle und Zeichnungen mit Maßen und Toleranzen zur Verfügung stehen, auf deren Basis der Lieferant ein Angebot abgegeben kann? Tatsächlich stellt das gar kein großes Hindernis dar: Zu Beginn der Konzeptphase sind viele der relevanten Informationen bereits vorhanden, die für die Lieferanten relevant und ausschlaggebend sind und auf deren Basis ein Angebot erstellt werden kann. Im konkreten Beispiel einer neuen Turbine, sind zu diesem Zeitpunkt bereits der Strömungskanal bekannt und damit die Zahl der Turbinenstufen und die Größe der Schaufeln. Dazu wurden in der Machbarkeitsstudie bereits grundsätzliche Entscheide getroffen, wie z. B. der zu verwendende Werkstoff, die grundlegenden Kühlungsfeatures, Art der Beschichtungen etc. Darüber hinaus werden weitere Parameter wie Toleranzen auf der Basis ähnlicher, bereits bestehender Referenzprodukte ergänzt. Auf dieser Basis lässt sich für die Lieferanten ein „Steckbrief" zusammenstellen, der die für die Herstellkosten relevanten Informationen mit einer 85–90 % Genauigkeit beinhaltet. Sprechen Sie mit ihren Lieferanten und Sie werden überrascht sein, wie wenige Parameter für die initiale Preisgestaltung wirklich entscheidend sind. Bei der Auswahl der Lieferanten hat es sich dann bewährt, dass Einkauf und Technik das gemeinsam machen, z. B. im Rahmen gemeinsamer Workshops mit den angeschriebenen Lieferantenkandidaten. Dabei sollte zuvor ein Bewertungsraster vereinbart werden, wobei neben den kommerziellen Aspekten, vertreten v. a. durch den Einkauf, auch technische Aspekte berücksichtigt werden müssen. Diese beinhalten neben der nachweisbaren Erfahrung des Lieferanten mit ähnlichen Produkten vor allem auch deren Willen zur Zusammenarbeit sowie dem vorhandenen Know-how, Erfahrungen und Technologien im Zusammenhang mit z. B. Rapid Prototyping und Rapid-Manufacturing-Methoden zur weiteren Parallelisierung und damit Beschleunigung des Entwicklungsprojekts, was im nächsten Kapitel behandelt wird.

Gegner dieser Vorgehensweise werden einwenden, dass sich ja einige dieser im frühen Steckbrief gelisteten Parameter im Laufe der Entwicklung noch sicher ändern könnten und der Lieferant dann die Preise anheben wird. Tatsächlich werden sich im Laufe der Entwicklung mit Sicherheit noch einige dieser Parameter ändern. Aber nicht jede Änderung führt automatisch zu einer Preiserhöhung, insbesondere wenn sie zu einem frühen Zeitpunkt festgestellt wird. Es empfiehlt sich jedoch, jede Änderung vom Steckbrief zu dokumentieren, zusammen mit der Stellungnahme des Lieferanten und einer Bewertung und Begründung für mögliche Preisänderungen. Und vergessen wir nicht, im herkömmlichen Prozess, wo der Lieferant erst sehr spät eingebunden wird, ist die Wahrscheinlichkeit von notwendigen späten Konstruktionsänderungen und daraus resultierenden Kosten aber vor allem die damit verbundene Verschiebung der Marktverfügbarkeit, die man ja hier ja vermeiden möchte, mindestens genauso groß.

Ein weiterer Trost für den Einkauf ist, dass nach erfolgreicher Entwicklung und Markteintritt mit wachsender Absatzzahl sowieso irgendwann der Punkt erreicht sein wird, wo es eine „Second Source", also einen Zweitlieferanten braucht. Schon allein aus Gründen der Liefersicherheit. Hierbei handelt es sich dann um eine klassische Aufgabe im Rahmen der Serienproduktion, auf die dann auch die klassischen Serieneinkaufsprozesse anwendbar sind. Das ist dann auch die Gelegenheit, dem Erstlieferanten seine aus der Position des Erstlieferanten und Entwicklungspartners resultierenden initial zu hohen Preisen drücken zu können oder ihn sogar zu ersetzen. Auf der anderen Seite weiß das dieser Erstlieferant natürlich auch. Um also den Auftrag nicht zu verlieren, wird er von vornherein alles darangesetzt haben, einen sehr wettbewerbsfähigen Preis bei gleichzeitig attraktiver Marge für sich selbst erzielt zu haben bzw. selbst eine Preisreduktion anbieten. Dazu hat er bei der ursprünglichen Entwicklung sein ganzes Know-how eingesetzt. Dass die Preise bzw. die Produktkosten bei der mit dieser Vorgehensweise ausgewählten Erstlieferanten bzw. Entwicklungspartner höher als im konventionellen Prozess ausfallen, ist also nicht einmal sicher. Und selbst wenn, dann konnte man so zumindest sicherstellen, dass das Produkt schneller als mit dem herkömmlichen, sequenziellen Entwicklungsprozess auf den Markt gekommen ist, da vermeidbare späte Konstruktionsnachbesserungen und die damit verbundenen höheren Entwicklungskosten und zusätzliche Entwicklungsschleifen wegfallen (siehe Abb. 5.8). Auch späte, herstellungsbedingte Kompromisse bei den technischen Zielen und/oder Ziel-Kosten können vermieden werden. In Abb. 5.8 sind jetzt die

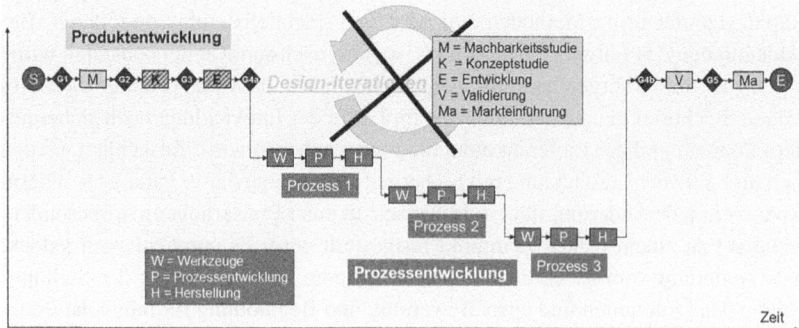

Abb. 5.8 Effekt der frühzeitig gemischten Teams aus F&E und Herstellern

Projektphasenkonzeptstudie und Entwicklung schraffiert dargestellt, da in diesem Modell die Hauptlieferanten bereits ausgewählt und ein fester Bestandteil der Entwicklungsteams sind.

Man hat also nur im allerschlechtesten Falle mehr Geld ausgegeben. War dafür aber schneller im Markt und hat immer noch das Potenzial, eventuell zu hohe Herstellkosten zu einem späteren Zeitpunkt drücken zu können.

5.2.2.2 Parallelisierung von Produkt- und Prozessentwicklung

Die frühe Einbindung relevanter Lieferanten bei herstellintensiven Produkten ist also auf jeden Fall eine sinnvolle Maßnahme, die nicht einmal mehr Geld kosten muss, sondern im Gegenteil unterm Strich sogar Geld sparen kann. Dabei wird die eigentliche Produktentwicklung gegenüber dem idealen Plan (der davon ausgeht, dass das Konstruktionsergebnis am Ende der Produktentwicklung auch ohne signifikante Probleme herstellbar sein wird) noch nicht einmal beschleunigt, sondern es werden nur die Gründe für wahrscheinliche Verzögerungen am Ende der Entwicklungsphase vermieden.

Die frühe Einbindung der relevanten Lieferanten ist bei solchen Produktentwicklungen aber zugleich auch die Voraussetzung, um tatsächliche und oft beträchtliche Beschleunigungen solcher Projekte durch die Parallelisierung der Produkt- und der Prozessentwicklung zu ermöglichen. Das wird erreicht, indem wesentliche Herstellungsprozessentwicklungen schon lange vor dem Ende der Produktentwicklung gestartet werden. Dazu steht ein ganzes Portfolio von verschiedenen Vorgehensweisen und Strategien zu Verfügung, die situativ und individuell in Abhängigkeit des konkreten Produkts und der Fähigkeiten und Erfahrungen des Herstellers gewählt werden können. Daher macht es bei der Auswahl des mitentwickelnden Erstlieferanten, wie im vorangegangenen Kapitel beschrieben, viel Sinn, sich schon vorab mögliche Strategien zu überlegen und das bei der Auswahl zu berücksichtigen.

Beim Beispiel der neu zu entwickelnden Turbine handelt es sich bei den kritischen Herstellprozessen um den Guss, die mechanische Bearbeitung (v. a. die Herstellung der Filmkühlungsbohrungen) sowie um die keramische Beschichtung.

- *Gussentwicklung*: Wie bereits weiter oben beschrieben, dauert die Herstellung eines serientauglichen Gusswerkzeugs gut drei Monate und die Gussentwicklung selbst dann noch mal gute sechs bis neun Monate. Auch angesichts der damit verbundenen hohen Kosten, ist der klassische Ansatz, damit erst zu beginnen, wenn die Schaufelkonstruktion fertiggestellt ist. Tatsächlich kann die Gussentwicklung schon zu einem deutlich früheren Zeitpunkt begonnen werden sowie die wesentlichen Abmessungen, Features und natürlich der zu verwendende Werkstoff festgelegt sind. Gründe sind, dass die wesentliche Aspekte bei der Prozessentwicklung typischerweise erst einmal die Produktion stabiler und sicher positionierter Gusskerne sowie die Festlegung der Zahl und der Positionen der Gussfeeds für einen mit hoher Qualität reproduzierbaren, poren- und lunkerfreien Gussprozess sind, der durch nur geringen Ausschuss bei Gusskernen und Gussteilen gekennzeichnet ist. Sowie also das Entwicklungsteam die für den Hersteller wesentlichen Parameter festgelegt hat, kann die Prozessentwicklung gestartet werden, auch wenn sich z. B. die Zahl, Form und Orientierung von Kühlrippen etc. im Laufe der Konstruktionsiterationen noch ändern werden. Dabei können je nach Komplexität des Produkts, des Reifegrads der Entwicklung und der verfügbaren Rapid-Prototyping-Technologien und Erfahrungen, verschiedene Ansätze gewählt werden:

– Am einfachsten ist die Verwendung von sog. „Soft-Tools" z. B. aus Aluminium, anstelle der teuren Serienproduktionswerkzeugen aus gehärtetem Stahl. Erstere können innerhalb weniger Tage auf der Basis eines 3D-Modells und zu einem Bruchteil der Kosten des Serienwerkzeugs hergestellt werden. Exakte Maßhaltigkeit und Lebensdauer spielen dabei keine Rolle, da dieses Tool nur für eine kleine Zahl von Probegüssen benutzt wird.
– Alternativ können z. B. mittels 3D-Printer auch Gusskerne zunächst direkt ohne Werkzeug hergestellt werden. Das erlaubt, auch sehr schnelle und einfache Geometrieänderungen in den Entwicklungsprozess einfließen zu lassen.
– Ist die Produktentwicklung schon „mature" und es werden nur noch kleine, stark lokalisierte Designänderungen erwartet, kann auch ein modular aufgebautes Serienproduktionswerkzeug gefertigt werden. Dabei können zu einem späteren Zeitpunkt noch Geometrieänderungen vorgenommen werden, ohne ein komplett neues Werkzeug fertigen zu lassen. Der modulare Aufbau macht das Werkzeug zwar teurer, dafür spart man sich gegebenenfalls die abschließende finale Prozessfreigabe mit den endgültigen Werkzeugen. Auch erlaubt so eine Vorgehensweise, mit relativ kleinem Aufwand zu einem späteren Zeitpunkt Produktmodifikationen in der laufenden Produktion einfließen zu lassen.
– Schließlich können auf diese Weise auch zu einem frühen Zeitpunkt Prüflinge erstellt werden, für die frühe Entwicklung und Qualifizierung „stromab" gelegener Prozessentwicklungen, wie z. B. der mechanischen Bearbeitung der Schaufelfüße sowie der Beschichtung auf der Basis des tatsächlichen Schaufelprofils, aber ohne bereits die aufwendige interne Kühlgeometrie zu beinhalten.

- *Mechanische Bearbeitung*: Wie oben bereits erwähnt, können entsprechende Prozesse bereits mit früh produzierten, repräsentativen Geometrien durchgeführt werden. Für grundsätzliche Methodenentwicklungen genügen oft schon sehr

5.2 Projektplanung: Advanced

viel simplere Prüflingsgeometrien, z. B. bei der Entwicklung von chemisch- oder lasergebohrten und von der Zylinderform abweichenden Kühlluftlöchern mit oder ohne Rippen etc. Hier können z. B. mittels der SLM-Methode (Selektive Laser Melting) repräsentative Prüflinge innerhalb von Tagen zur Verfügung gestellt werden, an denen dann die Bohrprozesse entwickelt und validiert werden. Am Ende muss dann der so entwickelte Prozess nur noch an dem finalen Bauteil abschließend qualifiziert und freigegeben werden. Auch können z. B. benötigte Bearbeitungsvorrichtungen schon frühzeitig in Auftrag gegeben werden, solange dabei eine gewisse Flexibilität berücksichtigt wird, um z. B. noch potenziell auftretende kleinere Konstruktionsänderungen abdecken zu können.

- *Beschichtung:* Analog der mechanischen Bearbeitung, können Beschichtungsprozesse schon frühzeitig entwickelt und evtl. benötigte Vorrichtungen hergestellt werden, solange nur Prüflinge mit den für den Beschichtungsprozess relevanten Parametern, wie die äußere Profilkrümmung und Oberflächenbeschaffenheit frühzeitig zur Verfügung gestellt werden, während auf das nicht zu beschichtende Innenleben des Bauteils hierfür verzichtet werden kann.

In der Praxis können alle diese Methoden (sowie auch potenziell weitere Methoden; die Technologie entwickelt sich kontinuierlich weiter) auch auf verschiedene Weise kombiniert werden. Der grundsätzliche Effekt auf den Projektplan ist exemplarisch in Abb. 5.9 dargestellt:

Dabei ist die eigentliche Entwicklungsphase gegenüber Abb. 5.8 nicht grundsätzlich länger geworden, sondern hier nur der Anschaulichkeit wegen länger dargestellt worden, damit die Überlappung von Produkt- und Herstellprozessentwicklung deutlicher zu sehen ist. Entscheidend dabei ist in dem hier gezeigten

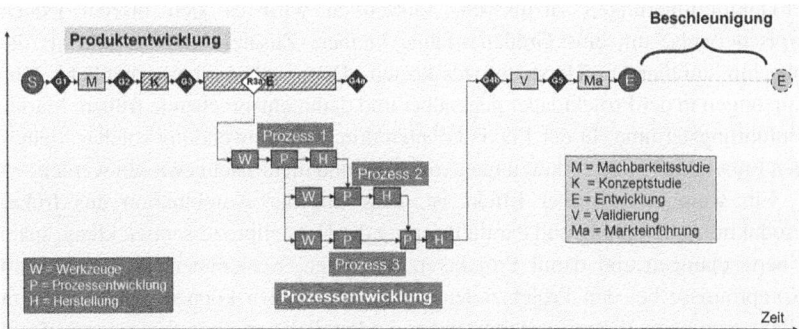

Abb. 5.9 Effekt der Parallelisierung von Produkt- und Herstellprozessentwicklung auf die Projektdauer

generischen Beispiel, dass beim Prozess 1 mit dem Werkzeug und der Prozessentwicklung schon deutlich vor dem Ende der Entwicklungsphase „E" gestartet wird. Natürlich erfordert das, dass zu diesem Zeitpunkt bereits eine gewisse Reife der Konstruktion nachgewiesen wird, und dass der Beginn der Fertigungsentwicklung sinnvollerweise gestartet werden kann. Und insbesondere, dass mit keinen signifikanten Änderungen mehr zu rechnen ist, die durch den gewählten Prozessentwicklungsansatz nicht abgedeckt werden können. Hierzu müssen zu Beginn des Projekts eigens Freigabekriterien definiert werden, die dann vor Start der Prozessentwicklung im Rahmen eines technischen Reviews geprüft und nachgewiesen werden müssen. Hierzu wurde im Prozess auch das zusätzliche technische Review „R3a" eingeführt, welches im Originalprozess so nicht existiert hat.

Mit den ersten aus dessen Prozessentwicklung resultierenden Testteilen können in dem hier gezeigten Beispiel auch schon die Werkzeug- und Prozessentwicklung der nächsten beiden Prozesse gestartet werden, wodurch sich auch die Prozessentwicklungen dieser beiden Prozesse mit dem des ersten Prozesses parallelisieren lässt. Wichtig ist hier insbesondere der Umstand, dass es im Beispiel des dritten Prozesses auch zwei Prozessentwicklungsboxen „P" geben kann. Das tritt nämlich dann ein, wenn nach einer initialen Prozessentwicklung, durchgeführt an frühen Demonstratorteilen, die abschließende Prozessfreigabe am finalen und realen Bauteil zwar wiederholt werden muss, aber in verkürzter Weise durchgeführt werden kann. Das verdeutlicht, dass diese Parallelisierung am Ende tatsächlich zu gewissen Mehrkosten führen wird, da nicht selten eine Erstqualifizierung an einem Demonstrator und eine kürzere Schlussqualifizierung des jeweiligen Herstellungsprozesses am endgültigen Bauteil notwendig ist. Auch werden Mehrkosten anfallen, z. B. für die Erstellung vorläufiger Entwicklungswerkzeuge, RP-Demonstratoren oder durch die Notwendigkeit modularer Werkzeuge, um späte Produktoptimierungen zuzulassen. Tatsächlich wird es sich hierbei jedoch typischerweise um eine Größenordnung kleinere Zusatzkosten handeln als die ohnehin anfallenden Herstellprozesskosten. Dem stehen aber erhebliche Verkürzungen in der Projektdauer gegenüber und damit entsprechende frühere Markteinführungstermine. In der Praxis konnten durch die Anwendung solcher Methoden Entwicklungszeitverkürzungen von 30 % und mehr nachgewiesen werden.

Ein weiterer, positiver Effekt ist, dass mit der Kombination aus früher Produktionseinbindung und Parallelisierung der Herstellprozessentwicklung, späte Überraschungen und damit Projektverzögerungen, Kostenüberschreitungen und Kompromisse bei den Projektzielen vermieden werden können. Auch vor dem Hintergrund sind diese Zusatzkosten für die Parallelisierung gut investiertes Geld und stellen in der Realität vielleicht sogar absolut gar keine zusätzlichen Kosten dar. Damit bestätigt diese Vorgehensweise nämlich wieder das sinnvolle Prinzip des „Front-Loading" in einem Projekt, wo wesentliche Schritte so weit nach vorne gezogen werden wie möglich.

Je nach Größe, Art, Anwendung und dem verwendeten Material des Produkts bestehen eine Vielzahl von Möglichkeiten Projektschritte ganz oder teilweise zu parallelisieren und damit zeitlich vorzuziehen, wodurch eine schneller Markteinführung möglich wird. Zum Beispiel können auf diese Weise Demonstratoren (z. B. auch aus Kunststoff) hergestellt werden, mit denen sich Validierungsschritte der verwendeten Technologien (z. B. Effizienz von Kühlkonfigurationen im Prüfstand) vorziehen lassen, was den späteren Instrumentierungsaufwand und die Validierungszeiten reduzieren hilft bzw. schon frühzeitig Entwicklungsrisiken minimieren hilft. Auch können auf diese Weise vielleicht komplette Prototypen erstellt werden, die bereits lange vor der Freigabe der Serienfertigung bei einem Erstkunden (Launchkunden) zum Einsatz kommen und damit auch eine evtl. benötigte Langzeitvalidierung deutlich früher starten lässt. Eventuell können sogar erste Betriebserfahrungen in das noch laufende Entwicklungsprojekt bereits vor der Serienfertigung zurückgeführt werden.

Grundsätzlich sind hier der Kreativität nur durch das, was hinsichtlich des zu treibenden Aufwands, der Kosten, des Risikos und des Einflusses auf die Entwicklungszeit Sinn macht Grenzen gesetzt, die jeweils projekt- und produktspezifisch individuell bestimmt werden müssen. Es bedarf aber in jedem Fall einen gewissen Mut und auch Überzeugungskraft des Projektleiters, sein Unternehmen von den „ausgetretenen Pfaden" weg zu führen. Auch nimmt natürlich die Komplexität des Projekts zu, was bei der Planung berücksichtigt werden muss und wozu es auch Sinn macht, konkrete Entscheidungspunkte und Akzeptanzkriterien einzubauen: Nicht jede der Ideen für eine Parallelisierung wird am Ende tatsächlich durchgeführt werden. Dort wo sich im Laufe des Entwicklungsprojekts herausstellt, dass keine Beschleunigung mehr erzielt werden kann (das Unterprojekt ist z. B. nicht mehr auf dem kritischen Pfad), sollte man sich eine unnötige Komplexität und eventuell höhere Kosten sparen.

5.2.2.3 Zusammenarbeit mit internen und externen Partnern

Wie bereits an anderer Stelle erwähnt, stellt die Zusammenarbeit mit Partnern eine eigene Herausforderung dar. Dabei lässt sich grundsätzlich nicht sagen, ob interne oder externe Partner zu bevorzugen sind.

Interne Partner

Bei den internen Partnern (z. B. unternehmenseigene Produktions- oder Entwicklungseinheiten) hängt das sehr von der Politik, Rivalitäten und Animositäten zwischen den verschiedenen Bereichen in ihrem Unternehmen ab. Selbst wenn die Teammitglieder aus den verschiedenen Bereichen sehr willig und motiviert sind, ihr Bestes für den Erfolg des Projekts zu geben, können interne Rivalitäten „Sand im Getriebe" darstellen. Zum Beispiel in der Form, dass Ihnen benötigte Ressourcen, Zugang zu Maschinen oder Freigabe von Budgets verwehrt werden und damit Ihre Termin- und Budgetpläne aus dem Ruder laufen. Direkt dagegen können Sie in der Regel wenig bis gar nichts tun, es sei denn, dass Sie direkten Zugang zu dem bereichsübergreifenden Management haben, z. B. in Form eines Stakeholders ihres Projekts. Aber unterschätzen Sie dabei nicht die Gefahr, sich dauerhafte Feinde zu machen. Insbesondere dann sollte dieses bereichsübergreifende Management eines Tages das Unternehmen verlassen oder intern in eine neue Aufgabe wechseln.

Besser ist es, in so einer Situation zunächst eine Eskalation zu vermeiden, immer sachlich zu argumentieren, das direkte Gespräch mit dem „mauernden" Management zu suchen. Auf keinen Fall irgendjemanden beschuldigen oder versuchen, Druck aufzubauen mit dem Argument, dass Ihr Projekt wichtiger ist als andere Dinge. Stattdessen bitten Sie diese Manager um deren Hilfe, „die für Sie nicht zu durchschauenden Hürden" zu beseitigen. Stellen Sie sich also im Zweifelsfalle ruhig etwas dumm, auch wenn Sie genau wissen bzw. zu wissen glauben, warum es hier klemmt.[3] Viele der mauernden Manager, wenn direkt um Hilfe gebeten, werden sich geschmeichelt fühlen, wenn Sie sie auf einmal als „Retter" des so wichtigen Projekts präsentieren können. Gönnen Sie denen dann auch ihren Triumph, indem Sie das auch die Stakeholder wissen lassen: „ ... die Frau ABC oder der Herr XYZ hat sich hier sehr hilfreich eingesetzt, damit ...", auch wenn zumindest einige der Beteiligten wissen, dass das nicht unbedingt genau so war.

Es gibt aber auch Situationen, in der eine Eskalation leider nicht zu vermeiden ist. Stellen Sie sicher, dass Ihre Argumente bzw. Forderungen absolut sachlich korrekt und wasserdicht bzw. gerechtfertigt und vernünftig sind. Idealerweise bauen Sie der anderen Partei eine „Brücke", über die sie gehen kann, ohne das Gesicht zu verlieren. Auf diese Weise können Sie sicherstellen, dass Sie ihren Willen bekommen, es aber keine offensichtlichen Verlierer gibt und deswegen auch niemand (dauerhaft) „böse" auf Sie sein muss. Tatsächlich werden Sie sich auf diese Weise aber Respekt verdienen, sowohl bei Ihrem Management als auch bei der anderen Partei, die natürlich verloren hat, aber nicht offen als Verlierer dasteht. Insbesondere dann, wenn es Sie waren, die das Kunststück vollbracht hat und nicht Ihr Chef. Da gibt es tatsächlich das Prinzip (von dem ich leider nicht weiß, wer das zum ersten Mal formuliert hat): „Mache Dich unbeliebt und Du wirst ernst genommen."

---

[3] Firmenpolitik kann sehr komplex sein. Offene alte Rechnungen zwischen Individuen, historische Feindschaften, Konkurrenzdenken, Eitelkeiten, ... Selten gibt es da eindeutige Schuldige und Unschuldige. Tatsächlich gibt es auch Situationen, wo der mauernde Manager gar keine andere Wahl hat, da er oder sie selber unter Druck steht.

5.2 Projektplanung: Advanced

Natürlich ist die Versuchung groß, Leute, die sich Ihnen in den Weg stellen, auch einfach mal mit guten Argumenten „platt" zu machen. Insbesondere, wenn es sich dabei um Peers oder Rangniedrigere handelt und das Risiko den Kürzeren zu ziehen, gering ist. Umso verständlicher, wenn Sie erschöpft und müde sind, in ihrem Projekt schon einige „Kröten" haben schlucken müssen und Sie wirklich Besseres zu tun hätten, also schon wieder eine müßige Diskussion führen zu müssen. Grundsätzlich sollten Sie sich dazu aber nicht ohne Not hinreißen lassen. Können Sie doch nie sicher sein, dass die betreffende Person nicht vielleicht starke Verbündete hat und das nur zu einem Pyrrhussieg reicht, und dann früher oder später als Bumerang auf Sie zurückfällt. Sollte es dann doch mal zu einem Schlagabtausch kommen, versuchen Sie danach die Wogen wieder zu glätten, indem Sie den Betroffenen die Hand reichen und ihnen vielleicht anbieten bei einer anderen Sache behilflich zu sein. „Verbrannte Erde" zu hinterlassen, ist langfristig nie eine gute Idee. Statt Eskalation sind gute und überzeugende Argumente immer besser. Frei nach Theodore Roosevelt: „Speak softly but carry a big stick." Und anstatt sich diese gegenseitig an den Kopf zu werfen, ist es oft besser, mit gezielten Fragen das Gegenüber dahin zu führen, wo Sie es haben wollen, gemäß dem Motto: „Wer fragt der führt."

Externe Partner

Aufgrund der oben beschriebenen potenziellen Schwierigkeiten kommen viele Projektleiter zum Schluss, dass es einfacher ist, mit externen als internen Partnern zu arbeiten. Der Grund ist, dass externe Partner in der Regel nicht Gegenstand interner politischer Machtspiele sind und natürlich ein inhärentes Interesse daran haben, Sie zu unterstützen und damit erfolgreich zu sein. Aber auch hier gibt es Fallstricke zu beachten.

Zum einen neigen manche externen Partner zum „over-selling": Eigene Fähigkeiten und Erfahrungen werden unter Umständen übertrieben oder geschönt. Entweder aus Selbstüberschätzung oder schlichtweg nur, weil der Partner dringend Aufträge braucht, um seine Kapazitäten auszulasten. Am Ende sind da Businessmanager am Werk, die auch nichts anderes sind als Verkäufer. Vertrauen Sie daher nicht allein den schönen Internetauftritten, Hochglanzbroschüren oder Präsentationen. Nehmen Sie sich die Zeit und besuchen Sie die möglichen Partnerkandidaten und machen Sie sich einen Eindruck vor Ort. Am besten nehmen Sie dazu ein paar Ihrer Experten mit und fordern Sie, dass diese bei dem Besuch auch mit deren Experten sprechen dürfen. Hinterfragen Sie konkret die Erfahrungen des potenziellen Partners mit für Sie relevanten Technologien und Entwicklungsaufgaben. Was hat dabei gut, was schlecht funktioniert? War der Partner selbstständig unterwegs und hat auch Verantwortung übernommen? Oder hat er nur Arbeiten auf Anweisung ausgeführt, also nur Manpower zur Verfügung gestellt? Was waren die relevanten

Beiträge auf der Basis des eigenen Know-hows? Wird dabei mit den von Ihnen vorgegebenen Werkzeugen, Richtlinien und Kriterien gearbeitet? Am Ende auch noch wichtig: Wie und aus wem wird sich das Team des Partners zusammensetzen? Haben Sie also zwar mit den Experten gesprochen, zugeteilt werden Ihnen aber lauter „Grünschnäbel" ohne praktische Erfahrung?

Zum anderen müssen diese Partner auch Geld verdienen, um leben zu können. Nehmen Sie sich also vor Ihren eigenen Kollegen (z. B. Einkauf, …) in Acht, die in erster Linie danach streben, den Preis für die Leistungen des externen Partners zu drücken. Der Partner mag dem zähneknirschend zustimmen, das Risiko für Kostenüberläufe und verpasste Termine liegt aber letztendlich bei Ihnen. Da nützt es Ihnen dann auch nichts, wenn Sie darauf hinweisen, dass der Partner aber niedrigere Kosten und frühere Ergebnisse versprochen hat. Wie der Name schon suggeriert: Es handelt sich hier um eine Partnerschaft. Und die funktioniert nur, wenn beide Seiten aufeinander zu gehen und sich fair behandeln. Fragen Sie also Ihre eigenen Experten, was deren Einschätzung der Arbeitsaufwände sind etc. und versuchen Sie den Preis (= Aufwand x Stundensatz) nicht (viel) darunter zu drücken. Gestehen Sie dem Partner in gleicher Weise sinnvolle Puffer zu, wie Sie es auch den internen Teams zugestehen (aber auch nicht mehr) und fordern Sie von ihm ganz klar Transparenz und Offenheit. Am Ende werden Sie erfolgreich sein, wenn er erfolgreich ist.

Ganz wichtig ist es am Ende auch, ein „wasserdichtes" Vertragswerk zu haben, welches eindeutig regelt, was Deliverables, Qualitätsstandards, Spielregeln, Rechte und Pflichten der Vertragspartner sind. Dazu gehört auch ein eindeutig formulierter Kostendeckel und wie damit zu verfahren ist, wenn aus welchen Gründen auch immer, zusätzliche Leistungen geliefert werden müssen bzw. höhere Kosten anfallen werden. Dabei gibt es natürlich auch rechtliche Rahmenbedingungen zu beachten und Sie tun gut daran, ihren hausinternen Anwalt bei der Vertragserstellung zu konsultieren und sich den Vertrag offiziell absegnen zu lassen. Viele größere Unternehmen habe ohnehin hierzu klare Regeln aufgestellt, die im Einklang mit internationalem Recht (z. B. dem Sabarnes Oxley Act) sowie den eigenen Complianceregeln stehen. Bei kleineren Unternehmen, die wenig Erfahrung mit externen Partnerschaften haben, empfiehlt es sich, juristische Unterstützung einzuholen, um vermeidbare Konflikte und gar unnötigen juristischen Auseinandersetzungen vorzubeugen.

Literatur

1. Furterer SL (2009) Lean six sigma in service. CRC Press, Boca Raton

Risikoassessment und Risikomanagement

6

Zusammenfassung

Dieses Kapitel führt die Methode des Projektrisikoassessments und Projektrisikomanagement als mächtiges Planungswerkzeug erfolgreicher Projekte ein. Dabei wird zunächst erläutert, wodurch sich echte Projektrisiken von anderen Risiken oder Hürden unterscheiden und warum Projektrisiken grundsätzlich nicht vermieden, aber erfolgreich gemanagt werden können. Die Methodik der Risikoerfassung, der Risikobewertung und des proaktiven Risikomanagements wird dabei exemplarisch an einem generischen Beispiel vorgeführt.

Einem effektiven und zielgerichteten Risikomanagement kommt eine zentrale, oft unterschätzte Bedeutung bei der Ausführung von erfolgreichen Projekten zu. Das ist auch der Grund, warum heute viele Firmen die Durchführung einer FMEA[1] zum festen Bestandteil ihrer jeweiligen Produktentwicklungsprozesse gemacht haben. Oft als Teil eines Projekt-Gate-Reviews und damit als Voraussetzung für den Übergang in die nächste Projektphase. In der Mehrzahl der Firmen, in denen ich tätig war, war die Durchführung einer FMEA von den Projektteams aber als eher administrative und daher oft ungeliebte Pflichtübung empfunden worden, die am Ende jeder Projektphase, zumeist im Rahmen von Reviewsitzungen fällig war. Das Wunschziel des Projektteams ist es natürlich, dass der aus der FMEA resultierende Risikoindex so klein wie möglich ist, damit das Projekt ohne zusätzliche Maß-

---

[1] FMEA = Failure Mode and Effects Analysis.

nahmen und Iterationsschleifen zügig fortgesetzt werden kann, und um damit Terminverschiebungen und höhere Projektkosten zu vermeiden: dem Menetekel für jeden Projekteiter. Der Umstand, dass jeder FMEA eine mehr oder weniger subjektive Einschätzung der Risiken und ihrer Konsequenzen zugrunde liegt macht es nicht einfacher, eröffnet das doch Konfliktpotenzial zwischen den Teilnehmern einer FMEA und erlaubt zudem auch eine gewisse Kreativität, das Ergebnis in eine gewünschte Richtung zu „frisieren"; und zwar nicht nur bei den Mitgliedern des Projektteams, sondern auch bei den Mitgliedern des eigentlich unparteiischen Reviewgremiums, je nach der politischen Großwetterlage in einem Unternehmen. Der noch als akzeptabel angesehene Maximalwert des resultierenden Gesamtrisikoindex (RPZ = Risiko-Prioritäts-Zahl) ist dabei auch ein von der Firma mehr oder minder willkürlich festgesetzter Wert, was es auch nicht immer einfacher macht. Das Grundübel eines so gelebten Risikomanagements ist, dass es als Projektkontrollmethode missbraucht wird und damit die Entfaltung des vollen Potenzials als Erfolgsbringer verhindert. Richtig eingesetzt ist das Risikomanagement eines der wichtigsten Werkzeuge und damit der beste Freund des Projektleiters und seines Teams.

6.1 Warum Projektrisiken und was sind Projektrisiken?

Bevor die Methodik genauer vorgestellt wird, stellt sich zuerst einmal die Frage, wieso es überhaupt Projektrisiken gibt und was Projektrisiken sind.

Insbesondere Vertreter des höheren Managements tun sich oft schwer mit dem Begriff Projektrisiko, vor allem zu Anfang eines neuen Projekts. Das habe ich als frisch gebackener Projektleiter eines neuen Entwicklungsprojekts im zweistelligen Millionen-Euro-Bereich am eigenen Leib erfahren müssen.

> **Beispiel**
>
> Mit viel Elan und Überzeugung hatte ich gerade mit meinem Team ein neues Risikomanagementsystem eingeführt und ein erstes Risikoassessment durchgeführt und das Ergebnis stolz dokumentiert, da erhielt ich auch schon einen Rüffel vom obersten Entwicklungschef: Wir sollten endlich aufhören von Risiken zu reden und stattdessen so planen, dass wir Risiken vermeiden! Damals bin ich aus allen Wolken gefallen, war ich doch überzeugt, im besten Interesse des Unternehmens zu handeln, indem ich schon zu Beginn des Projekts die wesentlichen Risiken identifiziere und entsprechende Gegenmaßnahmen plane. Auch, dass man Risiken in einem Entwicklungsprojekt nicht per se vermeiden kann, sondern sie identifizieren und aktiv managen muss, um den Projekterfolg nicht dem Zufall zu überlassen. Umso erstaunlicher, dass am Ende des erfolg-

6.1 Warum Projektrisiken und was sind Projektrisiken? 109

reichen Projekts der gleiche Entwicklungschef ausgerechnet mein Risikomanagement als vorbildlich gelobt hat. Hintergrund war natürlich, dass dieser Entwicklungschef beim Topmanagement viel Überzeugungsarbeit hatte leisten müssen, um dieses wichtige Projekt und das dafür benötigte Budget genehmigt zu bekommen. Sehr wahrscheinlich war ein Teil der Argumentation gegenüber seinen Chefs auch gewesen, dass das Risiko für dieses neue Projekt gering ist. Und schon spricht der gerade neu eigesetzte Projektleiter von Projektrisiken!

Tatsächlich hatte ich meiner Überzeugung und meinem Instinkt folgend das aktive Risikomanagement auch nach dem ersten Rüffel weiter fortgesetzt. Hatte aber die Kommunikation so gesteuert, dass das in der ersten Hälfte des Projekts nur auf Arbeitsebene genutzt und diskutiert wurde. Erst in der zweiten Hälfte wurde diesbezüglich auch wieder aktiv nach außen kommuniziert, als die Zahl und die Schwere der identifizierten Projektrisiken kontinuierlich abnahm, wir also die Früchte des erfolgreichen Risikomanagements ernten konnten. ◄

Eine andere Spielart des gleichen Problems habe ich Jahre später in zwei anderen Unternehmen beobachtet und auch am eigenen Leib erlebt. Dort war der oberste Imperativ, dass die zu Beginn des Projekts geplanten und kommunizierten Entwicklungsdauern bzw. Entwicklungskosten auf jeden Fall einzuhalten sind, natürlich ohne Abstriche bei den geplanten Produkteigenschaften, wie Performance, Herstellungskosten, … Hauptgründe bei den beiden Unternehmen war, dass die zur Verfügung stehenden Entwicklungsgelder äußerst knapp waren bzw. dass es nur fixe Markteinführungstermine gab und selbst kleine Projektverzögerungen dazu führen konnten, dass sich dann der Markteintritt um mindestens sechs Monate verzögerte. Konsequenterweise wurden die verantwortlichen Manager dort im Wesentlichen an der Einhaltung dieser Termine und der Kosten gemessen, die dann auch maßgeblich für den jährlichen Bonus sowie die weitere Karriere war. Es braucht nicht viel Fantasie, um sich auszumalen, was die Konsequenzen auf die Entwicklungsprojekte waren: Jeder Projektmanager, der nicht ausgesprochen masochistische Züge trug und Karriereambitionen hatte, stellte sicher, dass die kommunizierten Ziele auf jeden Fall eingehalten werden. Die Folge waren epische Projektlaufzeiten mit maximalen Entwicklungskosten und nur homöopathischen Produktverbesserungen. Angeheizt wurde das dann noch dort, wo das höhere Management selbst keinerlei Projektmanagementerfahrung besaß, selbst noch nie Produkte oder Technologien entwickelt hatte und überzeugt war, dass man Entwicklungsprojekte wie einen Fertigungsablauf detailliert planen und exekutieren könne. Die damit einhergehende Angstkultur hat dann u. a. dazu geführt, dass die regelmäßigen Projektreviews in Materialschlachten ausgeartet sind, wo Dutzende Mitarbeiter hunderte Seiten PowerPoint-Slides vorbereitet haben, deren

Präsentation dann zum Teil über Wochen in mehreren Dry Runs vor dem eigentlichen Review optimiert wurde. Auch führte das dazu, dass die Feasibility-Phase dieser Projekte, an deren Ende die Spezifikation der Produktentwicklung steht, immer länger und umfangreicher wurde, wollte man doch sicherstellen, dass das was in der Spezifikation steht am Ende auch auf jeden Fall erreicht wird. Kreativität und Mut sind dabei durch eine Risikovermeidungskultur (CYA Culture)[2] ersetzt worden. Wenig verwunderlich, dass dann am Ende auch wenig begeisternde Produkte herauskamen, deren Entwicklung dafür aber teuer und langwierig war und viele Wettbewerber vorbeiziehen konnten. Es half dann auch wenig, wenn dann die gleichen Unternehmen den Mitarbeitern „Mut zu Fehlern", eine „Fail-fast"-Mentalität predigten, darunter aber verstanden, dass Projekte mit Risiken erst gar nicht angefangen werden sollten (Risikovermeidung) und Verspätungen und Kostenüberschreitungen immer noch abgestraft wurden.

Der ganzen Misere zugrunde liegt das grundsätzliche, inhärente Missverständnis, dass Forschung und Entwicklung detailliert planbar sei und ohne Unwägbarkeiten bei den Entwicklungskosten, den Entwicklungszeiten und den Entwicklungszielen auskäme. Mit dieser Unschärfe tun sich viele Unternehmen und Topmanager schwer, die F&E genauso betrachten, wie die Anschaffung einer neuen Produktionsmaschine.

Tatsächlich liegt es in der Natur der Forschung und Entwicklung, dass das Ergebnis, die tatsächliche Dauer und die aufzuwendenden Kosten zu Beginn des Projekts noch nicht wirklich bekannt sind, sondern nur Educated Guesses sind; also basierend auf früheren Erfahrungen und mit gewissen Annahmen als realistisch eingestuft werden. Da können Last- und Pflichtenhefte noch so gut und ausführlich von den besten Experten verfasst und überprüft worden sein.

Woran liegt das? Das neue Produkt soll bezüglich Leistungsparametern, Funktionalitäten, Lebensdauern etc. besser sein als seine Vorgänger. Wüsste man also schon genau wie man das erreicht, dann hätte man das ja bereits in der Vergangenheit gemacht. Bzw. würde man heute einfach tun, so wie man den alten Kondensationswäschetrockner durch einen neuen, effizienteren Wärmepumpentrockner aus dem Discounter ersetzt. Dazu braucht man aber kein Entwicklungsprojekt. Ein wirklich neues Produkt zu entwickeln, heißt dagegen auch immer, bis zu einem gewissen Grad den Bereich des Bekannten und Erprobten zu verlassen. „To push the limits", wie man im Englischen sagt, sich auf der Landkarte in den weißen, noch nicht kartografisch erfassten Bereich hineinzubewegen. Nur so wird man Neues schaffen. Das bedeutet aber auch, dass man dabei mit hoher Wahrscheinlichkeit auf neue Hindernisse und Schwierigkeiten stoßen wird, die man

---

[2] CYA = Cover Your Ass.

6.1 Warum Projektrisiken und was sind Projektrisiken?

heute noch nicht kennt und für die dann Lösungen oder Umgehungen (workarounds) erst gefunden werden müssen. Das sind die Projektrisiken, um die es hier geht, die letztendlich die Unsicherheiten bei den Projektkosten, Terminplänen und Ergebnissen verursachen.

Ich vergleiche das gerne mit der Situation von David Livingstone, als er vor der Royal Society in London für Gelder warb, um seine Expedition zur Entdeckung der Quellen des Nils zu finanzieren. Er hätte bei der Bewilligung des Budgets ein leichtes Spiel gehabt, hätte er den Mitgliedern der Royal Society damals eine detaillierte Karte zeigen können, mit all den zu überwindenden Gebirgsketten, Urwäldern, Schluchten, Sümpfen, feindseligen Bewohnern etc. auf deren Basis er dann genau die Zahl der Träger, das benötigte Material, die Menge der mitzunehmenden Verpflegung etc. hätte quantifizieren können. Natürlich hätten die Mitglieder der Royal Society diese Expedition dann nicht genehmigt, sondern nur die Karte an sich genommen, auf dem das Ergebnis ja schon verzeichnet ist. Stattdessen konnte Livingstone nur Annahmen machen, auf der Basis der Erfahrung früherer, ähnlicher Expeditionen sowie der Befragung von Einheimischen und von Gerüchten und Legenden. Das lag nicht an seinen schwachen Planungsfähigkeiten, sondern an dem Umstand, dass er sich eben auf nicht kartografiertes Gebiet vorwagen musste, um die Quellen zu finden. Das war den Mitgliedern der Royal Society damals auch bewusst, aber sie haben das Vorhaben trotzdem unterstützt, das Restrisiko als akzeptabel bewertet. (Wie die Geschichte gezeigt hat, hatte es am Ende dann doch etwas länger gedauert und auch mehr gekostet, bis die Quellen des Nils entdeckt worden sind.) Nicht anders war es bei vielen anderen Projekten, die teils erfolgreich waren, teils aber auch krachend gescheitert sind, wie man an den Beispielen der Entdeckung Amerikas durch Kolumbus, der ersten Weltumseglung durch Magellan, der Mondlandung, aber auch der gescheiterten Versuche von Shackleton und v. a. von Scott den Südpol zu erreichen bzw. wieder lebend zurückzukommen. Würden alle Projekte erst gestartet werden, nachdem deren Erfolg, Termin- und Kosteneinhaltung zu 100 % sichergestellt ist, würden wir heute immer noch in Höhlen leben. Vorausgesetzt, dass wir uns je von den Bäumen runter getraut hätten.

Das ist jetzt kein Plädoyer für Planungslosigkeit, ein optimistisches Drauflosstürmen, Trial-and-Error. Natürlich erfordert Erfolg ein gutes und vorausschauendes Planen. Aber eben auch die gezielte Auseinandersetzung mit möglichen Risiken und dem Umgang mit ihnen. Andernfalls wären vielleicht alle unsere Vorfahren beim Verlassen der Bäume von Säbelzahntigern gefressen worden. Offensichtlich haben sie aber Vorgehensweisen und Methoden zum Umgang mit der Gefahr dieser Säbelzahntiger entwickelt und nicht auf deren Aussterben gewartet. Andernfalls würde ich heute auch dieses Buch nicht schreiben.

Hat man erst einmal verstanden, dass bei der Entwicklung neuer Produkte, neuer Dienstleistungen, neuen Geschäftsmodellen etc. Risiken hinsichtlich der Erreichung der gewünschten Entwicklungsergebnisse, Kosten und Termine unvermeidbar sind, und dass man diese bei der Projektplanung und Ausführung sinnvollerweise berücksichtigen sollte, will man den Ausgang des Projekts nicht dem Zufall überlassen, dann wird es jedem Projektleiter schwer fallen, Risiken zu ignorieren. Ähnlich wie bei der Dose der Pandora: Ist der Deckel erst einmal geöffnet und die Geister sind entkommen, lassen sie sich nicht mehr einfangen. Oder weniger prosaisch, nachdem meine Tochter im Alter von 4 Jahren ihren ersten „Biene Maja"-Film gesehen hatte, war der Fernseher zum unwiderruflich festen Bestandteil ihres – und unseres – Lebens geworden.

Die nächste Frage, die sich jetzt aufdrängt, ist: Was sind die Projektrisiken, die ich bei der Planung berücksichtigen muss? Fängt man als Projektleiter nämlich mal blauäugig an zusammen mit seinem Team alle denkbaren Risiken zusammenzutragen, wird daraus schnell eine sehr, sehr lange Liste. Tatsächlich wird es sich bei den meisten Einträgen in dieser Liste jedoch nicht um echte Projektrisiken handeln, wie ich anhand der folgenden plastischen Beispiele erläutern möchte:

Als ich diese Übung selbst zum ersten Mal mit meinem Team gemacht habe, war das erste vom Team identifizierte Risiko, dass im Laufe des Projekts Ressourcen abgezogen, Budget zusammengestrichen werden könnten. Offensichtlich war ihnen das in der Vergangenheit schon öfters passiert. Aber ist das auch ein Projektrisiko, für das ich als Projektleiter planen muss? Gleich in doppelter Hinsicht nein: Aus Sicht des Projekts ist dieses Risiko als ein Akt höherer Gewalt einzuordnen: Entscheidet das übergeordnete Management, dass andere Projekte eine höhere Priorität bekommen, dann ist das eben so! Aus der Sicht des Managements bzw. des Unternehmens, handelt es sich ebenfalls nicht um ein Projektrisiko, sondern um eine bewusste Entscheidung. Der Projektleiter tut in jedem Fall gut daran, diese Managemententscheidung zu dokumentieren und den Projektplan (Termine und Kosten) an die neuen Randbedingungen anzupassen und den Stakeholdern zu kommunizieren. Schließlich vergisst das höhere Management nichts schneller als die eigenen Entscheidungen.

Ansonsten kann ein Projektleiter solche Managemententscheidungen genauso wenig vorhersehen und dafür planen, wie für einen Meteoriteneinschlag. Fazit: Bei allem was aus Sicht des Projekts unter die Rubrik höhere Gewalt fällt, handelt es sich nicht um Projektrisiken, für die es zu planen gilt.

Der andere Klassiker ist, dass das Team ganz normale Projektaufgaben als Risiko auflistet. Also z. B., dass bei der Auslegung eines neuen Bauteils die Finite-Element-Analyse eine niedrigere Fatigue-Lebensdauer liefern könnte als gewünscht. Dass die Herstellkosten höher ausfallen als spezifiziert. Dass die Effizienz

6.1 Warum Projektrisiken und was sind Projektrisiken?

niedriger herauskommt, als es für den ursprünglich berechneten Business Case notwendig ist. Hier kommen wir der Sache schon etwas näher. Entscheidend dabei, ob es sich um ein echtes Projektrisiko handelt oder nicht ist, ob man sich mit der FE-Analyse, der den Herstellungskosten zugrunde liegenden Herstellprozessen und der Berechnung der Effizienz noch im Bereich des Bekannten und Erprobten bewegt oder nicht. Im Fall, dass ja, dann handelt es sich um ganz gewöhnliche Projektaufgaben, die es nur auf der Basis der Erfahrung aus früheren Projekten zu planen und ordentlich und sorgfältig zu bearbeiten gilt. Diese Aufgaben sind mit den vorhandenen bekannten und erprobten Methoden und Werkzeugen grundsätzlich lösbar und stellen daher keine besonderen Projektrisiken dar. Vielleicht mit der Ausnahme, dass es sich bei dem Projektteam um völlig unerfahrene Mitarbeiter handelt, welche so eine Aufgabe zum allerersten Mal durchführen und deswegen noch nicht über die benötigten Erfahrungswerte verfügen, um z. B. Aufwände und Durchlaufzeiten realistisch abschätzen zu können. So eine Situation würde dann aber weniger als Projektrisiko, sondern eher über die in einem früheren Kapitel diskutierten Zeitpuffer adressiert.

Anders sieht das aus, wenn z. B. das neue Bauteil mit einem neuartigen oder bisher unbekannten Werkstoff ausgeführt werden soll, für den die Ergebnisse der FE-Analyse noch nicht anhand von Experimenten validiert worden sind. Oder bei der Herstellung des Bauteils neue Verfahren zum Einsatz kommen sollen, für die es noch keine Serienerfahrung gibt. Oder der rechnerisch ermittelte, niedrigere Verlust eines neuen 3D-Design-Features bei der aerodynamischen Auslegung der Verdichterschaufel quantitativ noch nicht bestätigt ist. Hierbei handelt es sich um tatsächliche Projektrisiken, da sich das Projekt jenseits des Bekannten und Erprobten, in einem noch nicht „kartografisch erfassten Gebiet" bewegt.

Hier kann man schon erkennen, dass die Identifikation von dem was Projektrisiken sind und was nicht, eine gewisse Gratwanderung darstellt, und das Team im Vorfeld der Risikoerfassung erst bezüglich dem, was ein Projektrisiko ausmacht, geschult werden muss. Zur Verdeutlichung unterscheiden daher manche Autoren auch zwischen sogenannten „bekannten Unbekannten" und „unbekannten Unbekannten". Die „bekannten Unbekannten" beschreiben dabei die bei der Projektplanung und Ausführung zu berücksichtigen Projektrisiken. Es sind *Unbekannte*, da man sich ja im „weißen Bereich der Landkarte" bewegt und noch nicht weiß, ob sie Probleme verursachen werden oder nicht. Also ob die verfügbaren Werkstoffdaten des neuen Materials zuverlässige FE-Analysen zulassen oder nicht. Ob die bei der Expedition mitgeführten Seile lang genug sein werden, um eine eventuell im Weg stehende Schlucht überwinden zu können. Es sind aber gleichzeitig auch *bekannte* Unbekannte, da man schon zu Anfang des Projekts die Möglichkeit des Eintretens dieser Risiken erkennen kann und die Chance hat sich auf den Fall des

Falles einzustellen und vorzubereiten. So weiß man ja, dass es Schluchten gibt, oder dass die Werkstoffdaten des zu verwendenden Materials noch nicht für alle geplanten Anwendungsfälle validiert sind.

Im Gegensatz dazu hat ein Projektteam keine Chance, sich auf die *unbekannten* Unbekannten vorzubereiten. Und das ist auch der Grund, warum selbst die erfahrensten Projektteams mit der besten Planung immer noch scheitern können.

Beispiel

Ein sehr plastisches und drastisches Beispiel für eine „unbekannte Unbekannte" ist der Fall des zivilen Passagierflugzeugs DeHavillant Comet: Nach Ende des 2. Weltkrieges war die britische Luftfahrtindustrie weltweit führend und war auch die erste, die noch vor McDonnell Douglas und Boeing ein strahlgetriebenes Verkehrsflugzeug in den Markt einführte: die DeHavillant Comet. Das änderte sich aber sehr schnell, nachdem eine Comet nach der anderen abstürzte, mit vielen Toten und ohne, dass die Ursache dafür verstanden worden wäre. Langwierige Untersuchungen der abgestürzten Flugzeuge zeigten dann, dass die Ursache der Abstürze ein strukturelles Versagen der Flugzeugzelle war, ausgelöst durch Risse, die sich jeweils an den Ecken des rechteckig ausgeführten Navigationsfensters bildeten. Die von den Ingenieuren durchgeführten Nachrechnungen und Tests zeigten aber, dass die dort auftretenden statischen Belastungen nicht groß genug sind, um Risse zu verursachen. Das stellte die Ingenieure vor ein Dilemma: Belastungstests und Rechnungen belegten, dass dort keine Risse auftreten können. Tatsächlich waren aber alle Flugzeuge genau wegen solcher Risse abgestürzt. Die Lösung des Dilemmas war, dass es zwar richtig war, dass die im Betrieb auftretenden statischen Lasten nicht groß genug waren, um solche Risse zu verursachen. Die Ingenieure hatten aber nicht die im Betrieb auftretenden dynamischen Wechsellasten bei der Auslegung berücksichtigt. Diese als Materialermüdung (Fatigue) bezeichnete Versagensart benötigt viel geringere Lastspitzen, um nach einer gewissen Anzahl von Lastwechseln Risse zu erzeugen als bei statischer Belastung. Tatsächlich war den damals mit der Auslegung des Flugzeugs beauftragten Ingenieuren dieser Versagensmechanismus noch gar nicht bekannt; sie hatten keinerlei Werkzeuge, mit dem sie dieses Phänomen hätten vorhersagen können. Sie hatten also keine Chance, diesen Mechanismus bei der Auslegung zu berücksichtigen. Es handelte sich also um eine klassische „unbekannte Unbekannte", da zum damaligen Zeitpunkt schlichtweg noch nicht bekannt und daher weder vorhersagbar noch planbar. Bei anderen Flugzeugtypen hatte man vielleicht einfach nur Glück gehabt, dass die Navigationsfenster rund statt rechteckig ausgeführt worden waren bzw. die Höhe der Wechselspannungen auf einem niedrigeren Niveau lag, sodass diese Probleme nicht aufgetreten sind. Tatsächlich flog die Comet in größerer Höhe als die vorangegangenen Propellerflugzeuge und war daher mit einer Druckkabine ausgestattet, wodurch die Flugzeugzelle einer höheren Belastung ausgesetzt war. Die Comet markierte damit auch einen signifikanten Einschnitt in die britische zivile Luftfahrtindustrie, aber auch den Startpunkt der Erforschung der Fatiguemechanismen vieler Werkstoffe, die heute fester Bestandteil der Auslegung Wechsellasten unterworfener technischer Produkte sind und ohne die kein Flugzeug, keine Rakete, aber auch kein Automobil oder Turbine sicher betrieben werden könnte. ◄

Um bei den plastischen und drastischen Beispielen zu bleiben:

Beispiel

Bei den Abstürzen der Boeing 737 Max handelte es sich dagegen ganz klar um „bekannte Unbekannte". Zu den Unfällen führte letztendlich eine unselige Verknüpfung von unterschiedlichen Faktoren, wie z. B. den immensen kommerziellen Kosten- und Zeitdruck angesichts des Wettbewerbs, der dazu geführt hat, ein sehr altes Flugzeugkonzept mit kurzem Fahrwerk und damit geringem Bodenabstand durch die Anbringung immer größerer und damit effizienterer Triebwerke, schnell wirtschaftlicher machen zu müssen. Die damit verbundene notwendige Verschiebung der Triebwerke nach vorne führte zu einer Verschlechterung der bereits von den Vorgängermodellen bekannten negativen Einflüsse auf die Flugstabilität. Um dem entgegenzuwirken, wurde eine neue Software eingeführt, die in bestimmten Flugsituationen korrigierend eingreifen sollte, sich aber wiederum nur auf einen einzigen Messwert verließ, der wiederum nur durch eine einzelne Sonde ermittelt wurde. Um die schnelle Markteinführung durch teure und aufwendige Pilotentrainings nicht zu gefährden, wurde dieses neue Steuerungsfeature quasi „versteckt". Verschlimmert wurde das dadurch, dass die durch die US-Regierung angeordneten jahrelangen Sparmaßnahmen bei der zuständigen Luftfahrtzulassungsstelle FAA dazu geführt hatten, dass Kontrollen, die eigentlich von den Behörden ausgeführt werden sollten, an die Hersteller selbst delegiert worden waren, die sich also selbst kontrollieren sollten. ◄

Weitere Beispiele, die aber den Umfang dieses Buches sprengen würden, sind das Reaktorunglück in Tschernobyl, der Absturz der Hindenburg, der Untergang der Titanic, um nur einige spektakuläre und besonders tragische Pannen und Pleiten zu nennen. All diesen Unglücken gemeinsam ist, dass deren Ursachen bekannte Unbekannte waren, die durch eine sorgfältigere Planung und Berücksichtigung und Mitigation dieser identifizierbaren Risiken wahrscheinlich hätten vermieden werden können.

6.2 Risikomanagement als Planungswerkzeug

Das volle Erfolgspotenzial entfaltet das Risikomanagement, wenn es vom Projektteam von Anfang an als Planungswerkzeug eingesetzt wird. Ziel dabei ist es, schon vor Beginn der eigentlichen Projektarbeit, also bereits in der Planungsphase, die wesentlichen Projektrisiken erkannt und in der Planung berücksichtigt zu haben. Damit aber nicht genug: Jeder der schon mal ein Projekt geführt hat, weiß über die kurze „Halbwertszeit" eines Projektplans. Das heißt, dass im Laufe des Projektfortschritts auf der Basis der erarbeitenden Ergebnisse und der damit verbundenen Erkenntnisse, das Risikomanagement in regelmäßigen Abständen aktualisiert werden muss; ebenfalls wieder als Input für die regelmäßig zu aktualisierenden Projektpläne.

Im Folgenden wird die Methodik beschrieben, wie ein aktives Risikomanagement durchgeführt wird. Ausgangspunkt dafür ist die klassische FMEA-Methode, die jedoch in Abhängigkeit der Projektphase und bzgl. ihrer Aussagekraft richtig eingesetzt werden muss. Hierfür gibt es heute zahlreiche proprietäre und kommerzielle Werkzeuge, die das mehr oder minder automatisieren, interne logische Verknüpfungen erstellen und verwalten und wo natürlich auch firmenspezifische Erfahrungen und Abhängigkeiten einfließen. Hier soll nur das zugrunde liegende Prinzip an einem sehr simplen, generischen Werkzeug erläutert werden, wie es in Abb. 6.1 dargestellt ist.

▶ Vorsicht Falle! Je ausgefeilter und automatisierter das Werkzeug ist, desto größer die Gefahr, dass es dem Anwender die freie Sicht auf die zugrunde liegende Logik und die daraus resultierenden Schlussfolgerungen versperrt. Wird so ein für eine Klasse von Aufgabenstellungen ausgefeiltes Werkzeug auf eine andere Klasse von Aufgaben angewendet, kann es passieren, dass Risiken hinsichtlich ihrer Bedeutung verfälscht werden und das Team sich dann unwissentlich auf weniger wichtige Risiken fokussiert.

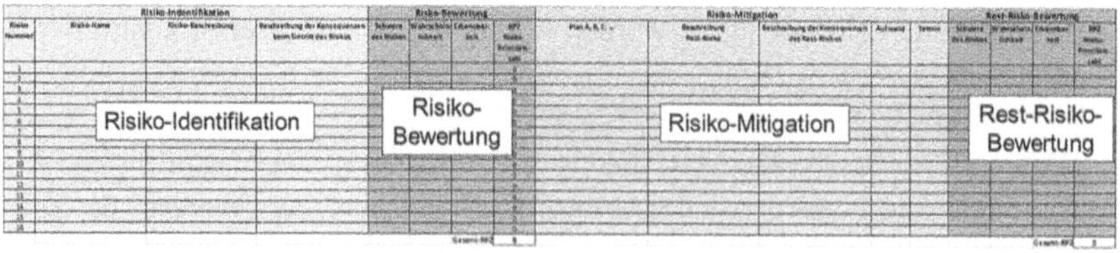

Abb. 6.1 Generische FMEA-Tabelle mit den vier Schritten: Risikoidentifikation, Risikobewertung, Risikomitigation und Restrisikobewertung

6.2 Risikomanagement als Planungswerkzeug

Die hier vorgestellte Vorgehensweise lehnt sich an die klassische FMEA an und besteht im Wesentlichen aus vier Abschnitten: Risikoidentifikation, Risikobewertung, Risikomitigation und Restrisikobewertung. Im Folgenden werden diese einzelnen Schritte im Detail anhand von einem generischen Beispiel erläutert.

Schritt 1: Identifikation der Projektrisiken und Beschreibung ihrer Bedeutung und Konsequenzen
Im ersten Teilschritt sollte das Team zunächst auf der Basis der gestellten Projekt- oder Unter-Projektaufgaben sämtliche möglichen Projektrisiken auflisten. Im Rahmen eines Brainstormings sollten dabei zunächst nur die Risiken benannt und hinsichtlich ihrer Wirkung kurz beschrieben werden, ohne schon auf deren Schwere und Eintrittswahrscheinlichkeit und schon gar nicht auf die notwendigen Mitigationsmaßnahmen einzugehen. Gerade letzteres kann schnell zu einer Detaildiskussion führen, die den Blick für eine vollständige Erfassung sämtlicher Risiken trübt (siehe Abb. 6.2). Darüber hinaus empfiehlt es sich, zu dieser Brainstormingsession auch die in jedem Unternehmen vorhandenen „Altmeister", also projekt-

		Risiko-Indentifikation		
Risiko-Nummer	Risiko-Name	Risiko-Beschreibung	Beschreibung der Konsequenzen beim Eintritt des Risikos	Schw de Risi
1	Lebensdauerziel Kriechen über 36.000 Betriebsstunden wird nicht erreicht	Materialdaten sind für eine Betriebsdauer > 32.000 Betriebsstunden nicht validiert		
2	Performance-Ziel des Verdichters wird nicht erreicht	Quantitative Verbesserung der geplanten 3D-Design-Features sind experimentell nicht bestätigt		
3	Herstellkostenziele werden überschritten	Kosten für die Herstellung von den neuen fan-shaped Kühlluftbohrungen höher als erwartet		
4	Die neuen theoretisch entwickelten fan-shaped Kühlluftbohrungen lassen sich nicht herstellen	Höherer Kühlluftverbrauch durch die Verwendung konventioneller Kühlluftbohrungen		
5	Projektdauer wird überschritten	Projekt- und damit Markteinführungstermin werden nicht erreicht		
6	...	...		

Abb. 6.2 Liste der identifizierten Risiken mit Namen und Kurzbeschreibung

erfahrene Kollegen und Disziplinenexperten, z. B. auch die in einigen Unternehmen vorhandenen Chief Engineers einzuladen. Je nach Größe, Bedeutung und Art des Projekts vielleicht sogar externe Experten. Da sich das Team sehr schnell in Diskussionen zu verstricken neigt, empfiehlt sich auch ein geeigneter Moderator, der die Teilnehmer immer wieder auf die eigentliche Aufgabe fokussiert.

Erst wenn die Liste der möglichen Risiken komplett ist, sprich: niemandem der Teilnehmer mehr ein neues Risiko einfällt, sollte man damit beginnen, in einem zweiten Teilschritt die Konsequenzen im Falle des Eintritts des Risikos zu beschreiben. Dabei verlässt man jetzt die Ebene des Brainstormings und geht in eine möglichst präzise und differenzierte Beschreibung der Konsequenzen über. Dabei mag es durchaus pro Risiko auch mehrere verschieden ausgeprägte Konsequenzen geben, die später auch hinsichtlich ihrer Schwere und Wahrscheinlichkeit separat zu bewerten sind. Zu diesem Zeitpunkt sollte aber eine quantitative Bewertung nach wie vor vermieden werden, da das erfahrungsgemäß schnell zu einer weiteren Detaildiskussion führen kann. Im Rahmen dieses Teilschritts muss vor allem eine Triage stattfinden, wobei in der Brainstormingsession gelistete Risiken zwischen realen Projektrisiken, also „bekannten Unbekannten" und den normalen Projektaufgaben unterschieden werden. „Unbekannte Unbekannte" werden per Definition nicht identifiziert werden können. In den nächsten Schritten geht es dann nur noch um die verbliebenen realen Projektrisiken.

Wie in Abb. 6.3 dargestellt, ist dabei das Risiko Nr. 5 herausgefallen. Da zu diesem Zeitpunkt die Projektdauer und damit der Markteinführungstermin noch nicht festgelegt worden sind, handelt es sich hierbei auch nicht um ein reales Projektrisiko. Bei den verbliebenen Einträgen handelt es sich um reale Projektrisiken, da sie jeweils Aspekte beschreiben, die außerhalb des Bekannten und Erprobten liegen. Dabei haben die Risiken mit den Nummern 1, 2 und 4 zusätzlich auch noch mehr als nur eine mögliche Konsequenz für das Projekt, für den Fall, dass sie eintreten sollten.

Spätestens zu diesem Zeitpunkt, und wahrscheinlich gestellt vom höheren Management, wird jetzt die unvermeidliche Frage auftauchen, wie man diese Projektrisiken *vermeiden* kann. Warum es denn diese neuen fan-shaped Kühlluftlöcher, die 3D-Design-Features im Verdichter und das neue Material überhaupt braucht, wo sie doch nur den Erfolg des Projekts gefährden? Natürlich könnte man die weglassen und damit das Erfolgsrisiko reduzieren. Aber wieso sollte dann das daraus resultierende Produkt besser sein als der Vorgänger, der diese Features auch nicht verwendet hat? Oder andersherum gefragt: Warum sollte das neue Produkt signifikant besser und erfolgreicher werden als der Vorgänger, wenn dabei die gleichen Technologien und Methoden angewandt werden wie früher? Oder noch plakativer ausgedrückt: Wie hätte Kolumbus Amerika entdecken sollen, wenn er nur in bekannten Gewässern gesegelt wäre? Wie Livingston die Quellen des Nils entdecken,

6.2 Risikomanagement als Planungswerkzeug

Risiko-Nummer	Risiko-Name	Risiko-Beschreibung	Beschreibung der Konsequenzen beim Eintritt des Risikos	Schw de Ris
	Risiko-Indentifikation			
1	Lebensdauerziel Kriechen über 36.000 Betriebsstunden wird nicht erreicht	Materialdaten sind für eine Betriebsdauer > 32.000 Betriebsstunden nicht validiert	Bauteile versagen vor Ende des Service-Intervalls => Maschinenschaden Die im Lastenheft geforderten Service-Intervalle werden nicht erreicht => Business-Case wird nicht mehr erfüllt	
2	Performance-Ziel des Verdichters wird nicht erreicht	Quantitative Verbesserung der geplanten 3D Design-Features sind experimentell nicht bestätigt	Maschinenperformance zu gering => Pönalen beim Erst-Kunden Maschinenperformance zu gering => Business-Case für das Gesamtprodukt wird nicht mehr erfüllt	
3	Herstellkostenziele werden überschritten	Kosten für die Herstellung von den neuen fan-shaped Kühlluftbohrungen höher als erwartet	Produkt zu teuer, Business-Case stimmt nicht mehr	
4	Die neuen theoretisch entwickelten fan-shaped Kühlluftbohrungen lassen sich nicht herstellen	Höherer Kühlluftverbrauch durch die Verwendung konventioneller Kühlluftbohrungen	Maschinenperformance zu gering => Pönalen beim Erst-Kunden Maschinenperformance zu gering => Business-Case für das Gesamtprodukt wird nicht mehr erfüllt	
	~~Projektdauer wird überschritten~~	~~Projekt- und damit Markteinführungstermin werden nicht erreicht~~	Projektdauer und Markteinführungstermin ist noch nicht festgelegt, ist Teil der abschließenden Planung	
6	...			

Abb. 6.3 Risikoidentifikation nach Triage und mit Ergänzung der Konsequenzen für das Projektergebnis im Falle des Risikoeintritts

wenn er sich nur in kartografisch erfassten Gegenden bewegt hätte? Die Antwort ist natürlich, dass bei der Entwicklung neuer Produkte, Technologien, Geschäftsmodelle Risiken per se nicht vermieden werden können. Aber sie können aktiv gemanagt werden, und dazu werden sie im nächsten Schritt hinsichtlich ihrer Bedeutung bewertet.

Schritt 2: Quantitative Bewertung der Projektrisiken

Nachdem nach bestem Wissen und Gewissen die „bekannten Unbekannten" = Projektrisiken zusammengetragen und hinsichtlich ihrer Auswirkungen und Konsequenzen auf das Projektergebnis beschrieben worden sind, erfolgt im nächsten Schritt eine quantitative Bewertung dieser Risiken. Das markiert den Übergang von einem diffusen, individuellen zu einem konkreten, gemeinschaftlichen Verständnis der Wichtung der erkannten Risiken. Im weiteren Verlauf hilft das dem Team, die Prioritäten richtig zu setzen und auch im Laufe des Projekts quantitativ die Risikoentwicklung zu verfolgen.

Diese Bewertung erfolgt dabei im gleichen Team wie schon die Erstellung der Risikoliste. Zur quantitativen Bewertung der Risiken bietet die FMEA-Methode folgende drei Bewertungskriterien:

- Schwere des Risikos,
- Wahrscheinlichkeit des Eintritts des Risikos,
- Erkennbarkeit bzw. Detektierbarkeit des Risikos.

Wobei das Team diese dann z. B. in einem Bereich von 1–10 bewertet. Das Produkt aus den drei Bewertungen liefert dann pro Risiko die Risiko-Prioritäts-Zahl (RPZ). Je höher die RPZ, desto einflussreicher das Risiko auf den Erfolg des Projekts. Mit dieser Vorgehensweise wird sichergestellt, dass auch Risiken, die zwar eher eine moderate Schwere aufweisen, aber mit hoher Wahrscheinlichkeit auftreten werden, die gleiche Priorität erhalten, wie Risiken mit großer Schwere, aber geringerer Auftrittswahrscheinlichkeit und damit im weiteren Verlauf nicht vernachlässigt werden. Typischerweise haben viele Unternehmen in Abhängigkeit der Art ihrer Produkte oder Dienstleistungen vordefiniert, wie gewisse Risiken zu bewerten sind. Gefahren für Leib und Leben haben dabei natürlich den höchsten Schweregrad, Materialschäden und/oder Betriebsausfälle einen mittleren und erhöhte Betriebskosten den niedrigsten. Wahrscheinlichkeiten werden entsprechend in mögliche Auftrittsraten pro Jahr, Monat oder Tag kategorisiert.

Die Verwendung des dritten Kriteriums „Erkennbarkeit/Detektierbarkeit" zu einem frühen Zeitpunkt im Entwicklungsprojekt sollte vor allem bei Hardwareentwicklungen vorab kritisch hinterfragt werden, könnte es nämlich zu einer „Verwässerung" in der Priorisierung der Risiken führen. Die leichte Erkennbarkeit eines Risikos führt nämlich dazu, dass die RPZ im Vergleich zu schwer detektierbaren Risiken bei gleicher Schwere und Wahrscheinlichkeit kleiner ausfällt und das Risiko im schlimmsten Falle gar nicht oder nur mit niedriger Priorität weiter berücksichtigt wird. In dem hier gewählten Risikobeispiel der fan-shaped Kühlluftlöcher wird man Herstellungsprobleme, die zu einer schlechten Bohrungsqualität

6.2 Risikomanagement als Planungswerkzeug

(non-conformances) und damit einer verschlechterten Kühlwirkung (Verringerung der Lebensdauer der Bauteile) führen, zwar schon während der Produktion entdecken; also lange bevor die Bauteile in die Turbine eingebaut werden. Damit wäre die Erkennbarkeit hoch, die Wichtung des Risikos gegenüber weniger leicht erkennbaren Risiken geringer. In der Praxis würde das aber bedeuten, dass es zu hohen Fertigungsausschussraten kommen kann, was dann die Herstellkosten in die Höhe treibt. Im Zweifelsfalle dann auch zu anhaltenden Lieferengpässen und – im Falle, dass das Risiko aufgrund einer niedrigen RPZ nicht weiterverfolgt wurde – auch keine Alternative zu diesen fan-shaped Kühlluftlöchern entwickelt worden ist. Im allerschlimmsten Fall müssten in Ermangelung einer kurzfristig verfügbaren Alternative diese minderwertigen Teile sogar beim Kunden verbaut werden, was dann zu potenziellen Schäden und verringerter Verfügbarkeit und Zuverlässigkeit des Produkts beim Kunden und damit zu möglicherweise erhöhten Gewährleistungs- und Kulanzkosten sowie eventueller Pönalezahlungen führen könnte.

In einer frühen Projektphase sollte die „Erkennbarkeit/Detektierbarkeit" bei der Quantifizierung von Projektrisiken daher nur verwendet werden, wenn das zu entwickelnde Produkt es zulässt, dass Gegenmaßnahmen unmittelbar und ohne Zeit- und Geldverlust getroffen werden können; ohne aufwendige und teure Nachentwicklungen, temporären Zusatzkosten und/oder potenziellem Prestigeverlust.

Am Ende eines Entwicklungsprojekts, wenn es um die Markteinführung des Produkts geht, macht die Verwendung des Kriteriums „Erkennbarkeit/Detektierbarkeit" dann auf jeden Fall viel Sinn: Um das kommerzielle Risiko der Markteinführung gering zu halten, ist es natürlich von großer Wichtigkeit, dass eventuell aus der Entwicklung übrig gebliebene Restrisiken aktiv überwacht werden. Restrisiken, die leicht zu detektieren sind, bevor sie zu einem Schaden führen, haben dann natürlich ein geringeres Gewicht als solche, die vor Schadenseintritt nicht detektierbar sind. Entsprechend müssen dann z. B. Risikorückstellungen gebildet werden bzw. entsprechende Maßnahmen während der Langzeitvalidierung ergriffen werden.

Abb. 6.4 zeigt das Ergebnis der Risikobewertung. Dabei kann man gut erkennen, dass nicht die Schwere des Risikos allein maßgeblich ist, sondern eben auch die Wahrscheinlichkeit, mit der das Risiko auftritt. Viele Unternehmen haben dabei sogenannte Risikomatrizen entwickelt, in denen in Abhängigkeit der RPZ verschiedene farblich gekennzeichnete Risikoklassen gebildet werden (siehe Beispiel in Abb. 6.5). Je nachdem, in welche Klasse die identifizierten Risiken fallen, können unterschiedliche Anforderungen gelten. In dem hier gezeigten Beispiel erfordern alle Projektrisiken, deren RPZ-Wert in den Bereich links unterhalb der schwarzen Linie fallen, keine weiteren Aktionen mehr, sind also unkritisch. Im

Risiko-Indentifikation				Risiko-Bewertung			
Risiko-Nummer	Risiko-Name	Risiko-Beschreibung	Beschreibung der Konsequenzen beim Eintritt des Risikos	Schwere des Risikos	Wahrscheinlichkeit	Erkennbarkeit	RPZ Risiko-Prioritätszahl
1	Lebensdauerziel Kriechen über 36.000 Betriebsstunden wird nicht erreicht	Materialdaten sind für eine Betriebsdauer > 32.000 Betriebsstunden nicht validiert	Bauteile versagen vor Ende des Service-Intervalls => Maschinenschaden	10	5		50
			Die im Lastenheft geforderten Service-Intervalle werden nicht erreicht => Business-Case wird nicht mehr erfüllt	8	5		40
2	Performance-Ziel des Verdichters wird nicht erreicht	Quantitative Verbesserung der geplanten 3D Design-Features sind experimentell nicht bestätigt	Maschinenperformance zu gering => Pönalen beim Erstkunden	6	8		48
			Maschinenperformance zu gering => Business-Case für das Gesamtprodukt wird nicht mehr erfüllt	7	8		56
3	Herstellkostenziele werden überschritten	Kosten für die Herstellung von den neuen fan-shaped Kühlluftbohrungen höher als erwartet	Produkt zu teuer, Business-Case stimmt nicht mehr	7	4		28
4	Die neuen theoretisch entwickelten fan-shaped Kühlluftbohrungen lassen sich nicht herstellen	Höherer Kühlluftverbrauch durch die Verwendung konventioneller Kühlluftbohrungen	Maschinenperformance zu gering => Pönalen beim Erstkunden	6	3		18
			Maschinenperformance zu gering => Business-Case für das Gesamtprodukt wird nicht mehr erfüllt	7	3		21
5	Projektdauer wird überschritten	Projekt- und damit Markteinführungstermin werden nicht erreicht	Projektdauer / Markteinführungstermin ist noch nicht festgelegt, ist Teil der abschließenden Planung	0	0		0
6							0
							0

Abb. 6.4 Ergebnis der Risikobewertung, wobei zu Beginn des Projekts die Erkennbarkeit als Kriterium noch nicht berücksichtigt worden ist

Gegensatz dazu, benötigen alle Projektrisiken, deren RPZ-Wert in den Bereich rechts oberhalb der schwarzen Linie liegen, unbedingt geeignete Maßnahmen zur Reduzierung des RPZ-Werts. Im Folgenden werden diese Risikoabhilfemaßnahmen der Kürze wegen als Mitigations bezeichnet. Sollten zum Zeitpunkt späterer Projekt-Gate-Reviews immer noch einzelne Projektrisiken oberhalb der schwarzen Linie liegen, ohne dass es erfolgversprechende Mitigations gibt, dann sind drastische Anpassungen an die Projektziele erforderlich und der Business Case des Projekts muss entsprechend neu überprüft werden. In extremen Fällen kann das auch zum kontrollierten Abbruch des Projekts führen. Ziel des Projektteams muss es daher sein, geeignete Mitigations zu definieren, durch deren Anwendung oder Umsetzung der RPZ der einzelnen Projektrisiken bis auf einen akzeptablen Wert reduziert werden kann. Das kann durch die Reduktion der Schwere und/oder durch eine Reduzierung der Eintrittswahrscheinlichkeit erreicht werden.

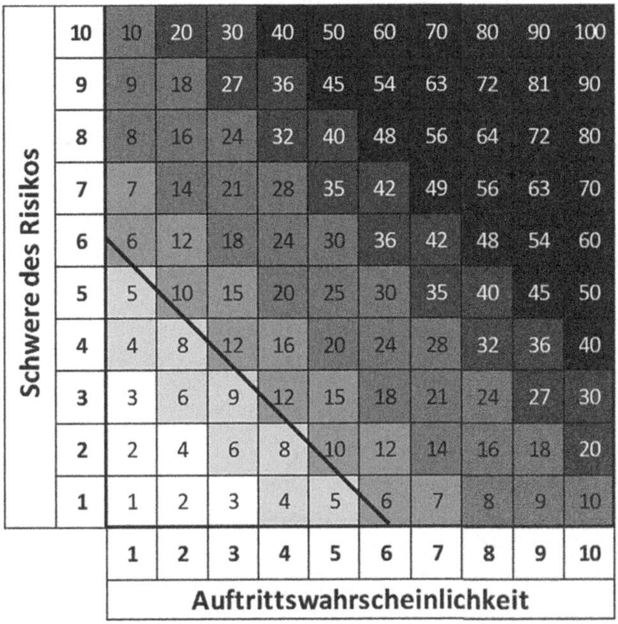

6.2 Risikomanagement als Planungswerkzeug

Schwere des Risikos										
10	10	20	30	40	50	60	70	80	90	100
9	9	18	27	36	45	54	63	72	81	90
8	8	16	24	32	40	48	56	64	72	80
7	7	14	21	28	35	42	49	56	63	70
6	6	12	18	24	30	36	42	48	54	60
5	5	10	15	20	25	30	35	40	45	50
4	4	8	12	16	20	24	28	32	36	40
3	3	6	9	12	15	18	21	24	27	30
2	2	4	6	8	10	12	14	16	18	20
1	1	2	3	4	5	6	7	8	9	10
	1	2	3	4	5	6	7	8	9	10

Auftrittswahrscheinlichkeit

Abb. 6.5 Risikomatrix mit unterschiedlichen, durch Grauschattierungen gekennzeichneten Risikoklassen. Risiken unterhalb der schwarzen Linie sind unkritisch und bedürfen keiner Mitigation

In Abb. 6.6 sind die im vorangegangenen Schritt vom Team ermittelten RPZ-Werte in die Risikomatrix eingetragen worden.

Schritt 3: Definition der Mitigations
Der vielleicht wichtigste Schritt im Rahmen des Risikomanagements ist es, zu jedem relevanten Risiko mindestens eine Mitigation zu definieren, mit dem Ziel, die RPZ der identifizierten Projektrisiken bis auf einen akzeptablen Wert zu reduzieren.

- *Relevant* sind dabei alle Risiken, die sich nicht bereits im Bereich unterhalb der schwarzen Linie der Risikomatrix befinden (siehe Abb. 6.5). Grundsätzlich empfiehlt es sich, aber auch diese Risiken nicht aus der Liste zu löschen, sondern weiter mitzuführen. Der Grund ist, dass sich im Laufe des Projekts, z. B. infolge neuer Erkenntnisse, Risikobewertungen verändern können und so vermieden wird, bereits früher identifizierte Risiken zu übersehen. Ein anderer

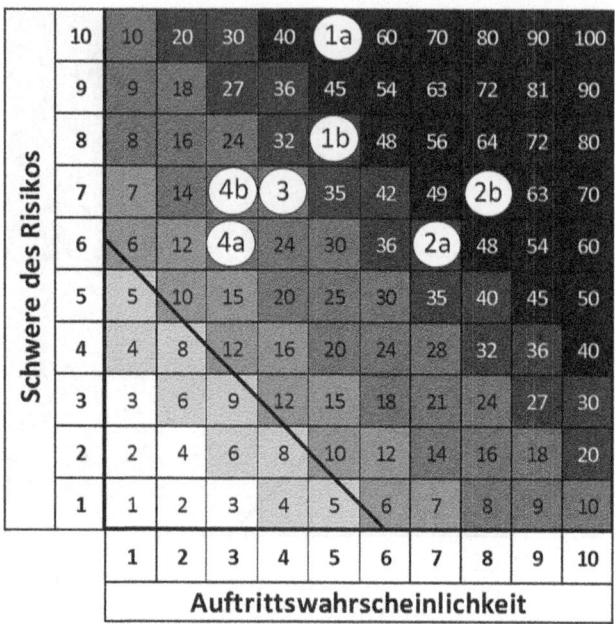

Abb. 6.6 Darstellung der identifizierten Projektrisiken in der Risikomatrix

Grund ist, dass auch diese kleinen Risiken zur Gesamt-RPZ beitragen und das Löschen einzelner identifizierter Risiken zu sprunghaften und erklärungsbedürftigen Änderungen in dieser Zahl führen können. Schließlich ist es für das Projektteam selbst höchst motivierend zu sehen, wie im Laufe des Projekts immer mehr der Risiken in den unkritischen Bereich wandern, was dann eine direkte Folge der erfolgreichen Arbeit des Teams darstellt.

- *Geeignet* sind dabei alle Maßnahmen, die in realistischer und zeitnaher Weise helfen, die Schwere und/oder Eintrittswahrscheinlichkeit der identifizierten Projektrisiken so weit zu reduzieren, dass das Projekt eine sehr hohe Erfolgsaussicht hat.

Die Definition und Auswahl von geeigneten Mitigations ist *die* zentrale Aufgabe des Risikomanagements, die Vorausschau, Kreativität und ein hohes Maß an technischem und kommerziellem Verständnis erfordert. Viele Unternehmen haben es in der Vergangenheit bei der Listung der Risiken, zumeist gegen Ende des Projekts, beruhen lassen. Solange dabei keine unübersehbar dramatischen Risiken aufgetaucht sind, hat man mehr nach dem Prinzip „es wird schon gut gehen" das Projekt durchgewunken. Vielleicht auch, weil es zu diesem späten Zeitpunkt schon zu spät war, nochmal grundlegende Änderungen vorzunehmen; und es definitiv keine erstrebenswerte Aufgabe ist, dem Topmanagement nach vielleicht Jahren Entwicklungsdauer und Millionen von ausgegebenen Euros mitzuteilen, dass das so entstandene Produkt massive Risiken birgt. Die Folge war dann nicht selten, dass nach der Markteinführung alle möglichen sog. Kinderkrankheiten behoben werden mussten, manchmal über Jahre. In besonders drastischen Fällen musste das Produkt sogar temporär oder dauerhaft vom Markt genommen werden. Es gibt Weltkonzerne, die auf diese Art Milliarden von Euros verloren haben und zum Teil mit staatlicher Hilfe vor dem Bankrott gerettet werden mussten.

Bei der Definition der Mitigations muss grundsätzlich zwischen verschiedenen Typen unterschieden werden:

- *Die Erarbeitung von fehlenden Informationen oder Methoden* mit dem Ziel, weiße Felder auf der Landkarte mit Inhalt zu füllen. Kritisch hierbei ist, dass diese Informationen oder Methoden nicht zu spät für das laufende Projekt verfügbar sein werden. Als ergänzende Maßnahme aber immer gut und wenn es nur dem Zweck dient, eventuell später eine sinnvolle Validierung durchführen zu können, die tatsächlichen Produkteigenschaften abschließend quantitativ festlegen zu können bzw. evtl. notwendige Nachbesserungen auf der Basis qualifizierter Information durchführen zu können.
- *Die Entwicklung von alternativen Lösungen*, die ohne oder nur mit geringen Abstrichen bei den Entwicklungszielen die ursprünglich gewählten Lösungsansätze bedarfsweise ersetzen können.
- *Die Entwicklung von Monitoringmethoden* mit dem Ziel das Eintreten des Risikos rechtzeitig zu erkennen und damit Schaden für den Kunden abzuwenden oder zu minimieren. Diese Art der Mitigation eliminiert das Risiko selbst zwar nicht, reduziert aber dessen Schwere. Als solches sind diese Arten der Mitigations eher als eine „Last-resort"-Maßnahme zu verstehen, wenn sonst gar keine anderen, wirkungsvolleren Maßnahmen gefunden werden können bzw. als eine begleitende Maßnahme.
- *Die Durchführung gezielter und geeigneter Validierungsmaßnahmen* mit dem Ziel, das Entwicklungsergebnis quantitativ bewerten zu können. Zwar ist eine sinnvolle Produktvalidierung sowieso Teil jedes Entwicklungsprojekts. In diesem Falle geht es aber um auf das jeweilige Risiko zugeschnittene spezifische Maßnahmen, die nicht unbedingt Teil einer regulären Validierung sind. Sich schon zu Anfang des Projekts damit auseinanderzusetzen, vermeidet, dass es dann am Ende böse Überraschungen hinsichtlich des zusätzlichen Test- und

Instrumentierungsaufwands und den damit verbundenen Kosten gibt. Insbesondere, wenn das Produkt, wie z. B. bei Kraftwerksturbinen oft üblich, beim Erstkunden validiert werden muss. Solche Mitigations sind jedoch stets nur „Last-resort"-Maßnahmen, wenn sich das Risiko nicht durch andere Maßnahmen auf ein akzeptables Maß reduzieren ließ. Diese Art von Mitigations bewirken keine unmittelbare Reduktion im RPZ, da sie das Risiko nicht reduzieren, sondern nur nach Fertigstellung der Entwicklung helfen, möglichst schnell zu klären, ob das Risiko vorhanden ist oder nicht. Erst nachdem die Ergebnisse vorliegen, kann entschieden werden, ob das Risiko real vorhanden ist und passende Maßnahmen wie Nachentwicklung oder Anpassung der Produkteigenschaften eingeleitet werden müssen.

Grundsätzlich sollte das Team sich nicht mit einer einzigen Mitigation pro Risiko zufriedengeben, sondern zunächst im Rahmen einer weiteren Brainstormingsession so viele Maßnahmen wie möglich identifizieren. Bei der erst später zu erfolgenden Bewertung werden dann einige wieder herausfallen, da sie entweder nicht mit vertretbarem Aufwand umsetzbar bzw. wirtschaftlich nicht sinnvoll sind oder erst viel zu spät brauchbare Ergebnisse liefern können. Oft werden es am Ende auch Kombinationen mehrerer Mitigations sein, durch die die gewünschte RPZ-Reduktion erreicht wird.

Abb. 6.7 zeigt das Ergebnis der Brainstormingsession mit den identifizierten Mitigations, noch ohne Priorisierung oder Bewertung.[3] Wie man erkennen kann, sind für einige Risiken gleich mehrere Mitigations definiert worden.

Die weitere Vorgehensweise soll hier der Einfachheit und besseren Lesbarkeit halber nur für die Risiken 1 und 4 weiter beschrieben werden. Beim Risiko 1 handelt es sich bei den beiden identifizierten Mitigations „A" und „B" um die Erstellung fehlender Informationen, entweder durch ein separat zu startendes Teilprojekt, zur Erstellung der fehlenden Werkstoffdaten bzw. durch die Analogiebetrachtung ähnlicher Werkstoffe. Bei der Mitigation „C" handelt es sich dagegen um eine Validierungsmaßnahme, die kurzfristig erst mal zu keiner RPZ führen wird. Bei den Mitigations „B" und „C" des Risikos 4 dagegen handelt es sich um die Entwicklung alternativer Lösungen. Entweder durch die Verwendung eines anderen, potenziell teureren, aber widerstandsfähigeren Werkstoffs bzw. durch die parallele Entwicklung der Herstellungsmethode. Bei der Mitigation „A" handelt es sich tatsächlich auch um eine alternative Lösung. Bedingt die doch, dass Abstriche

---

[3] Die hier gelisteten Mitigations sind nur Beispiele, ohne Anspruch auf Vollständigkeit oder Genialität!

6.2 Risikomanagement als Planungswerkzeug

Risiko-Nummer	Risiko-Identifikation			Risiko-Bewertung				Risiko-Verminderung
	Risiko-Name	Risiko-Beschreibung	Beschreibung der Konsequenzen beim Eintritt des Risikos	Schwere des Risikos	Wahrscheinlichkeit	Erkennbarkeit	RPZ Risiko-Prioritätszahl	Plan A, B, C, ...
1	Lebensdauerziel Kriechen über 36.000 Betriebsstunden wird nicht erreicht	Materialdaten sind für eine Betriebsdauer > 32.000 Betriebsstunden nicht validiert	Bauteile versagen vor Ende des Service-Intervalls => Maschinenschaden	10	5		50	Plan A: Erstellen der fehlenden Kriech-Daten mittels Labortests Plan B: Vergleich der Auslegungsergebnisse mit ähnlichen Werkstoffen, für die ausreichend Labordaten vorliegen
			Die im Lastenheft geforderten Service-Intervalle werden nicht erreicht => Business-Case wird nicht mehr erfüllt	8	5		40	Plan A: Initiale Beschränkung der Service-Intervalle und labortechnische Analyse der ersten Kunden-Teile
2	Performance-Ziel des Verdichters wird nicht erreicht	Quantitative Verbesserung der geplanten 3D Design-Features sind experimentell nicht bestätigt	Maschinenperformance zu gering => Pönalen beim Erst-Kunden	6	8		48	Plan A: Durchführung von Modell-Tests zur Validierung der 3D-Features Plan B: Initiale Reduktion der angebotenen Performance-Werte Plan C: Detaillierte Performance-Tests während der Produkt-Validierung
			Maschinenperformance zu gering => Business-Case für das Gesamtprodukt wird nicht mehr erfüllt	7	8		56	Plan A: Quantifikation der Verdichter-Performance ohne 3D-Effekte und Bestimmung des Impacts auf den Business-Case
3	Herstellkostenziele werden überschritten	Kosten für die Herstellung von den neuen fan-shaped Kühlluftbohrungen höher als erwartet	Produkt zu teuer, Business-Case stimmt nicht mehr	7	4		28	Plan A: Einholen von Angeboten verschiedener Hersteller, Analyse verschiedener Herstellungsverfahren Plan B: Quantifizierung der "Learned-Out Costs" unter Berücksichtigung des erwarteten Herstellvolumens
4	Die neuen theoretisch entwickelten fan-shaped Kühlluftbohrungen lassen sich nicht herstellen	Höherer Kühlluftverbrauch durch die Verwendung konventioneller Kühlluftbohrungen	Maschinenperformance zu gering => Pönalen beim Erst-Kunden	6	3		18	Plan A: Initiale Reduktion der angebotenen Performance-Werte Plan B: Verwendung eines höherwertigen Materials zur Kompensation der geringeren Kühleffizienz & Quantifikation des Einflusses auf die Herstellkosten Plan C: Entwicklung des benötigten Herstellverfahrens
			Maschinenperformance zu gering => Business-Case für das Gesamtprodukt wird nicht mehr erfüllt	7	3		21	
	~~Projektdauer wird überschritten~~	~~Projekt- und damit Markteinführungstermin nicht erreicht~~	~~Projektdauer und Markteinführungstermin ist nicht festgelegt, ist Teil des Plans~~	0	0		0	

Abb. 6.7 Identifikation von Mitigations, erste Iteration

bei den Performancezielen des Projekts gemacht werden. Dass das so entwickelte Produkt also ein anderes sein wird als das ursprünglich angestrebte.

Schritt 4: Bewertung und Planung der Mitigations
Im nächsten Schritt werden die Mitigations vom Team bewertet hinsichtlich ihrer Wirksamkeit, der daraus resultierenden Restrisiken, der mit diesen Restrisiken verbundenen Konsequenzen sowie der mit der Bearbeitung verbundenen Kosten und Zeitaufwände. Ziel dieser Bewertung ist, deren Machbarkeit und Erfolgsaussichten zu bestimmen und damit auch zu einer Priorisierung zu gelangen. Das Ergebnis für die Projektrisiken 1 und 4 ist in den Abb. 6.8 und 6.9 dargestellt.
Risiko 1: Das Restrisiko bei den Mitigations „A" und „B" ist natürlich, dass auch die Labor- bzw. Analyseergebnisse zeigen werden, dass der gewählte Werk-

6 Risikoassessment und Risikomanagement

Risiko-Nummer	Risiko-Name	RPZ Risiko-Prioritätszahl	Plan A, B, C, ...	Risiko-Verminderung Beschreibung Rest-Risiko	Beschreibung der Konsequenzen des Rest-Risikos	Aufwand	Termin
1	Lebensdauerziel Kriechen über 36.000 Betriebsstunden wird nicht erreicht		Plan A: Erstellen der fehlenden Kriech-Daten mittels Labortests	Laborergebnisse zeigen, dass die Lebensdauerziele nicht erreicht werden.	Bauteile versagen vor Ende des Service-Intervalls => Maschinenschaden	500 T€	3 Jahre
		50	Plan B: Vergleich der Auslegungsergebnisse mit ähnlichen Werkstoffen, für die ausreichend Labordaten vorliegen	Analyseergebnisse zeigen, dass die Lebensdauerziele nicht erreicht werden		2 MW	2 Wochen
		40	Plan A: Initiale Beschränkung der Service-Intervalle und labortechnische Analyse der ersten Kunden-Teile	Die im Lastenheft geforderten Service-Intervalle werden nicht erreicht => Business-Case wird nicht mehr erfüllt	Business Case muss neu gerechnet und bewertet werden	50 T€	3 Monate nach Major Outage der ersten Kundenmaschine
	Die neuen theoretisch entwickelten fan-shaped ...	18	Plan A: Initiale Reduktion der angebotenen Performance-Werte um wieviel ?	Das Risiko beim Erst-Kunden ist damit eli...	Das Produkt verliert an Attraktivität und es blei...	5MT	1 Woche

Abb. 6.8 Bewertung der Mitigations für das Risiko 1

Risiko-Nummer	Risiko-Name	RPZ Risiko-Prioritätszahl	Plan A, B, C, ...	Risiko-Verminderung Beschreibung Rest-Risiko	Beschreibung der Konsequenzen des Rest-Risikos	Aufwand	Termin
4	Die neuen theoretisch entwickelten fan-shaped Kühlluftbohrungen lassen sich nicht herstellen	18	Plan A: Initiale Reduktion der angebotenen Performance-Werte um wieviel ?	Das Risiko beim Erst-Kunden ist damit eliminiert	Das Produkt verliert an Attraktivität und es bleibt unklar ob das Produkt insgesamt seinen Business Case erfüllt.	5MT	1 Woche
			Plan B: Verwendung eines höherwertigen Materials zur Kompensation der geringeren Kühleffizienz & Quantifizierung des Einflusses auf die Herstellkosten	Die Mehrkosten können sich negativ auf den Business-Case auswirken	Identifikation des alternativen Werkstoffs sowie eine Quantifikation der Mehrkosten und ggfls. eine Neu-Bewertung des Business-Cases	4 MW	3 Wochen
		21	Plan C: Entwicklung des benötigten Herstellverfahrens	das neue Herstellungsverfahren liefert nicht die gewünschte Qualität und muss in weiteren Entwicklungen nachgebessert werden	Kühlluftverbrauch zwar höher als geplant aber niedriger als bei konventionellen Löchern. Performance-Verbesserungen können bei späteren Maschinen eingeführt bzw. bei existierenden nachgerüstet werden	200 T€	6 Monate
				das neue Herstellungsverfahren ist teuerer als erwartet	Herstellkosten steigen, Neu-Bewertung des Business-Case erforderlich		
	Projektdauer wird überschritten						

Abb. 6.9 Bewertung der Mitigations für das Risiko 4

stoff ungeeignet ist, die ursprünglich gewünschte Lebensdauer von 36.000 Betriebsstunden zu erreichen. Die Konsequenzen wären damit die Gleichen wie beim ursprünglichen Projektrisiko: dass die Bauteile frühzeitig versagen und es zu einem Geräteschaden kommen kann. Hinzu kommt, dass der Aufwand, die fehlenden Werkstoffdaten zu erzeugen, teuer ist (500.000 €) und vor allem die lange Zeitspanne von drei Jahren in Anspruch nehmen wird, die neuen Daten also für dieses Entwicklungsprojekt zu spät kommen werden.

6.2 Risikomanagement als Planungswerkzeug

Unabhängig davon, muss sich das Management überlegen, ob sie dieses Werkstoffprojekt trotzdem startet, um wenigstens zukünftige Projekte mit besseren Materialdaten zu unterstützen. Für das vorliegende Projekt ist diese Mitigation jedoch wertlos und wird aus der Liste gestrichen. Anders dagegen die Maßnahme „B", deren Ergebnisse schon in ca. zwei Wochen vorliegen werden, mit nur einem geringen Aufwand von zwei Mannwochen. Da die aber eben nur von einem ähnlichen Werkstoff stammen und daher die Übertragbarkeit auf den verwendeten Werkstoff mit gewissen Fragezeichen verbunden sein wird, kann diese Maßnahme das Restrisiko nur mindern, aber nicht komplett eliminieren. Angesichts der schnellen Verfügbarkeit und der damit verbundenen niedrigen Kosten macht es auf jeden Fall Sinn, die Analyse eines ähnlichen Werkstoffs („Plan B") zu starten. Allerdings mit dem starken Vorbehalt, dass nach Vorliegen der Ergebnisse, eventuell die Service-Intervall-Forderung und dessen Einfluss auf den Business Case neu bewertet werden muss. Die Mitigation „C" ist eine reine Validierungsaufgabe, die erst dann durchgeführt werden kann, wenn die erste Kundenmaschine nach ca. vier Jahren Betrieb die erste Major Outage erreicht hat. Die darin geforderte Analyse der Bauteile nach 32.000 Betriebsstunden sollte bei der weiteren Verwendung dieses Werkstoffs auf jeden Fall durchgeführt werden, verringert jedoch zum jetzigen Zeitpunkt die RPZ nicht. Das Risiko für den Business Case bleibt bestehen. Parallel zur Analyse des ähnlichen Werkstoffs sollte daher schon mal der Einfluss eines kürzeren Serviceintervalls auf den Business Case simuliert werden, sodass in den ca. zwei Wochen schnell eine Entscheidung gefällt werden kann.

Es lässt sich hier festhalten, dass es grundsätzlich keine gute Idee ist, eine Produktentwicklung auf der Basis fehlender, wirklich grundlegender Informationen starten zu wollen.[4] Sollte in diesem Beispiel herauskommen, dass auch die Analyse ähnlicher Werkstoffe die Erweiterung des Serviceintervalls nicht sicher zulässt und gleichzeitig der Business Case des Produkts im starken Maße von dessen Erreichung abhängt, dann wäre das ein potenzieller Showstopper für das ganze Entwicklungsprojekt. Das Positive dabei wäre, dass das Projekt bereits wenige Wochen nach Start gestoppt würde, anstelle für vielleicht Jahre Entwicklungsressourcen und Budgets für ein anschließend wahrscheinlich wenig bis gar nicht erfolgreiches Produkt zu blockieren. Die sorgfältige Risikoanalyse mit Mitigations ist hierfür aber Voraussetzung, um eine quantitativ und auf Fakten und Wissen beruhende Entscheidung zu fällen.

Risiko 4: Die Mitigation „A", die initiale Reduktion der erwarteten Performancegarantien beim Erstkunden eliminiert natürlich das Risiko von Pönalen,

---

[4] Das Analogon zur Expedition von Livingstone wäre, dass er sich nicht einmal sicher war, ob die Quellen des Nils auf dem gleichen Kontinent liegen oder nicht.

macht das ganze Produkt aber zunächst einmal unattraktiver. Für eine quantitative Bewertung des Einflusses auf den Business Case sollte das auf jeden Fall berechnet werden, wozu hier nur eine Woche Arbeitszeit angesetzt ist.

Die beiden Mitigations „B" und „C" unterstützen beide aus Sicht des überschaubaren Aufwands und der benötigten Zeiträume das Projekt und werden sich RPZ-vermindernd auswirken; das entsprechende Projektrisiko kurzfristig jedoch nicht eliminieren. Die Analyse eines alternativen Werkstoffs sowie die möglichen Konsequenzen auf die Herstellkosten lassen sich schnell (drei Wochen) analysieren, wonach bereits eine mögliche Entscheidung getroffen werden kann. Erfolgversprechender, wenngleich langwieriger und teurer, ist dagegen die gezielte Entwicklung des für die Qualität der Kühlluftlöcher benötigten Herstellungsprozesses, anstatt einen Lieferanten finden zu müssen, der das bereits in ausreichender Qualität beherrscht. Da für die Entwicklung jedoch nur ca. sechs -onate angesetzt sind, kommen die Ergebnisse auf jeden Fall rechtzeitig. Dass mit ausreichendem Vorlauf eine Herstellungsmethode erfolgreich sein wird, da waren sich alle befragten Experten einig.

Schritt 5: Quantitative Bewertung des Restrisikos
Am Ende der Mitigationsbewertung steht wieder die Bestimmung des RPZ unter der Annahme, dass die identifizierten und gangbaren Mitigations die erwarteten Ergebnisse liefern (siehe Abb. 6.10). Jedoch Vorsicht! Das ist nur der *erwartete* Effekt. Noch müssen die Maßnahmen durchgeführt werden und natürlich besteht die Möglichkeit, dass die Ergebnisse anders ausfallen könnten, als es sich das Projektteam wünscht. Der Zweck dieser Bewertung ist es aber, quantitativ zu bewerten, ob die gefundenen Maßnahmen im Erfolgsfalle ausreichend sind, um die ursprünglichen Projektrisiken ausreichend abzumildern. Ist das nicht der Fall, dann

Abb. 6.10 Ergebnis der Restrisikobewertung von Projektrisiko 1

6.2 Risikomanagement als Planungswerkzeug

müssen entweder weitere Mitigations gefunden werden, z. B. Risikorückstellungen gebildet werden, oder im schlimmsten Falle Entwicklungsziele angepasst werden. Für die beiden Risiken 1 und 4 sind bei der Bewertung die folgenden Werte herausgekommen: Beim ersten Teil des Risiko 1, dem vorzeitigen Versagen der Bauteile, wird erwartet, dass die RPZ bei erfolgreicher Mitigation „B" von ursprünglich 50 auf 30 zurückgeht. Zu beachten dabei ist, dass die Schwere des Risikos durch die Umsetzung der Mitigation nicht abnimmt, sondern nur die Eintrittswahrscheinlichkeit. Das liegt daran, dass eine zuverlässigere Berechnung der Materialeigenschaften nichts daran ändert, dass ein Versagen des Bauteils zum maximalen Schaden führen wird. Aber die Wahrscheinlichkeit, dass das Bauteil versagen wird, ist bei zuverlässigen Werkstoffdaten wesentlich geringer. Beim zweiten Teil des Risikos 1, dem Risiko, dass die Serviceintervalle gegenüber dem ursprünglichen Plan reduziert werden müssen und damit der Business Case nicht mehr attraktiv ist, bleibt die RPZ unverändert. Bevor hier eine „Entwarnung" gegeben werden kann, muss der Einfluss auf den Business Case ja erst ermittelt werden.

In der Risikomatrix schlägt sich das so nieder, dass sich das erwartete Restrisiko der beiden Teilrisiken 1a und 1b wie in Abb. 6.11 dargestellt verschieben.

Während sich die RPZ des Teilrisikos 1a zwar verringert hat, stellt die alleinige Verringerung der Eintrittswahrscheinlichkeit nur eine Verschiebung nach links dar und das resultierende Restrisiko ist immer noch (gemäß der hier gewählten Definition) unakzeptabel hoch. Wie oben beschrieben, ändert sich die RPZ des Teilrisiko 1b zunächst nicht. Grundsätzlich ist so ein Ergebnis ein deutlicher Hinweis darauf, dass die bisher identifizierten Mitigations noch nicht ausreichend sind, und dass weitere und wirksamere Maßnahmen identifiziert werden müssen, will man das Projektrisiko verkleinern. Sollte die Business-Case-Analyse zum Teilrisiko 1b zudem zeigen, dass der Business Case durch eine Verringerung des Serviceintervalls zerstört wird, und dem Projektteam fallen keine wirksameren Mitigations für das Teilrisiko 1a ein, dann ist das Projekt an dieser Stelle zu Ende. Es sei denn, dass es seitens des Topmanagements Gründe gibt, z. B. strategischer Natur, das Projekt trotzdem durchzuführen bzw. wenn das Topmanagement bereit ist, das Risiko des vorzeitigen Versagens der Bauteile bewusst in Kauf zu nehmen (sehr unwahrscheinlich!).

Unterm Strich zeigt es sich hier nochmal, dass es keine gute Idee ist, den Business Case eines neuen Produkts abhängig von noch unbekannten wesentlichen Informationen zu machen, solange sich diese nicht leicht und schnell erzeugen lassen.

In Abb. 6.12 ist die Restrisikobewertung der beiden Teilrisiken 4a und 4b dargestellt. Während sich beim Teilrisiko 4a das Risiko für den Performance Business Case zunächst noch nicht ändert und erst nach der Durchführung der entsprechenden Studie bewertet werden kann, werden die Maßnahmen des Teilrisikos

6 Risikoassessment und Risikomanagement

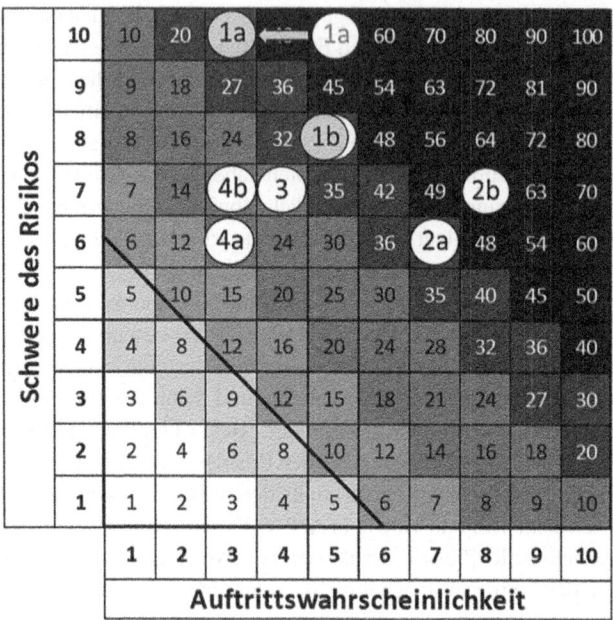

Abb. 6.11 Erwartete Änderungen in der Risikomatrix für das Projektrisiko 1 nach Durchführung der geplanten Mitigations

Abb. 6.12 Ergebnis der Restrisikobewertung von Projektrisiko 4

6.2 Risikomanagement als Planungswerkzeug

4b zu einer erheblichen Verringerung des Risikos 4 führen. Bei den identifizierten Maßnahmen erwartet das Team sowohl eine Reduktion der Schwere als auch der Eintrittswahrscheinlichkeit. In der Risikomatrix hat das den in Abb. 6.13 dargestellten Effekt auf die Teilrisiken 4a und 4b:

Wie man hier schön erkennen kann, ist die erwartete Wirkung der Mitigations zum Teilrisiko 4b, dass das Projektrisiko nahezu vollständig abgemindert ist. Dazu trägt v. a. die zu initiierende Wirkung der Herstellprozessentwicklung bei. Aber aufgrund des geringen Aufwands macht es Sinn, auch die Untersuchung eines alternativen Werkstoffs (Mitigations für das Teilrisiko 4a) parallel voranzutreiben, könnten sich da ja auch noch Opportunities und spätere mögliche Trade-offs herauskristallisieren, an die bis dato noch niemand gedacht hatte. In dem Moment, wo das Teilrisiko 4b dann auch tatsächlich und nicht nur erwarteter Maßen abgemindert werden kann, wird dann auch das Teilrisiko 4a, als nicht mehr relevant, verschwinden.

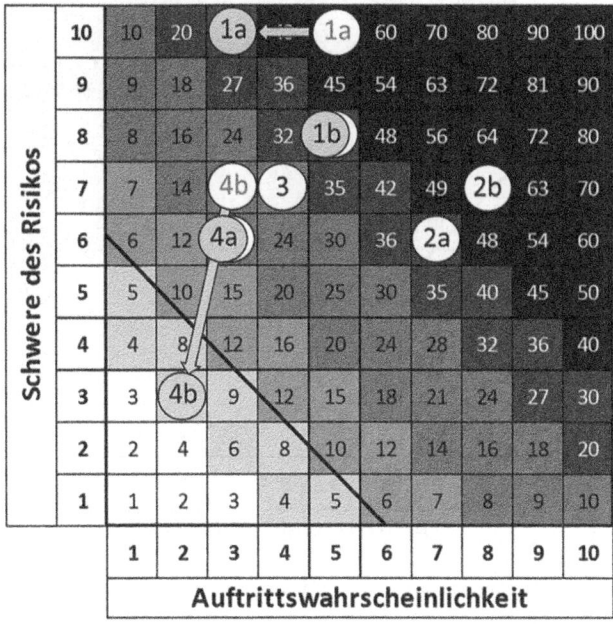

Abb. 6.13 Erwartete Änderung in der Risikomatrix für die Projektrisiken 1 und 4 nach Durchführung der geplanten Mitigations

Das Ziel der Identifikation und Bewertung von Mitigations für alle relevanten Projektrisiken ist, dass sowohl die RPZ des Einzelrisikos als auch die erwartete Gesamt-RPZ im Laufe der Projektbearbeitung abnehmen soll. In diesem generischen Beispiel hat die Definition von Mitigations dazu geführt, dass bei deren Umsetzung eine Reduktion des Gesamt-RPZ-Wert von ursprünglich 261 auf 152 erwartet wird. Ob das ausreicht oder nicht, lässt sich an dieser Zahl allein noch nicht bestimmen, könnten darin ja einzelne Risiken enthalten sein, die sich nicht abmindern lassen, so wie das Projektrisiko 1. Außerdem ist ja noch nicht sichergestellt, dass die identifizierten Mitigations erfolgreich sein werden oder nicht bzw. jede für sich ausreichend sein wird, das Projektrestrisiko auf ein akzeptables Maß zu reduzieren.[5] Schaut man sich den erwarteten Einfluss aller identifizierten Mitigations in der Risikomatrix (siehe Abb. 6.14) an, dann kann man zwar sehen, dass die erwarteten Restrisiken aller Projektrisiken zum Teil erheblich abnehmen sollten, aber bei vielen noch nicht ausreichend sind, um alle Risiken in den unkritischen Bereich zu verschieben.

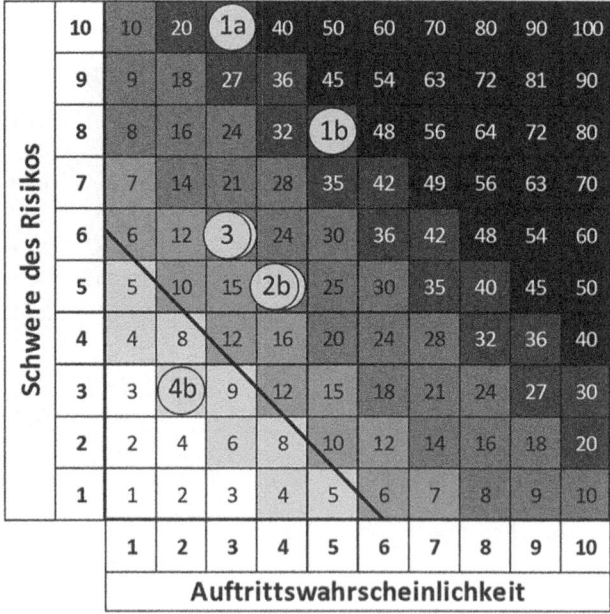

Abb. 6.14 Erwartete Änderungen in der Risikomatrix für alle Risiken nach Durchführung der geplanten Mitigations

---

[5] In diesem Zusammenhang sei daher vor pauschal festgelegten Gesamt-RPZ-Grenzwerten gewarnt, die in manchen Unternehmen Verwendung finden.

Vernachlässigt man hier das Risiko 1, welches weiter oben bereits ausführlich diskutiert wurde, ist es klar, dass für die Risiken 2 und 3 idealerweise weitere Mitigations identifiziert werden müssen, damit sie am Ende der Entwicklung nicht als nichtvernachlässigbare Restrisiken stehen bleiben. Die Gesamt-RPZ eignet sich dabei trotzdem gut zu Reportingzwecken, zeigt sie doch, wie sich im Laufe des Projekts das Gesamtrisiko entwickelt, wie etwas weiter unten gezeigt wird.

Am Ende so eines Risikoassessments hat das Projektteam eine zusätzliche Liste von Aufgaben (=Mitigations) erarbeitet, die hinsichtlich ihres Aufwands und der damit verbundenen Zeitdauer zusätzlich zu den normalen Aufgaben in das Projekt eingeplant werden müssen. Das Ergebnis ist damit im Gegensatz zu einer Planung ohne Risikomanagement ein wesentlich belastbareres Entwicklungsbudget und Terminplan sowie eine wesentlich höhere Erfolgsaussicht für das Projekt. Das erhöht damit auch das Vertrauen des Managements in die Planung und Fähigkeiten des Projektteams, welches sich selbstkritisch und konstruktiv mit möglichen Risiken und deren Management auseinandersetzt.[6] Im Projektteam selbst sowie bei den Projektstakeholdern herrscht ein gemeinsames Verständnis über die wesentlichen Risiken und wie mit denen umgegangen werden muss sowie ein Konsens hinsichtlich der zu erwartenden Restrisiken. Wie man sieht, kann der Nutzen eines aktiven Projektmanagements gar nicht überbewertet werden.

6.3 Risikobewertung in verschiedenen Projektphasen

Wie hier leicht erkennbar ist, hat das eigentliche Risikomanagement mit der in den vorangegangenen Kapiteln beschriebenen ersten Risikoerfassung und der Definition und Bewertung der ersten Mitigations erst begonnen. Mit dem Ziel, die bereits identifizierten Projektrisiken im Laufe des Projekts zu managen, muss diese Risikobewertung in regelmäßigen Abständen aktualisiert werden. Dabei geht es insbesondere darum, die Wirksamkeit der identifizierten Mitigations zu überwachen und bei Bedarf, zusätzliche Maßnahmen zu detektieren und einzuplanen. Spätestens vor den relevanten Projekt-Gates sollte so eine Aktualisierung erfolgen, da das Ergebnis ein wichtiger Input auch für die Aktualisierung des Projekt-Business-Cases darstellt und gegebenenfalls auch weitere Maßnahmen eingeplant werden müssen, die Aufwände, Kosten und Terminpläne in der folgenden Projektphase wesentlich beeinflussen können.

---

[6]Zumindest wenn man es mit der „Publikation" von Projektrisiken nicht übertreibt, wie zu Anfang des Kapitels bzgl. der Firmenpolitik beschrieben.

Zum Rapportieren der Entwicklung des Projektrisikos eignet sich der zeitliche Verlauf des Gesamt-RPZ, wobei sowohl der aktuelle IST-Stand als auch der infolge der eingeplanten Mitigations erwartete SOLL-Stand relevant ist. Das erlaubt es, einen Forecast über die erwartete Risikominderung bezüglich Höhe und zeitlichem Verlauf zu geben. In Abb. 6.15 ist der aus dem obigen Beispiel resultierende initiale IST-RPZ-Wert von 261 zu Beginn des Projekts, sowie der über die folgenden Gate-Reviews erwartete SOLL-RPZ-Verlauf infolge der ergriffenen Mitigations exemplarisch dargestellt.

Natürlich könnte man hier auch eine absolute Zeitachse zeigen. Wichtig dabei ist nur, den Reviewern und Stakeholdern ein Gefühl dafür zu geben, bis wann im Laufe der Projektbearbeitung mit einer wesentlichen Risikominderung sowie der Höhe des am Ende zu erwartenden verbleibenden Restrisikos zu geben.

Es ist dabei absolut normal, wenn zum Zeitpunkt der ersten Risikoaktualisierung der IST-RPZ-Wert sogar zunimmt. Grund ist, dass nach Beginn der Projektbearbeitung typischerweise noch weitere Risiken entdeckt werden, die vor Beginn der Arbeiten noch nicht erkennbar oder verstanden waren. Solange aber auch zu den neuen Risiken geeignete Mitigations identifiziert und mit eingeplant werden, womit der Gesamt-RPZ-Wert in akzeptabler Zeit reduziert werden kann, ist das alles im „grünen Bereich". Das Projektteam liefert mit dem professionellen Risikomanagement einen wichtigen Beitrag, der es den Stakeholdern erlaubt, fundierte Entscheidungen auf der Basis von Wissen und Fakten zu fällen. Ein wegen unakzeptabel hohen Risiken frühzeitig abgebrochenes Projekt hat der Firma viel Geld gespart und vor allem ermöglicht, die immer knappen Ressourcen frühestmöglich für erfolgversprechendere Projekte freizumachen. Diese Vorgehensweise schafft

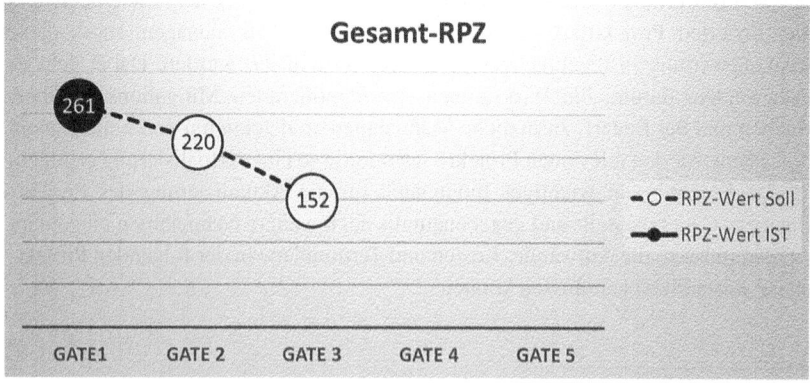

Abb. 6.15 Initialer IST- und SOLL-RPZ-Verlauf nach dem ersten Risikoassessment

bei den Stakeholdern Vertrauen in das Team, da es ja selbstkritisch das eigene Projekt immer wieder hinterfragt auch ohne, dass es dazu angehalten werden muss. Abb. 6.16 und 6.17 zeigen exemplarisch bei einem vermutlich erfolgreichen Projekt wie am Anfang der IST-RPZ-Wert zunächst zunimmt, mittels geeigneter Mitigations aber sukzessive reduziert werden kann, bis am Ende ein akzeptables Restrisiko übrigbleibt.

Abschließend lässt sich hier noch festhalten: Überall dort, wo selbst durch die Mitigations zwar eine RPZ-Reduktion erreicht wird, aber nicht bis in den unkritischen Bereich der Risikomatrizen, wird ein Restrisiko übrigbleiben, welches

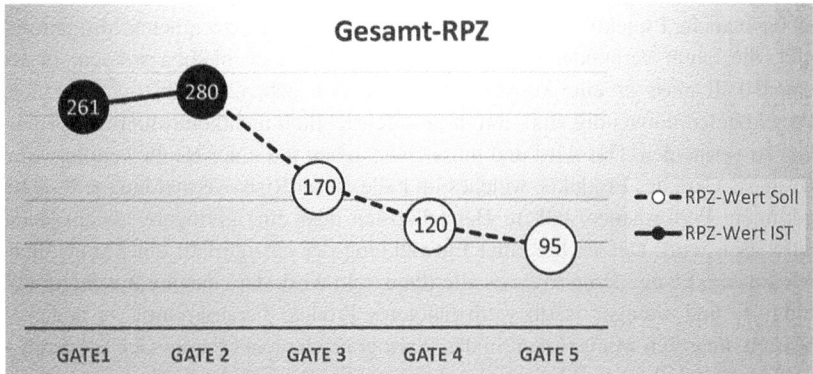

Abb. 6.16 Gesamt-RPZ-Verlauf nach der ersten Aktualisierung zum 2. Gate-Review

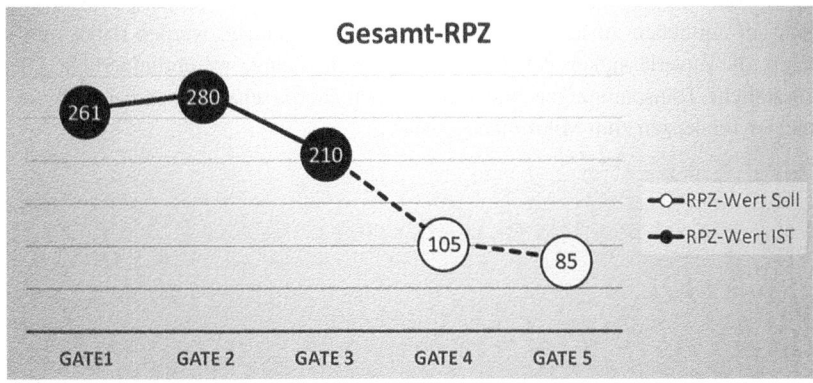

Abb. 6.17 Gesamt-RPZ-Verlauf nach der zweiten Aktualisierung zum 3. Gate-Review

nur durch geeignete Validierungsmaßnahmen bzw. erst durch zu einem späteren Zeitpunkt vorhandenen und z. B. neuentwickelten Informationen oder Methoden quantifizierbar sein wird. Wieviel Restrisiko für eine Firma akzeptabel ist, hängt dann von vielen Faktoren ab, wie kommerziellen Aspekten, Wettbewerbsdruck, Reputation, Kundenverhalten etc. und kann nicht vom Projektteam allein entschieden werden. Hierzu braucht es dann üblicherweise auch den Input von Marketing, Sales, Controlling und das höhere Management (Stakeholder) muss entscheiden. Es ist aber die Pflicht des Projektteams diesen Entscheidungsprozess bestmöglich zu unterstützen, indem es die Risiken herausarbeitet und zumindest technisch und produktkostenmäßig quantitativ und transparent bewertet.

In extremen Fällen wird am Ende einer Risikobewertung herauskommen, dass es für manche Projektrisiken keine realistischen und/oder geeigneten Mitigations gibt, die damit verbundenen RPZ-Werte also sehr hoch bleiben werden. In so einem Fall muss es eine konstruktive Diskussion geben, ob Abstriche bei den Projektzielen notwendig sind, um diese offensichtlich nichtkontrollierbaren Risiken zu vermeiden. Das wird und muss einhergehen mit einer Neubewertung vom Business Case des Produkts, welches im Falle dieser Risikovermeidung z. B. eine geringere Performance, höhere Herstellkosten oder eine geringere Lebensdauer aufweisen wird. Das ist bei einer Entwicklung der einzige Fall einer sinnvollen *Risikovermeidung*, deren Preis es allerdings sein wird, dass dabei ein weniger attraktives und weniger wettbewerbsfähigeres Produkt herauskommt. In anderen Worten, man sich weniger weit in das „kartografisch nicht erfasste Gebiet" wagt.

Grundsätzlich ist das Risikoassessment und kontinuierliche Risikomanagement ein äußerst wirkungsvolles und effizientes Projektmanagementwerkzeug. Wie hier exemplarisch gezeigt wurde, ermöglicht es, die realen Projektrisiken frühzeitig zu identifizieren, geeignete Mitigations zu definieren und in den Projektplan von Anfang an einfließen zu lassen. Unerwartete Überraschungen werden dabei minimiert, die Zuverlässigkeit der Budget- und Terminplanung wesentlich erhöht. Die zusätzliche Transparenz gegenüber den Stakeholdern, schafft Vertrauen und vermeidet Tendenzen zum Mikromanagement.

Opportunity-Management 7

> **Zusammenfassung**
>
> In diesem Kapitel wird kurz auf das Opportunity-Management als das Gegenstück zum Risikomanagement eingegangen. Prozessual nutzt es die gleichen Werkzeuge wie das Risikomanagement. Im Gegensatz dazu handelt es sich jedoch um frei wählbare Maßnahmen, die für die Erreichung der ursprünglichen Ziele zunächst nicht notwendig sind, aber zu deren Übertreffung oder als Ersatz für identifizierte Projektrisiken zum Einsatz kommen können.

Das Pendant zum Risikomanagement ist das Opportunity-Management; und funktioniert analog zum Risikomanagement. Während jedoch beim Risikomanagement gezielt Projektrisiken identifiziert, bewertet und durch geeignete Mitigations minimiert worden sind, werden beim Opportunity-Management bisher noch nicht für den Einsatz in diesem Projekt geplante Werkzeuge, Prozesse, Technologien etc. betrachtet und auf ihre Wirksamkeit und Nützlichkeit bewertet. Dabei kann es sich z. B. um einen noch in Entwicklung befindlichen Werkstoff mit besseren Eigenschaften handeln, oder um ein neuartiges Fertigungsverfahren, um eine neue Berechnungsmethode oder sogar nur um eine neuartige Vorgehensweise etc. All diesen Opportunities ist gemeinsam, dass deren Einsatz in diesem Projekt die Chance bietet, die bisher angepeilten Entwicklungsziele sogar übertreffen zu können. Dass sie aber gleichzeitig noch nicht vollständig erprobt und für den normalen Einsatz in Entwicklungsprojekten freigegeben sind. Damit stehen sie im Gegensatz zu den Risiken, die bei Eintritt, zu einer Verfehlung der Projektziele und damit einen verschlechterten Business Case führen könnten.

© Der/die Autor(en), exklusiv lizenziert durch Springer Fachmedien Wiesbaden GmbH, ein Teil von Springer Nature 2022
S. Irmisch, *Erfolgreich Projekte planen und umsetzen*,
https://doi.org/10.1007/978-3-658-36442-7_7

> **Beispiel**
>
> Zur Veranschaulichung: In der Metapher der Landkarte des Entdeckers Livingstone, hat das Risikomanagement die weißen Flecken herausgearbeitet und bewertet, für die sich das Team vorbereiten muss, indem es z. B. zusätzliche oder längere Seile mitnehmen muss, für den Fall, dass es dort eine noch nicht bekannte Schlucht zu überwinden gilt. Oder Werkzeuge, um Flöße zu bauen, falls sich dort ein noch nicht bekannter See oder Fluss befindet, der zu überqueren ist.
>
> Das Opportunity-Management dagegen sucht nach neuen oder zusätzlichen Möglichkeiten, um das Team erfolgreicher zu machen. In der Metapher des Entdeckers könnte das also ein mitzunehmender Heißluftballon sein, mit dem er über die Baumwipfel aufsteigen kann, um sich ein Bild der vor ihm liegenden Topografie zu machen, z. B. um potenzielle Hindernisse zu erkennen oder den einfachsten Weg zu bestimmen. ◄

Zu Beginn des Projekts sollte das Team im Anschluss an die erste Risikobewertung auch direkt eine Opportunity-Bewertung durchführen, die dann genauso wie die Risikobewertung regelmäßig aktualisiert werden muss, um auch später auftauchende, neue Opportunities erfassen zu können. Dazu sollten Experten aus den unterschiedlichen Disziplinen und Technologien involviert werden, denen man die Ziele und Herausforderungen des Projekts erläutert und die ihrerseits eingeladen sind, Vorschläge zu unterbreiten. Dabei stellen diese Opportunities aber auch immer ein mehr oder minder großes Risiko dar, handelt es sich in der Regel ja um (zumindest im Kontext dieses Projekts) noch nicht erprobte oder validierte Methoden oder Technologien. Um zu bewerten, welche dieser Opportunities im Laufe des Projekts verfolgt werden sollen, geht man analog zum Risikomanagement wie folgt vor:

- Schritt 1: Identifikation der Opportunity
- Schritt 2: Konsequenz des Einsatzes der Opportunity und Quantifizierung der möglichen Verbesserung der Ziele (z. B. Erhöhung des Wirkungsgrads, Erhöhung der Performance, Verlängerung der Lebensdauer, Reduktion der Herstellkosten, Verkürzung der Entwicklungszeit etc.)
- Schritt 3: Bewertung des Risikos, diese Zielverbesserung nicht zu erreichen
- Schritt 4: Definition der Maßnahmen und Aufwände, die nötig sind, die Opportunity sinnvoll einzusetzen. (z. B. zusätzlicher Entwicklungsaufwand, Entwicklungskosten, Personalaufwand, Entwicklungszeit etc.)
- Schritt 5: Bewertung des verbleibenden Risikos, die Zielverbesserung nicht zu erreichen

7 Opportunity-Management

Das ist die gleiche Vorgehensweise wie beim Risikomanagement und es können auch die gleichen Templates verwendet werden. Dabei sollte das Team eine „Kosten-Nutzen-Abschätzung" machen: Ist der Aufwand für die erreichbare Zielverbesserung sehr groß oder ist es unwahrscheinlich, dass die Opportunity (rechtzeitig) zu einer Zielverbesserung führen wird, dann sollte das Team das nicht weiterverfolgen. Es besteht die Gefahr, sich zu verzetteln bzw. sind auch die verfügbaren Budgets und Ressourcen beschränkt. Ist dagegen die Wahrscheinlichkeit, das Ziel deutlich verbessern zu können sehr groß, dann sollten die mit der Opportunity verbundenen zusätzlichen Aufwände mit eingeplant werden.

Opportunities stellen dabei die Möglichkeit dar, ursprüngliche Zielsetzungen zu übertreffen – oder wahrscheinlicher – Trade-offs im Sinne des Qualitätsdreiecks durchführen zu können, insbesondere wenn Risiken (bekannte oder unbekannte) eintreten sollten, deren negative Effekte nicht komplett abgemindert werden können. Aus diesem Grunde sollten die verbessernden Effekte solcher Opportunities nicht von Anfang an in die Zielsetzung des Projekts einfließen. Würde man das tun, dann würden diese Opportunities automatisch zu Projektrisiken: Dadurch, dass man die Erreichung der somit höhergesteckten Ziele von der Durchführbarkeit und Wirksamkeit der Opportunities (die eben noch nicht validiert und sicher zur Verfügung stehen) abhängig macht, erhöht man die Zahl der Projektrisiken und damit die Gesamt-RPZ des Projekts. Unterm Strich wird damit die Wahrscheinlichkeit eines erfolgreichen Projekts reduziert. Anders, wenn der mögliche Effekt dieser Opportunities anfänglich noch nicht in die Ziele übernommen wird: Der Business Case des Projekts muss auch ohne diese Opportunities bereits positiv und attraktiv sein (andernfalls sollte man das Projekt besser gar nicht starten, da zu risikobehaftet und ein Erfolg zu unwahrscheinlich). Erst in dem Moment, wo eine Opportunity soweit entwickelt worden ist, dass deren Effekt sicher eintreten wird, sollte man die Projektziele entsprechend revidieren. Das hat dann den Effekt, dass entweder das Projekt dadurch attraktiver wird oder negative Effekte eingetretener Risiken kompensiert werden können und der Business Case wieder auf Kurs kommt. Das soll im Folgenden anhand einiger imaginärer und realer Beispiele erläutert werden:

Livingstone

Wie zuvor bereits erläutert, könnte die Mitnahme eines Heißluftballons eine Opportunity bei der erfolgreichen Suche nach den Quellen des Nils darstellen. Die Technologie war damals grundsätzlich vorhanden und auch schon eingesetzt worden. Allerdings noch nie bei einer Expedition durch unbekanntes Gelände mitgenommen worden. Die Vorteile, sich einen Überblick zu verschaffen und jeweils die beste und schnellste Route zu bestimmen sind dabei vor allem für einen schnellen Erfolg und damit der Einsparung von Verpflegung und Material bestechend. Dem gegenüber steht dagegen der zusätzliche, nicht unerhebliche Transportbedarf und die Notwendigkeit immer genügend Brennmaterial und Platz zur Verfügung zu haben, um den Ballon bei Bedarf starten zu lassen. Hätte Livingstone das von vornherein zum Teil seines Projektplans gemacht, also dementsprechend die veranschlagte Expeditionsdauer und den mitgenommenen Proviant reduziert, wäre gleichzeitig das Erfolgsrisiko gestiegen: Bei Beschädigung oder Verlust des Ballons hätte dann keine Möglichkeit mehr bestanden, die besten und kürzesten Routen vorab zu bestimmen. Die Suche hätte länger gedauert und im schlimmsten Falle wäre der Expedition der Proviant vorzeitig ausgegangen. Hätte er bei der Planung des Proviants die Mitnahme des Ballons ignoriert (abgesehen von dem zusätzlichen Transportaufwand), wäre bei dessen Verlust das Ziel immer noch erreichbar gewesen; im Erfolgsfall des Balloneinsatzes jedoch früher erreicht worden. ◄

Scott

Jetzt wissen wir, dass Livingstone keinen Heißluftballon dabeihatte, was dieses Beispiel fiktiv macht. Anders dagegen bei Robert Falcon Scott, der im Wettlauf zum Südpol Shetlandponys einsetzte. Ganz anders als sein Rivale Amundsen, der sich den Einsatz von Hundeschlitten bei den in der Arktis lebenden Inuit abgeschaut hatte. Scott glaubte, dass die größere Stärke der Ponys ihm einen entscheidenden Vorteil brächte. Erprobt worden war das zuvor aber nie. Scott hatte diese Opportunity also zu einem zentralen Risiko seines Expeditionserfolgs gemacht, ohne dafür Mitigations, also einen „Plan B", einzuplanen. Wie die Geschichte ausging, ist hinreichend bekannt. ◄

Rapid-Prototyping

Ein reales Beispiel ist auch der Einsatz von Rapid-Prototyping-Methoden bei der Entwicklung eines neuen Produkts. Dabei ging es unter anderem um die Entwicklung von Gussteilen. Zum damaligen Zeitpunkt steckten viele der Rapid-Prototyping-Methoden noch in den Kinderschuhen und die Herstellung der Gusswerkzeuge genauso wie die Entwicklung der Gussprozesse waren bei jedem dieser Produktentwicklungen langwierig und stets auf dessen kritischen Pfad. Einige der Lieferanten hatten erste Erfahrungen damit gemacht, andere entwickelten noch ganz traditionell. Mit dem Ziel, das neue Produkt möglichst schnell in den Markt zu bringen, musste das Projektteam neue Wege beschreiten. Dazu wurden diverse Maßnahmen erdacht und auch umgesetzt, wie z. B., dass die Hauptlieferanten schon zu Beginn des Projekts ausgewählt und zum Teil des Entwicklungsteams gemacht wurden, wodurch späte Konstruktionsnachbesserungen und Kompromisse, getrieben durch die Herstellbarkeit und Herstellkosten, vermieden werden konnten. Mit den neuen Rapid-Prototyping-Methoden bestand aber noch sehr wenig praktische Erfahrung. Das Potenzial dieser Methoden war zwar erkannt worden, aber was von diesen Methoden funktionieren wird und wieviel Zeitverkürzung dabei erreicht werden kann, wusste niemand so genau. Aus diesem Grunde wurden die mit diesen Methoden erreichbaren Zeitverkürzungen bei den Projektzielen zunächst nicht berücksichtigt, zusätzlich jedoch Budget und Ressourcen eingeplant. Würde man doch auf jeden Fall etwas dabei für die Zukunft lernen, auch wenn dieses Projekt davon noch nicht profitieren sollte. Tatsächlich waren am Ende aus verschiedenen Gründen nicht alle Ansätze erfolgreich. Unterm Strich konnten damit aber Rückschläge in anderen Bereichen kompensiert werden und die Gesamtentwicklungszeit sogar reduziert werden. Das Projekt wurde am Ende sogar für die schnellste, jemals in dieser Firma durchgeführte Entwicklung prämiert. Hätte man damals den erwarteten Effekt des Rapid-Prototyping von vornherein in die Zielsetzung aufgenommen, wäre die angestrebte Entwicklungszeit wohl überschritten worden. Das Risiko mit dieser damals völlig neuen und nichtvalidierten Methode wohl zu groß gewesen. ◄

Die Herausforderung für den Projektmanager wird es auf jeden Fall sein, dass die so gefundenen Opportunities nicht sofort von den Stakeholdern in höhere Projektziele übersetzt werden und damit, wie oben beschrieben, die Projektrisiken zunehmen werden, während die Wahrscheinlichkeit eines Projekterfolgs immer geringer wird. Vor allem Unternehmen, die aus welchen Gründen auch immer, lange Zeit nicht in wirklich neue Produkte investiert haben, neigen dazu mit der nächsten Entwicklung „den großen Wurf" machen zu wollen. Zum Beispiel um verlorene Marktanteile zurückzugewinnen, neue Investoren zu finden, technologisch wieder aufzuholen etc.; neigen sie dann auf einmal dazu, viele und große Risiken zu akzeptieren. Oft nachdem viele Jahre zuvor ein eher risikovermeidendes Entwicklungsklima geherrscht hat, was dann auch konsequenterweise nur zu zaghaften, kleinen und technologisch wenig aufregenden Neuentwicklungen führte. Das ist aber ein anderes Thema, welches den Rahmen dieses Buches sprengen würde.

Projektmanagement 8

Zusammenfassung

In diesem Kapitel wird zunächst auf den Unterschied zwischen Leadership und Management bzgl. Projekten eingegangen, bevor es sich den wichtigen Projektleiteraufgaben Projektkontrolle, Problemlösung, Projektkommunikation und Schnittstellenmanagement widmet. Abschließend wird die praktische Anwendung des Agilitätsprinzips für eine dynamische Ziel- und Plananpassung vorgestellt.

8.1 Projektleadership

Jeder Projektleiter ist ein Getriebener, der durch enge Terminpläne gehetzt, ständig mit neuen technischen, organisatorischen und menschlichen Problemen konfrontiert wird und dabei auch stets noch das Budget im Auge behalten muss. Dazu sitzt er oft auch aus firmenpolitischen Gründen zwischen vielen, wenn nicht allen Stühlen und kann sich der Unterstützung durch die Stakeholder nicht immer sicher sein. Seine Teammitglieder hat er sich oft nicht aussuchen können, genauso wenig wie die unternehmenseigenen Randbedingungen und grundsätzlich droht das Projekt ständig irgendwelchen Budgetkürzungen oder Prioritätsänderungen zum Opfer zu fallen. Er fühlt sich daher oft wie ein Jongleur, der sehr viele Bälle gleichzeitig in der Luft halten muss, dabei noch einige zusätzliche Kunststücke wie Handstand, durch einen Feuerreifen springen, etc. ausführen soll und dem dabei oft auch noch die Augen verbunden sind bzw. der im „Dunkeln" sitzt. Gleichzeitig tanzen da noch eine Menge von mehr oder minder einfältigen und/oder boshaften „Clowns" herum, die ständig versuchen, Ihnen ein Bein zu stellen oder Ihnen die Bälle zu stehlen.

Grundsätzlich lässt sich an dieser Situation wenig ändern, solange Sie nicht der Sprössling des Firmeninhabers sind oder zufällig über die Aktienmehrheit des Unternehmens verfügen.[1] Es ist aber am Ende auch gerade dieses Spannungsfeld, welches dafür sorgt, dass alles und jeder/jede regelmäßig hinterfragt wird und dabei im Rahmen der gegebenen Möglichkeiten und Randbedingungen das wahrscheinlich bestmögliche Ergebnis entsteht. In der Hinsicht sollten Sie erst gar nicht versuchen, das ideale, harmonische Projektumfeld erzeugen zu wollen, in dem sich alle lieb haben und nett zueinander sind. Stattdessen sollten Sie die Realitäten akzeptieren und die „Zügel" des Projekts fest in die Hand nehmen und sich diese um nichts in der Welt aus der Hand nehmen lassen. Im Englischen würde man sagen, im „Driver-Seat" zu sein und zu bleiben. Statt sich also der „Welle" entgegenstemmen zu wollen, reiten Sie die auf Ihrem „Surfbrett" stehend ab und beziehen daraus Ihre Energie. Das macht am Ende den Unterschied zwischen „Leadership" und „Manager" aus: Als erfolgreicher Projektleiter führen Sie. Bei einem Verwalter sitzt jemand anderes im Driver-Seat, der Ihnen vorschreibt, was Sie tun müssen.

Als erfahrener Projektführer, der die Zügel fest in der Hand hält, gelingt es Ihnen, den Takt und die Choreografie des Projekts (zumindest bis zu einem gewissen Grad) selbst bestimmen zu können und damit die Kontrolle über das Projekt zu haben und zu behalten. Wie gelingt Ihnen das?:

- *Nach außen*: schaffen Sie die Rahmenbedingungen für Ihr Projekt, indem Sie mit den Stakeholdern und/oder Vorgesetzten die Spielregeln ihres Projekts festlegen. Die müssen nicht alle schon vorab definiert werden. Bei manchen wird der Bedarf erst im Laufe des Projekts erkannt werden. Zu diesen Spielregeln gehören u. a.:
  - Reporting- und Kommunikationsformate (siehe die ausführliche Behandlung in Kap. 9).
  - Freigaben für geplante Abweichungen von Standartprozessen, wie z. B. einer vereinfachten Lieferantenauswahl für Entwicklungsdienstleistungen oder Hardware oder die Einführung zusätzlicher Entscheidungsmilestones und

---

[1] Abgesehen davon, dass es sehr unwahrscheinlich ist, dass Sie sich dann noch in der Rolle des Projektleiters befänden, würde das Ihr Leben zwar sicherlich bequemer, aber nicht unbedingt erfolgreicher machen: Als „Big-Boss" wird Ihnen niemand mehr widersprechen oder Ihre Ergebnisse infrage stellen wollen. Am Ende stünde dann mit hoher Wahrscheinlichkeit ein erfolgloses Produkt.

8.1 Projektleadership

Reviews bzw. das Weglassen von Milestones und Reviews aus dem Standardentwicklungsprozess, die für Ihr Projekt nicht relevant sind.
- Festlegung von Eskalationswegen im Falle von Herausforderungen, die das Projekt alleine nicht lösen kann.
- Einrichtung einer Entscheidungsplattform für dringende Projektentscheide, die nicht bis zum nächsten Gate-Review warten können.
- Einführung einer „DoA" (Devision of Authority), in der eindeutig und verbindlich geregelt ist, bis zu welchem Betrag die Projektleitung Bestellungen bzw. Rechnungen alleine freigegeben kann.
- Stellen Sie sicher, dass im Team der Stakeholder alle für Ihr Projekt relevanten Parteien vertreten sind, um im Zweifelsfalle einen kurzen Weg zu den jeweiligen Entscheidungsträgern zu haben.
- ...

- *Nach innen:* werden ebenfalls Spielregeln für Ihr Team benötigt, deren Einhaltung Sie konsequent überwachen und einfordern müssen:
  - Dazu gehört zunächst die Art und Weise der Kommunikation/Reporting (wann, wie, wer, was, in welcher Form, an wen, und wie oft, siehe auch Kap. 9). Es ist imminent wichtig, dass Sie und nur Sie der erste sind, der über Erfolge und Probleme der jeweiligen Teilprojekte informiert wird. Sie allein bestimmen, welche Informationen und in welcher Form außerhalb des Teams, z. B. zu den Stakeholdern, kommuniziert werden. Weniges ist für ein Projekt schädlicher, als wenn unkontrolliert Gerüchte kursieren und Sie Ihre knappe Zeit auch noch dafür opfern müssen, diese zu kommentieren, aus dem Weg zu räumen oder zu erklären. Auch gibt es für jede Führungskraft kaum etwas Unangenehmeres, als wenn der Chef oder die Stakeholder eines Projekts früher von Problemen wissen als der Projektleiter. Schwören Sie also Ihr Team auf klare Kommunikationsspielregeln ein und tolerieren Sie keine Abweichungen davon. Damit Sie jetzt aber nicht in einer Flut von Detailinformationen untergehen, klären Sie mit Ihren Teammitgliedern, welche Arten von Informationen Sie auf welche Weise erhalten wollen und auch welche Sie nicht erhalten wollen (z. B. ein interner Eskalationsprozess). Vermeiden Sie dabei den Eindruck eines Mikromanagers, der in jede Entscheidung noch so kleiner Natur eingebunden sein möchte. Geben Sie Ihren Teammitgliedern maximal viel Bewegungs- und Entscheidungsspielraum. Es geht nur darum, dass Sie als verantwortlicher Projektleiter zeitnah und zweckmäßig über relevante Dinge informiert sein wollen und damit die Chance haben, falls nötig zu intervenieren oder eben nur über die Projektentscheidung und deren Gründe informiert zu sein. Das wird sich dann im Laufe der Projektlaufzeit einspielen, bis alle Betroffenen das richtige Gespür

dafür entwickelt haben, was sie umgehend melden müssen und was auch vielleicht bis zum nächsten Statusmeeting warten kann.
- Weitere Spielregeln betreffen die Art und Weise, wie Projektentscheide gefällt, dokumentiert und freigegeben werden. Das ist u. U. nicht nur eine Formfrage, sondern mag sogar juristische Relevanz haben; zum Beispiel immer dann, wenn das Team von geltenden Konstruktionsrichtlinien abweichen möchte oder wenn sich das Team außerhalb des validierten Bereichs einer vorhandenen Technologie bewegt. Könnte das im Zweifelsfall Sachschäden beim Kunden oder sogar Schäden für Leib und Leben nach sich ziehen, muss sichergestellt werden, dass die Entscheidungen verantwortungsvoll und auf der Basis gesunder und nachvollziehbarer Argumente gefällt worden sind. Andernfalls könnte Ihrem Unternehmen grob fahrlässiges Handeln oder sogar Vorsatz vorgeworfen werden, wobei die verantwortlichen Manager und sogar einzelne Mitarbeiter persönlich zur Rechenschaft gezogen werden könnten. Hier bietet sich die Verwendung von z. B. vorab definierten Entscheidungsprotokollen an (siehe auch Kap. 9), für die es natürlich auch einen definierten Freigabe- und Ablageprozess geben muss. Auch muss geklärt sein, unter welchen Bedingungen und unter Einbeziehung welcher Funktionen Ziele angepasst und freigegeben werden dürfen und wie bzw. wann es zu einer Revision von Spezifikationen kommen kann.
- Natürlich müssen alle mit den Stakeholdern vereinbarten Rahmenbedingungen Ihren Teammitgliedern bekannt, von ihnen verstanden worden sein und natürlich auch befolgt werden.

Ein weiterer wichtiger Punkt zum Thema Projektleadership ist es natürlich, das u. U. sehr diverse, multikulturelle, aus verschiedenen Unternehmensbereichen stammende und an verschiedenen Standorten lokalisierte und vielleicht auch noch mit Mitgliedern von externen Entwicklungspartnern verstärkte Team hinter ein gemeinsames Ziel zu scharen, zu motivieren und für die Aufgabe zu begeistern. Das ist die Voraussetzung für „Commitment", welches benötigt wird, um außergewöhnliche Leistungen zu erbringen. Jeder echte Führer von Menschen weiß, dass die Erzeugung und Erhaltung von Commitment eine der zentralen Aufgaben darstellt, die nie erledigt ist, sondern kontinuierliche Aufmerksamkeit und ständiges Nachschärfen erfordert. Und das ist kein Phänomen oder eine Erkenntnis der Neuzeit, sondern war schon im Altertum bekannt, wie zahlreiche historische Beispiele belegen:

8.1 Projektleadership

Der Trojanische Krieg

Nachdem das hellenische Heer unter der Führung ihres gewählten Heerleiters Agamemnon die Ägäis überquert und sein Lager am Ufer vor Troja aufgeschlagen hatte, ließ Agamemnon in der Nacht, als alle schliefen, heimlich die Schiffe der Hellenen in Brand setzen. Ein unerhörter Vorgang, stellten diese Schiffe doch ein ungeheures Vermögen dar. Sie waren auch die einzige Möglichkeit, die Heimreise antreten zu können. Agamemnon war ein schlauer Fuchs, war er sich der Tatsache doch sehr bewusst, dass er nur zum Heerführer gewählt worden war, aber faktisch keine wirkliche Macht über das aus vielen kleinen Königreichen zusammengewürfelte hellenische Heer besaß. Ihm war daher klar, wie brüchig die Allianz dieser Königreiche war und, sollte sich der Kriegsverlauf als schwieriger herausstellen als erwartet, sehr schnell die ersten Mitglieder der Allianz wieder nach Hause segeln würden. Durch das Verbrennen der Schiffe war das jetzt nicht mehr möglich. Die Allianz der hellenischen Könige hatte jetzt nur noch die Möglichkeit, gemeinsam zu siegen oder gemeinsam unterzugehen. ◄

Alexander der Große

Eine ähnliche Taktik soll Alexander der Große verfolgt haben, als er sich mit seinem Heer aufmachte, Asien zu erobern. Nachdem sein Heer die damalige Grenze zu Asien überquert hatte, ließ er hinter dem Heer die einzige Brücke über den Grenzfluss abbrechen. Auch hier ging es darum, ein Commitment zu schaffen, seinem Heer zu demonstrieren, dass es keinen Weg zurück gab und daher die einzige Option war, bei der Eroberung erfolgreich zu sein. ◄

Einer modernen Führungskraft stehen solche drastischen Mittel natürlich (und glücklicherweise) nicht zur Verfügung, wenngleich bis heute immer noch in vielen Unternehmen versucht wird, Commitment mithilfe von Angst zu erzeugen: Angst vor dem Karriereknick, Angst vor Kündigung, Angst vor Bloßstellung und Degradierung, Angst vor dem Versagen, … Wie an verschiedenen Stellen in diesem Buch schon beschrieben wurde, ist Angst aber ein schlechter Motivator und mittelfristig auch kontraproduktiv für den Erfolg jedes Unternehmens. Noch dazu haben Mitarbeiter im Gegensatz zum Altertum die Möglichkeit, den Arbeitgeber (= Königreich) relativ einfach wechseln zu können.

Für einen Projektleiter ist Angst sogar ein noch schlechteres Mittel zur Schaffung von Commitment, da er ja in der Regel nicht der Linienvorgesetze der ihm oder ihr zugeordneten Teammitglieder ist, er also nicht über Beförderungen, Gehaltserhöhungen und Weiterbildungsmaßnahmen bestimmen kann. Viele Mitarbeiter werden sich auch sträuben, einem Projektleiter zugeordnet zu werden, der dafür bekannt ist, seine Teammitglieder unter übermäßigen und destruktiven Druck zu setzen.

Es bedarf also subtilerer Methoden, ein Projektteam zu motivieren und dauerhaft Commitment zu erzeugen, wozu dem Projektleiter ein ganzer Strauß mit Methoden zur Verfügung steht, die er oder sie situativ und in vernünftigen Dosen einsetzen kann und muss:

- *Workshops:* Sehr empfehlenswert ist es, gleich zu Beginn des Projekts, nachdem die Teammitglieder zugeordnet worden sind, einen sogenannten Kick-off-Workshop durchzuführen. Ziel dieses Workshops ist es, das Team „abzuholen", ihm also die Motivation für dieses Projekt (z. B. Wettbewerbsdruck, Erschließung neuer Märkte, ...), dessen Bedeutung für das Unternehmen sowie die konkreten Projektziele und wie man dorthin kommen möchte vorzustellen. Wecken Sie in Ihrem Team die Begeisterung, für dieses überaus wichtige, vielleicht besonders herausfordernde oder sogar einmalige Projekt ausgewählt worden zu sein, indem Sie demonstrieren, am besten auch quantitativ, welchen unmittelbaren Beitrag das Team zum zukünftigen Erfolg des Unternehmens liefern wird.

  Natürlich gehört nicht jedes Projekt zu den zehn wichtigsten und größten in einem Unternehmen. Grundsätzlich gilt aber, dass kein Projekt unwichtig ist. Es soll ja einen bestimmten Zweck erfüllen, der für das Unternehmen wertvoll ist und wofür es auch willens ist, Geld auszugeben. Auch gibt es immer mehr Projektideen als Ressourcen und die Projekte, die dann ausgewählt wurden, haben ja damit automatisch auch eine höhere Priorität erlangt als andere. Es wird also immer gute Argumente geben, mit denen Sie Ihr Team von der Wichtigkeit und der Bedeutung des Projekts überzeugen können und bei deren Bearbeitung die Teammitglieder Erfahrungen sammeln und wachsen können, auch wenn es sich nicht um das allergrößte und allerwichtigste Projekt im Unternehmen handelt.

  Zum „Abholen" gehört aber insbesondere auch die Vorstellung und Erläuterung der vereinbarten und weiter oben angesprochenen Spielregeln. Binden Sie das Team aktiv mit ein, indem sie eine Diskussion der Ziele und anzuwendenden Methoden nicht nur zulassen, sondern einige noch „weiße" Flecken auf ihrer „Projektlandkarte" bewusst zur Diskussion stellen. Auf diese Weise erlauben Sie dem Team, das Projekt selbst mitzugestalten und sich damit zu identifizieren, was dann eben zu dem angestrebten Commitment des Teams führt. Stellen Sie dabei insbesondere sicher, dass alle Teammitglieder, egal von welchem Unternehmensbereich, Standort, intern oder extern, in gleicher Weise gehört und ernst genommen werden. In den Diskussionen gibt es keine „Gewinner", „Verlierer" oder „Parteien": Alle Beiträge werden gesammelt und bei Meinungsverschiedenheiten werden mögliche alternative Vorgehensweisen identifiziert, die dann bei Bedarf und abhängig von konkreten, definierten Kriterien aktiviert werden können. Sie selbst, da aus einem der beteiligten Unternehmensbereiche stammend, müssen dabei unbedingt unparteiisch agieren, um das Vertrauen aller Beteiligten zu gewinnen.

Es macht absolut Sinn, zu geeigneten Zeitpunkten während des Projektablaufs weitere Workshops mit ihrem kompletten Team oder auch Teilen des Teams durchzuführen. Die können z. B. beim Wechsel zwischen den verschiedenen Projektphasen oder auch anlässlich spezifischer Unterthemen sowie wegen geänderter Zielsetzungen notwendig und sinnvoll sein. Aber auch, wenn Sie merken, dass das Team müde und gestresst wird, das Commitment nachlässt, sich Konflikte zwischen verschiedenen Unterteams herauskristallisieren etc. Planen Sie auf jeden Fall ausreichend Zeit, sowie auch das notwendige Reisebudget für solche Workshops mit ein. Auch wenn das vom höheren Management nicht gerne gesehen wird, ist es gerade bei Projekten mit über verschiedenen Standorten verteilten Teammitgliedern für das Teamgefühl und zur Vermeidung von Missverständnissen sehr wichtig, sich von Zeit zu Zeit auch immer wieder persönlich zu treffen. Das ist auf jeden Fall sehr gut investiertes Geld, da fehlende Kommunikation, Misstrauen im Team und Missverständnisse zu den häufigsten Ursachen erfolgloser Projekte gehören. Der Effizienzgewinn durch frühzeitige und gemeinsame Abstimmung zwischen den Teams, der Austausch der im Team vorhandenen Erfahrungen sowie eine offene und vertrauensvolle Kommunikation macht die Mehrkosten für solche Workshops und den damit verbundenen Reisen allemal wett. Solange Sie dabei stets sicherstellen, dass pro Reise/Workshop immer möglichst viele sinnvolle Themen und Aufgaben miteinander kombiniert werden, wird Ihnen und Ihrem Team keiner vorwerfen können, unnötige „Lustreisen" auf Firmenkosten durchzuführen.

Vergessen Sie bei all diesen Workshops aber nicht, vor lauter fachlichen und technischen Themen genügend Raum für informelle Gespräche, den Austausch zwischen den Teammitgliedern sowie schlichtweg für Spaß zu haben. Auch gemeinsame Events, die dem Teambuilding dienen, wie z. B. mal mit dem Team ein gemeinsames Abendessen, ein Besuch einer Bowlingbahn, eine gemeinsame Bootsrundfahrt oder eine Grillparty sind fester Bestandteil, um den Austausch und das sich Kennenlernen zwischen den sich sonst kaum persönlich begegnenden Teammitgliedern zu fördern, ein „Wir-Gefühl" zu schaffen und Vertrauen aufzubauen. Dabei sollten Sie vor allem darauf achten, dass Erfolge gebührlich gefeiert werden. Die Teammitglieder dürfen sich dann ruhig auch mal kurz ausruhen, Spaß haben und sich in ihrem Erfolg ein bisschen sonnen, bevor es am nächsten Tag wieder an die „Ruderbank" geht. Selbst kleine Zeichen der Anerkennung, wie namentliche Erwähnungen in Projektreports, ein Abendessengutschein zusammen mit dem Partner oder der Partnerin oder auch nur die Gelegenheit, eigene, gute Ergebnisse anderen vorstellen zu dürfen, sind Balsam auf der geschundenen Seele jedes Projektmitarbeiters und stellen sicher, dass der Commitment-Level hoch bleibt. Gleichzeitig wirkt das auch motivierend für alle anderen Teammitglieder, die sehen, dass sich gute Arbeit auszahlt und Anerkennung findet.

- *Führungsstil:* Einen großen Einfluss auf die Stimmung und damit auch auf das Commitment im Team hat Ihr persönlicher Führungsstil: Um Vertrauen in Ihrem Team aufzubauen und zu erhalten, müssen Sie natürlich eine vertrauenswürdige, authentische und integre Persönlichkeit sein. Nur dann werden Ihre Teammitglieder sich Ihnen gegenüber öffnen und ehrlich hinsichtlich der Fortschritte und möglicher Probleme sein. Eine Methode, eine vertrauensvolle Zusammenarbeit zu erreichen, ist, selbst offen und ehrlich gegenüber dem Team zu sein, auch eigene Schwächen und Menschlichkeit einzugestehen. Sie sind nicht der Supermann oder die Superfrau, der/die alles kann und alles (besser) weiß, sondern hängen im großen Maße von der Expertise und dem Wissen der Teammitglieder ab, auf die Sie gerne hören und deren Rat und Meinung Sie regelmäßig einholen. In der Hinsicht ist Ihnen Mikromanagement ein Gräuel, genauso wie Sie sich schon aus Prinzip nicht mit fremden Federn schmücken. Sie verschaffen dem Team den Freiraum, viele Entscheidungen selbstständig fällen zu können und nehmen auch nicht übel, wenn es mal schief geht. Tatsächlich sind Sie der erste Diener des Projektteams, dessen Aufgabe darin besteht, Hindernisse aus dem Weg zu räumen, Rahmenbedingungen zu schaffen und die Stakeholder zu überzeugen, sodass das Projektteam erfolgreich sein kann. Probleme und Rückschläge gehören ebenfalls zu dem täglichen Projektleben wie Erfolge. Lösungen sind Ihnen wichtiger als Schuldige zu finden. Jeder Misserfolg Ihres Teams ist auch stets Ihr Misserfolg genauso wie bei den Erfolgen. Sie stellen sich stets schützend vor das Team, sollte es ungerechtfertigterweise angegriffen werden, genauso wie Sie der erste sind, der die Errungenschaften der Teammitglieder öffentlich lobt. In der Hinsicht führen Sie aus der vordersten Linie und nicht aus sicherer Entfernung vom „Feldherrnhügel".

  Gleichzeitig sind es aber auch Sie, der/die das Team stets fordert und zu Höchstleistungen antreibt, aber auch stets alles tut, damit das Team das Geforderte auch tatsächlich erreichen kann. Mit gutem Beispiel gehen Sie voran, wenn mal eine Sonderschicht am Wochenende gefahren oder der fehlende Input für das Team auch mal zu nachtschlafender Zeit geliefert werden muss. Auch sind Sie stets zur Stelle, wenn ein Problem eskaliert werden muss, z. B. das Management eines säumigen Lieferanten mal ermahnt werden muss. Natürlich nehmen Sie sich auch die Zeit, wenn es darum geht, in Vieraugengesprächen Konflikte im Team zu lösen, und Sie nehmen Rücksicht auf private Probleme einzelner Teammitglieder, sollte z. B. der Partner oder die Partnerin schwer erkrankt sein etc. Das alles verschafft Ihnen nicht nur Respekt bei Ihrem Team, sondern auch das Commitment des Teams für das Projekt, aber auch für Sie persönlich kämpfen zu wollen.

Idealerweise werden Sie dabei von Ihrem Team respektiert und sind auch gleichzeitig beliebt. In der Praxis wird es aber eher die Ausnahme sein, bei allen Teammitgliedern gleichermaßen beliebt und respektiert zu sein. Wenn Sie die Wahl haben, dann seien Sie lieber respektiert als beliebt. Respektierte Projektleiter liefern Ergebnisse. Beliebte Projektleiter sind oft nur beliebt (beim Team, nicht beim Management).

Ehrlich gefühlte und gelebte Empathie ist hier ein wesentlicher Erfolgsfaktor. Bis zu einem gewissen Grad müssen Sie hier die Rolle des fürsorglichen Vaters oder der Mutter des Teams übernehmen. Dazu gehört auch, dass sich ein Teammitglied mal abends über einem Glas Bier bei Ihnen ausheulen darf, ohne befürchten zu müssen, belächelt oder ausgegrenzt zu werden. Zeigen Sie ihrerseits Gefühle und Sie werden feststellen, dass das Team Ihnen Mut zusprechen wird.

8.2 Projektkontrolle

Grundsätzlich gilt, dass nach der Planung bereits wieder vor der Planung ist. Kein noch so guter Plan überlebt mehr als nur einen Tag, da sich dann schon wieder Rahmenbedingungen verändert haben, neue Erkenntnisse gewonnen wurden, das Unternehmen an Prioritäten geschraubt hat, ... Das ist kein Grund zum Unglücklichsein, da das völlig normal ist. Und das Ziel des Projekts ist ja auch nicht, den genauesten und zuverlässigsten Plan erstellt zu haben, sondern das bestmögliche Produkt zeitnah auf den Markt gebracht zu haben. Von daher lassen Sie sich nicht aus der Ruhe bringen, wenn schon Tage nach dem letzten Planupdate nichts mehr so richtig stimmen mag. Auch wenn das in Ihrem Unternehmen nicht jeder so sehen mag, den übergeordneten Projektplan einmal im Monat zu aktualisieren ist völlig ausreichend. Anderenfalls beginnen Sie damit, Ihr Team und sich selbst durch übertriebene Administration zu blockieren. Entwickeln Sie also die Toleranz für eine gewisse „Unschärfe" in Ihrer eigenen Projektplanung, aber auch der Ihrer Unterprojektleiter. Das ist schon allein deswegen erforderlich, da Sie es im Rahmen einer agilen Projektführung sowieso mit kontinuierlichen Zielanpassungen, Anpassungen an geänderte Randbedingungen, neuen Herausforderungen, etc. zu tun haben, deren Erfassung, Quantifizierung und Dokumentation auf tagesaktueller Basis gar nicht möglich ist, ohne dabei vor lauter Administration wieder antiagil zu werden. Teil einer agilen Projektführung ist es daher auch, dem Team gewisse Freiheiten zu geben, situativ selbst entscheiden zu können und ad hoc auch mal Pläne und Aufgaben anzupassen. Wichtig ist nur, dass Sie als Projektleiter immer zeitnah und in geeigneter Weise informiert werden, sodass Sie bei Bedarf intervenieren oder unterstützen können.

Beispiel

Da ich historische Vergleiche liebe, repräsentieren sie ja die Realität und nicht nur eine Theorie, auch an dieser Stelle wieder ein entsprechendes Beispiel: Während der napoleonischen Kriege war Österreich die mächtigste europäische Nation und besaß die größte Armee. Nichtsdestotrotz hat die österreichische Armee nahezu jede Schlacht gegen die zahlenmäßig kleinere französische Armee verloren. Die Ursache war, dass im Gegensatz zu den traditionell hierarchisch organisierten Österreichern die Franzosen eine für ihre Zeit revolutionäre und fortschrittliche Truppenführung eingeführt hatten. Zum einen erlaubte sie den französischen Truppenkommandeuren, an der Front im Rahmen gewisser Grenzen selbstständige Entscheidungen zu fällen und somit situativ auf Opportunities oder Risiken zu reagieren, während ihre österreichischen Gegner vor jeder Abweichung vom ursprünglichen Plan, zuerst die Erlaubnis vom real existierenden Feldherrnhügel einholen mussten. In Ermangelung von Funkgeräten mussten hierzu erst berittene Boten oder Botenläufer hin- und hergeschickt werden; bis dann der Befehl zum Vorrücken oder zum Rückzug an der Front ankam, hatte sich die Situation längst wieder verändert. Zum anderen waren auch die französischen Soldaten selbst in Dreierteams organisiert worden, wobei jeweils einer geschossen hat, währen die anderen beiden parallel dazu jeweils eine Muskete gereinigt und neu geladen haben. Auf diese Weise konnte eine wesentlich schnellere Schussfolge erreicht werden (quasi der Vorläufer des Maschinengewehrs), mit effizienterem Materialeinsatz bei gleichzeitig höherer Mobilität der Schützen, währenddessen die österreichischen Schützen immer noch in Reihen auf die Gegner zumarschierten und nach jedem Schuss niederknien und wieder nachladen mussten und dabei selbst ein ruhendes Ziel darstellten („sitting ducks"). In der Hinsicht war die neue französische Taktik damals schon geprägt durch Agilität, Arbeitsteilung, Delegation von Verantwortung und Entscheidungsbefugnissen. Ich bin überzeugt davon, dass die Österreicher nach ein paar verlorenen Schlachten realisiert hatten, dass diese

8.2 Projektkontrolle

neue Taktik den Unterschied zwischen Sieg und Niederlage ausmachte, die traditionell gesinnten österreichischen Generäle diese Taktik aber ablehnten, da sie befürchteten, dass die Truppenkommandeure zu selbstherrlich agieren könnten, was dann zu verlorenen Schlachten führen könnte …. (Oder auch einfach nur wegen des „Not-invented-here"-Syndroms, also der Abneigung dagegen die Ideen Anderer zu übernehmen, welches kein Phänomen der Neuzeit ist.) In anderen Worten: Sie hatten kein Vertrauen zu ihren Untergebenen und wollten lieber alle Entscheidungen selber fällen. Klingt auch nach mehr als 200 Jahren irgendwie immer noch vertraut. Tatsächlich und angesichts der Siegesbilanz müssen in der Praxis die richtigen Entscheidungen der französischen Truppenkommandeure die Fehlentscheidungen bei Weitem überwogen haben. ◄

Trotzdem muss es das Ziel des Projektleiters sein, alle möglichen Änderungen sowie deren Effekte auf den Terminplan, die Kosten sowie die Zielerreichung des Projekts immer wieder regelmäßig in einem in sich schlüssigen und belastbaren Plan zusammenzufassen und damit auf Gültigkeit zu überprüfen. Dabei geht es vor allem darum, aufgrund der wechselseitigen Abhängigkeiten zwischen den verschiedenen Aufgaben und Unterprojekten bei inhaltlichen Änderungen bzw. einzelnen Verschiebungen deren Konsequenzen auf das Gesamtprojekt richtig zu bewerten. Solange sich deren Einfluss mithilfe der eingebauten Puffer beherrschen lässt, ist das in der Regel mit überschaubarem Aufwand zu erledigen. Bei grundsätzlicheren Änderungen, z. B. neuen technischen Erkenntnissen, geänderten Rahmenbedingungen, der Notwendigkeit, eine der im Risk-Management vorbereiteten Mitigations ziehen zu müssen oder Änderungen der Unternehmensprioritäten, etc. müssen eventuell auch grundsätzlichere Änderungen im Plan vorgenommen werden. Dabei müssen unter Umständen neue Wege gewählt, neue oder bisher ungenutzte Beschleunigungspotenziale gefunden bzw. aktiviert werden, etc. Dadurch können sich Abhängigkeiten, kritische Pfade, aber auch v. a. kritische Ketten ändern. Das beinhaltet in der Regel auch diverse Abklärungen, Vereinbarungen, Überzeugung und Freigaben (z. B. von Over-spents). Auch hier gilt wieder die Regel, dass man in gewissen Grenzen Zeit durch Geld kaufen kann.

Um diesen regelmäßigen Wandel und die daraus resultierenden wechselnden Abhängigkeiten, Risiken und Opportunities richtig zu erfassen und die korrekten Schlüsse und Entscheidungen fällen zu können, bedarf es vor allem viel Kommunikation innerhalb und außerhalb des Teams. Betrachten Sie daher die Vielzahl von Meetings, Videokonferenzen und Telefonaten nicht als Last, sondern als ein zentrales Führungsmittel, um stets zu wissen, was in Ihrem Projekt vor sich geht und als Informationsdrehscheibe für Ihr Projekt.

Sie stellen gleichzeitig auch das (Überdruck-)Ventil für Ihr Team dar, wo sie sich bezüglich der Herausforderungen und Möglichkeiten mit Ihnen direkt und schnell austauschen und Problemlösungen erarbeiten können (siehe auch das folgende Kapitel 9) bzw. wo sie sich Entscheidungen abholen können. Stellen Sie also vor allem bei großen, komplexen und mit über die Welt verstreuten Teams sicher, dass es trotz eventuell vorhandener Zeitzonenverschiebungen eine gemeinsame Plattform gibt, wo Sie sich zumindest einmal pro Woche per Telefon- oder Videokonferenz mit Ihrem Team regelmäßig über Projektfortschritt, Neuigkeiten, etc. austauschen können.

Beispiel

In einem meiner Projekte, ich war damals gerade in den USA stationiert, habe ich den größten Teil des Vormittags mit Telefonaten mit den deutschen Teams verbracht (bei denen dann schon Nachmittag war). Den größten Teil des Nachmittags verbrachte ich dann mit den amerikanischen Teams, welches seinerseits über verschiedene Standorte in den USA verteilt war. Erst ab dem späten Nachmittag (die deutschen Kollegen waren dann wegen der Zeitverschiebung schon im Bett und die amerikanischen Kollegen zum Teil schon im Feierabend), fand ich oft zum ersten Mal die Zeit, mich um grundsätzliche Themen wie die Vorbereitung von Gate-Reviews oder Managementanträgen, etc. zu kümmern. ◄

Eine digitale Plattform zum Sammeln von für das Team relevanten Dokumenten, die auch mit einem einfach zu bedienenden und verständlichen Revisionssystem versehen sein muss, macht absolut Sinn. Das ersetzt aber in keinem Fall die direkte Kommunikation. Genauso wenig wie die einerseits so nützliche und andererseits so gefährliche E-Mail-Kommunikation, die oft zu Missverständnissen und Fehlinterpretationen führt. Auch besteht bei der E-Mail-Kommunikation stets die Gefahr, dass die Verteiler immer mehr anschwellen, wenn jeder Beteiligte meint, ebenfalls noch ein paar weitere Kollegen und Chefs ergänzen zu müssen, bis sich dort die halbe Firma wiederfindet; was aber definitiv nicht zur Qualität der Kommunikation beiträgt.

Nur wenn Sie stets auf der Höhe der Ereignisse sind und zusammen mit Ihrem Team die wechselseitigen Abhängigkeiten richtig verstehen, können Sie Ihr Projekt effizient und erfolgreich steuern: Stellen Sie sich einen Kapitän auf einem in Seenot geratenen Schiff vor, der nicht ständig im Kontakt steht mit seinem Maschinenraum, dem Funker, dem Steuermann und dem Navigator sowie der Mannschaft, die gerade irgendwo ein Leck abdichtet. Und wenn Sie meinen, dass dieser Vergleich eines havarierten Schiffes mit einem Entwicklungsprojekt hinkt, dann haben Sie noch kein anspruchsvolles Projekt geleitet.

8.2 Projektkontrolle

In jedem Falle handelt es sich bei der regelmäßigen Aktualisierung des Plans um eine anspruchsvolle und je nach Situation sogar um eine hoch kreative Aufgabe, bei der auch wechselnde interne und externe Abhängigkeiten gut verstanden sein müssen, um am Ende einen gangbaren und belastbaren Plan zu erzeugen, an dem sich ihr ganzes Team orientieren kann und von dem auch das benötigte Budget und der Markteinführungstermin abhängen.

Persönlich bin ich dabei kein Freund von Projektplanungs- oder Ressourcenplanungswerkzeugen wie MS-Projects, Primavera oder einem anderen der vielen kommerziell erhältlichen oder proprietären Planungstools. Nicht dass damit keine Projekte professionell und transparent geplant und zweckmäßig dargestellt werden können. Alle die Werkzeuge, die ich bisher kennengelernt habe, zeigen jedoch gewisse Schwächen bzw. bergen Gefahrenpotenziale:

- Sie funktionieren grundsätzlich sehr gut, wenn Sie einer „Großbäckerei" vorstehen, wo Sie ein Team von N einheitlich ausgebildeten und qualifizierten Bäckern haben, die untereinander nahezu willkürlich ausgetauscht werden können. Die Aufgaben der Bäcker sind dabei standardisierte, repetitive Arbeiten, denen bekannte und validierte Zeitdauern zugeordnet werden können. Dabei verfügen alle Bäcker über die gleiche Ausbildung und das gleiche Können. Ändert sich was an dem Plan, dann muss man nur ein paar Balken und Ressourcen („Bäcker") verschieben und alles stimmt wieder. Nicht so, wenn Sie im Rahmen eines agil geführten Projekts ein multidisziplinäres Team aus Experten unterschiedlicher Fachrichtungen und auch mit unterschiedlichem Erfahrungslevel führen, evtl. noch an verschiedenen Standorten. Fällt z. B. ein Kühlungsfachmann aus, können Sie den nicht durch einen gerade freiwerdenden Konstrukteur ersetzen, den Aerodynamiker nicht mit dem Fertigungsfachmann, usw., schon gar nicht, wenn der vielleicht auch noch auf der anderen Seite des Atlantiks arbeitet. Auch ändern sich gerade bei agilen Projekten die Aufgaben und Ziele und damit die benötigten Zeiträume nahezu auf wöchentlicher Basis. In anderen Worten, solche realen Projekte sind in der Praxis äußerst dynamisch. Versuchen Sie diese Komplexität mit solchen Werkzeugen abzubilden, dann müssen Sie eine ganze Planungsmannschaft beschäftigen, die täglich die komplette Planung immer wieder neu anpasst und dabei die Projektteams mit ihren täglichen Abfragen auch noch von der Arbeit abhält. Was ist aber der Mehrwert eines tagesaktuellen Projektplans? Insbesondere, wenn dieses ständige Aktualisieren Ihr Projekt nur herunterbremst und Ihr Team im zunehmenden Maße demotiviert, aber keine Hilfe darstellt. Will Ihr Unternehmen Projektpläne verkaufen oder Produkte?

Tatsächlich ist die zugrunde liegende Motivation hinter solchen Forderungen nach hochfrequent aktualisierten Projektplänen oft nur der Wunsch des höheren Managements nach regelmäßiger und detaillierter Information (= Reporting), da sie andernfalls das Gefühl haben, die Kontrolle zu verlieren. Beziehungsweise ist es der Wunsch des Controllings nach Genauigkeit in den Budget-Forecasts, was hinter der Forderung nach hochfrequenten Projektplanaktualisierungen steckt. Gerade Menschen ohne eigene Projekterfahrung sind oft überzeugt, dass Projekte zum Erfolg werden müssen, wenn man nur einen gut gepflegten und detaillierten Plan hat.[2]

Richtig gefährlich werden kann das, wenn dann noch jemand auf die Idee kommen sollte, Metriken einzuführen, die z. B. messen wie oft größere Planänderungen erforderlich waren, um daraus Qualitätskriterien für die Projektführung abzuleiten. Die unmittelbare und für jedes Unternehmen kontraproduktive Folge dieser nur als antiagil zu bezeichnenden Idee wird sein, dass die Projektleiter viel „Sandbagging" einführen, um ja nie größere Planänderungen vornehmen zu müssen, wodurch die Projekte dann nur langsam und teuer werden mit unterambitionierten Zielen. Gerade das wollte man aber durch agiles Projektmanagement vermeiden. Dabei wird dann auch das besonders schädliche Phänomen auftreten, dass am Ende Budgets für unsinnige Dinge ausgegeben werden, die keiner braucht, nur um zu vermeiden, dass man Budget zurückgeben muss, und dass einem im nächsten Jahr das Budget nicht gekürzt wird.

- Wirklich gefährlich wird es, wenn das Werkzeug logische Verknüpfungen beinhaltet und Ihren kompletten Projektplan automatisch anpasst sowie an irgendeiner Stelle eine Änderung vorgenommen wird. Diese gut gemeinten Features, die Ihnen angeblich das Leben erleichtern sollen, setzen wiederum voraus, dass die Zusammenhänge zwischen verschiedenen Unterprojekten und Aufgaben linearer Natur sind und einmal gesetzte Abhängigkeiten auch immer bestehen bleiben. Auch, dass natürlich die für eine zukünftige Aufgabe benötigten Ressourcen verfügbar sein werden, auch wenn sich der Start einer Aufgabe um einen Monat verschieben sollte, infolge Verschiebungen weiter stromauf im Plan. Viele Projektleiter (inklusive mir) sind an solchen Werkzeugen verzweifelt oder sogar kläglich gescheitert, da die so automatisch upgedateten Projektpläne schnell mit der Wirklichkeit nichts mehr zu tun hatten und es sich nicht einmal mehr nachvollziehen ließ, wie es dazu gekommen war. Die individuelle, intel-

---

[2] An dieser Stelle winkt uns wieder Livingstone zu, der sich eine Expedition zur Entdeckung der Quellen des Nils finanzieren lassen wollte und natürlich keine Landkarte vorweisen konnte, die den Standort der Quellen zeigt. Vielleicht sollte ich das das „Livingstone'sche Paradoxon" nennen?

lektuelle Auseinandersetzung mit Projektänderungen fördert dagegen die aktive Auseinandersetzung mit sich ständig wechselnden Abhängigkeiten und Möglichkeiten und das kann Ihnen kein noch so ausgefeiltes Werkzeug abnehmen.[3]

▶ Schlussfolgerung: Ja, regelmäßige Planungsupdates sind absolut notwendig, um den Überblick über das Projekt zu behalten und die Auswirkungen von Änderungen, Verschiebungen, neuen Problemen und Opportunities und deren Abhängigkeiten und Konsequenzen auf das Projekt richtig abzubilden und damit belastbare Prognosen hinsichtlich Projektende, Budget- und Ressourcenbedürfnisse ableiten zu können. Den Projektplan nicht regelmäßig zu aktualisieren, bedeutet für den Projektleiter „Blindflug" ohne Radar und Unterstützung durch den „Tower" und damit die sichere Bruchlandung. Aber, alles in sinnvollen Maßen wobei der Aufwand in einem vernünftigen Verhältnis zum Nutzen stehen muss (siehe auch Pareto-Prinzip). Eine gewisse Unschärfe zuzulassen macht Sinn, solange die wesentlichen Abhängigkeiten verstanden sind und damit vermieden wird, das Team durch zu große administrative Bürden herunterzubremsen.

8.3 Problemlösung: Coaching, Convincing, ...

Eine weitere zentrale Aufgabe des Projektmanagers ist es, neben dem Sinnspenden und Richtunggeben (Leadership) sowie der Fortschrittskontrolle und Vorausplanung (Projektkontrolle) das Problemlösen. Es ist völlig klar, dass Sie nicht in der Lage sind, sämtliche Probleme, die im Laufe eines Projekts auftreten können, selbstständig und allein zu lösen. Typische Problemklassen, mit denen Sie konfrontiert werden, sind:

- Technische Herausforderungen (fehlende Daten oder fehlende bzw. fehlerhafte Werkzeuge, fehlende Ergebnisse, ...)
- Organisatorische Hürden (z. B. fehlende Zuständigkeiten, fehlende Topmanagemententscheidungen, wechselnde Prioritäten, Firmenpolitik, ...)

---

[3] Zum Thema künstliche Intelligenz (KI) habe ich kürzlich einen guten Witz gelesen: Der Chef fragt seinen Mitarbeiter, ob er sich wegen der zunehmenden Anwendungen von KI im täglichen Leben Sorgen mache. Der Mitarbeiter antwortet darauf lakonisch, dass ihm die Abnahme der echten Intelligenz im täglichen Leben mehr Sorgen bereite.

- Prozessuale Lücken oder Hürden (z. B. fehlende oder obsolete Prozesse, ...)
- Und vor allem das weite Feld der menschlichen Probleme (z. B. Konflikte innerhalb und außerhalb des Teams, Ausfälle wegen Krankheiten, Kündigung oder privater Probleme, ...)
- ...

Auch wenn Sie gerne der „Superheld" wären, der das alles kann, wird das schon angesichts der täglich verfügbaren Zeit von nur 24 Stunden und dem Umstand, dass Sie nicht der Experte für alle Themen sein können, unmöglich sein. Aus diesem Grunde müssen Sie über ein Portfolio von verschiedenen Problemlösungsansätzen verfügen, welches Sie situativ einsetzen.

1. *Technische Herausforderungen:* Haben Sie bei der Planung Ihres Projekts das weiter oben beschriebene Projektrisikoassessment und -management konsequent umgesetzt, dann haben Sie, was die technischen Herausforderungen betrifft, bereits gute Vorarbeit geleistet („Front-Loading"): Treten eines oder mehrere der identifizierten Projektrisiken ein, dann müssen Sie und Ihr Team gar nicht mehr eine Lösung finden. Sie haben die notwendigen Schritte und Maßnahmen bereits eingeleitet und müssen jetzt nur noch den bereits existierenden „Plan B" oder „Plan C" ziehen. Damit das aber reibungsfrei über die gesamte Projektdauer funktionieren kann, müssen Sie dieses Risikoassessment regelmäßig wiederholen und dabei situativ auch neue Risiken sowie deren Mitigations definieren und in Ihrer regelmäßig zu aktualisierende Projektplanung berücksichtigen. Als Daumenregel sollte so ein Risikoassessment für Unterprojekte jeweils vor einem relevanten technischen Review bzw. beim Hauptprojekt jeweils vor einem Gate-Review stattfinden. Oder natürlich situativ, wenn ein neues, bisher unbekanntes Risiko identifiziert wurde.

Bei allen anderen technischen Herausforderungen stellen Sie vor allem sicher, dass Ihre Teams darauf geschult sind, ihre Probleme selbstständig zu lösen. Das mag auf den ersten Blick hartherzig klingen, dient vor allem aber Ihrem Selbstschutz und auch dem Zweck, schneller zu einer Lösung zu kommen. Wieso ist das so und warum sollte das erfolgreich sein? Viele Menschen neigen dazu, wenn Sie auf ein Problem gestoßen sind, das bei jemand anderem abzuladen. Das ist nicht böse gemeint, sondern ist tief in der menschlichen Verhaltensstruktur verwurzelt und dient dem Zweck, den eigenen Energieaufwand zu minimieren. Die Folge davon ist, dass Sie als gutmütiger und hilfsbereiter Projektleiter sehr schnell mit unzähligen Problemen ihrer Teams zugeschüttet werden. Natürlich stecken Sie nie so tief in der Materie wie Ihr Team. Sie müssten sich also erst einmal einarbeiten, bevor Sie überhaupt die Chance haben,

8.3 Problemlösung: Coaching, Convincing, ...

eine Lösung zu finden, wozu Sie aber nicht die Zeit haben. Noch dazu können Sie nicht der Fachmann für jedes Thema sein und sind daher vielleicht auch gar nicht qualifiziert, das Problem zu lösen. Während es zumindest gut ist, dass Ihr Team Sie über ein Problem informiert hat, versuchen Sie nicht, das Problem für Ihr Team zu lösen. Zumindest nicht direkt, sondern helfen Sie Ihrem Team, das Problem selbst lösen zu können. Vereinbaren Sie also mit Ihren Teams, dass zu jedem gefundenen Problem mindestens zwei mögliche Lösungswege (noch nicht die fertige Lösung!) mit den dazugehörenden Vor- und Nachteilen Ihnen zur Entscheidung vorgelegt werden müssen. Vorher wollen Sie gar nicht darüber sprechen. Das zwingt Ihr Team, sich erst einmal selbst mit dem Problem differenziert auseinanderzusetzen und auch evtl. vom ausgetretenen Pfad des „so macht man das" abzuweichen und auch unkonventionelle Lösungswege anzuschauen. In sehr vielen Fällen wird dabei dann schnell ein gangbarer Weg gefunden, den Sie im einfachsten Falle nur noch abnicken müssen. Gleichzeitig stärkt das Ihr Team, welches Stolz darauf ist, selbstständig eine Lösung gefunden zu haben und vor allem gelernt hat, differenziert an Themen heranzugehen und auch mal „out of the box" zu denken.

Natürlich gibt es da auch die anderen Menschen, die, wenn sie auf ein Problem gestoßen sind, oft aus falsch verstandenem Stolz, nicht darüber sprechen wollen und denken, es auf Biegen und Brechen ganz allein „im stillen Kämmerlein" lösen zu müssen; oft, indem sie mittels maßloser Überstunden und Wochenendeinsätzen noch mehr Iterationen drehen und sich dann mit zunehmender „Betriebsblindheit" immer tiefer in das bereits vorhandene „Loch" graben.

Im Englischen gibt es den schönen Ausspruch: „try smarter, not harder", der letztendlich schön zum Ausdruck bringt, dass es nicht unbedingt sinnvoll ist, einfach mehr Arbeit und Energie in eine Aufgabe zu stecken, sondern dass es oft besser ist, sich erst zu überlegen, wie man das Problem auf eine andere, elegantere Weise lösen könnte. Ein weiterer Ausdruck, der hier gut passt, lautet: „When you are in a hole, stop digging".

Die Folgen sind dann oft gesprengte Projekttermine und Budgets sowie ein zunehmend frustriertes und mutloses Team. Ermutigen Sie die Teams möglichst früh über reale oder potenzielle Probleme zu berichten. Auch wenn Sie in der Regel diese Probleme nicht für das Team lösen können (und auch nicht die Zeit dafür haben), bieten Sie sich als Coach oder „Elder Statesmen" an, der das Problem gerne verstehen möchte. Indem das Team gefordert ist, Ihnen als Nicht-Fachmann, der nicht tief in der Thematik steckt, das Problem zu erläutern, ist es gleichzeitig gefordert, sich mit den dem Problem zugrunde liegenden Ursachen grundsätzlich auseinanderzusetzen. Nicht selten kommt das

Team, während es versucht, Ihnen das Problem zu erläutern, selbst auf ein paar Ideen, wie man es anders lösen könnte. Diese Methode geht angeblich auf Aristoteles zurück, der schon vor mehr als zweitausend Jahren festgestellt hat, dass ein Problem einem Dritten zu erläutern dazu beiträgt, es selbst besser zu verstehen und lösen zu können. Der Grund ist die zunehmende eigene Betriebsblindheit, wenn man mit einem Problem kämpft, die dadurch aufgebrochen wird, indem man es einem anderen erklären muss. Das können Sie selbst leicht ausprobieren, wenn Sie Ihren eigenen Kindern oder denen Ihrer Freunde z. B. mal die scheinbar ausweglose Problematik des Klimawandels oder der Überbevölkerung auf der Welt erklären wollen. Die Kinder stellen aufgrund ihres Nicht-Wissens erstaunlich gute Fragen und am Ende wird vor allem Ihnen selbst viel klarer werden, was die Ursachen sind und wie diese Probleme eigentlich zu lösen wären. Wir neigen dazu, in vorgefertigten oder einstudierten Mustern und Kausalitäten zu denken, die wir nicht mehr hinterfragen. Wie schwach deren Fundament ist, merken wir oft erst dann, wenn die jemand ganz harmlos hinterfragt: „… verstehe ich nicht. Warum ist das so?".

Diese Methode liegt im Übrigen auch vielen systematischen Problemlösungsprozessen wie z. B. der „8D-Methode" (Jung et al. [2]) zugrunde, wo ein wesentliches Element die Methode der „5 Why and 2 Hows" ist und der Benutzer aufgefordert wird, sich nicht mit einer offensichtlichen, aber oberflächlichen Begründung zufrieden zu geben, sondern diese mehrfach weiter zu hinterfragen.

> **Beispiel**
>
> Ein reales Beispiel für so eine Situation war, als eines meiner Teams bei der Entwicklung einer neuen Turbinenschaufel trotz aller Bemühungen die geforderte Lebensdauer einfach nicht erreichen konnte. Zu dem Zeitpunkt, als ich davon erfuhr, hatte das Team bereits die vorgesehene Projektdauer überschritten, war hochgradig nervös und gereizt und hatte bereits mit wechselseitigen Schuldzuweisungen begonnen. Der Lösungsansatz des Teams bestand darin, von mir noch mehr Zeit zugewiesen zu bekommen, um noch mehr Designiterationen durchführen zu können. Die verlorene Zeit sollte dann später „irgendwie wieder aufgeholt werden". Also ließ ich mir vom Team in aller Ruhe das Problem ausführlich beschreiben. Dabei wurde schnell offensichtlich, dass das Lebensdauerziel nur *vermutlich* erreicht werden könnte, dazu aber wohl eine sehr hohe Zahl weiterer Designiterationen nötig werden würde und das Gesamtprojekt (neue Turbine) auf jeden Fall um mehrere Monate verlängert werden müsste. Also fragte ich das Team, ob es denn Alternativen gäbe, um das Lebensdauer-

ziel schneller zu erreichen. Nach einem ersten Kopfschütteln meinte einer der Teammitglieder: Ja klar, wenn wir den Werkstoff XYZ verwenden dürften, was ja aber „nicht gehen würde". Warum das nicht möglich sei, fragte ich zurück. Na, weil es in der Spezifikation anders drinsteht, war die Antwort. Also ließ ich bis zum nächsten Tag untersuchen, was es für die Produktkosten bedeuten würde, wenn wir zum teureren, aber höherwertigeren Werkstoff wechseln und wie lange es dann noch dauern würde, die Schaufel fertig zu entwickeln. Die daraus resultierenden Mehrkosten der Gesamtturbine waren so gering, dass ich bereits am Ende der Woche das Okay von den Stakeholdern hatte, die Spezifikation entsprechend zu ändern und damit wieder im Terminplan zu sein. Verkauft hatte ich das den Stakeholdern auch damit, dass die Mehrkosten nur die ersten paar Schaufelsätze betreffen würden, da wir im Rahmen einer Kostenoptimierungsmaßnahme die Zeit hätten, eine günstigere Schaufel später nachzureichen. Am Ende konnte damit nicht nur der Terminplan gehalten werden, sondern infolge des besseren Werkstoffs auch Kühlluft eingespart werden, wodurch sich der Wirkungsgrad der Turbine noch weiter verbessern ließ, was den Nachteil der höheren Kosten mehr als wett gemacht hat. ◀

2. *Organisatorische und prozessuale Hürden*: Hier empfiehlt es sich grundsätzlich, Verbündete zu suchen. Bei dieser Art von Hürden oder Problemen müssen Sie oft Hand an die „Grundfesten" eines Unternehmens anlegen, wie z. B. an die eingeführten und erprobten Entwicklungsprozesse, die politisch erkämpften Zuständigkeiten und „Fürstentümer" oder schlichtweg an die Versäumnisse früherer oder aktueller Managergenerationen. Dabei empfiehlt es sich, nicht das ganze Unternehmen auf einmal ändern zu wollen, sondern im Zweifelsfalle nur eine Ausnahmeregel für Ihr Projekt zu erwirken. Sollte sich das bewähren, wird es wahrscheinlich sowieso zum neuen Unternehmensstandard werden. Gerade bei politisch aufgeheizten oder delikaten Themen suchen Sie sich am besten Verbündete, die Sie in Ihrem Anliegen unterstützen. Das können wohlwollende Stakeholder sein, die Hüter der Prozesse (z. B. ein Chief-Engineer's Office) oder bei den Stakeholdern anerkannte und geschätzte externe Reviewer und Consultants.

Natürlich müssen auch die erst überzeugt werden, und da es sich auch nur um Menschen handelt, ist es durchaus hilfreich, diesen Unterstützern eine gute Idee auch mal auf dem „silbernen Tablett" zu servieren: Das heißt, Sie schildern diesen potenziellen Verbündeten Ihr Problem, für das Sie verzweifelt eine Lösung suchen, ohne ihnen aber schon unbedingt die ganze oder auch nur Teile der Ihnen natürlich bereits bekannten Lösung zu erklären. Ein Unterstützer kämpft umso mehr für Sie, wenn er oder sie davon überzeugt ist, dass es die eigene Idee war. Diese Form der harmlosen Manipulation ist durchaus zulässig, erhöhen Sie damit doch Ihre eigenen Erfolgschancen und damit natürlich auch die Ihres Projekts, was ja im Interesse Ihres Arbeitgebers liegen sollte. Vielleicht hat der Verbündete auf der Basis Ihrer Schilderung des Problems tatsächlich noch eine viel bessere Idee. Die einzige Hürde bei dieser Vorgehensweise ist das eigene Ego, welches natürlich mit den eigenen Ideen glänzen möchte. Hier sollte sich Ihr Ego einfach ein bisschen in Geduld üben: Erfolgreiche Projekte werden immer mit deren Projektleitern identifiziert. Und der Unterstützer, der dabei auch glänzen durfte, wird weiterhin Ihr Fürsprecher, auch bei anderen Angelegenheiten bleiben.

3. *Menschliche Probleme*: Bei diesem sehr weiten Feld gibt es natürlich keine allgemein gültigen Rezepte, die für jedes Problem passen. Das liegt in der Natur der Sache, da man es ja mit etwa so vielen individuellen Problemen zu tun haben kann, wie es unterschiedliche Charaktere auf der Welt gibt. Ich selbst habe es im Laufe der Jahre mit verschiedenen Formen des Drogenkonsums, Scheidungen, Todesfällen, persönlichen Feindschaften, Depressionen und Nervenzusammenbrüchen zu tun gehabt. Alles Themen, für deren Behandlung ich natürlich nie geschult worden bin. Der Umstand, dass Ihnen die Ressourcen ja nur von Linienmanagern temporär zugeordnet worden sind, sollte Sie dabei nicht dazu verleiten, diese Probleme einfach an die jeweiligen Linienmanager abzuschieben. Am Ende ist es ja Ihr eigenes Projekt, was unter diesen Problemen leiden wird. Oder macht es Sinn, wenn sich der Konstrukteur und der Aerodynamiker in Ihrem Team nicht leiden können und sich gegenseitig Steine in den Weg legen, dass Sie das an die Linienmanager der beiden Projektmitglieder zur Lösung weitergeben? Oder würden Sie nicht erst selbst mit dem Mitarbeiter sprechen wollen, wenn es sich um ein privates Problem handelt, was seine Performance im Projekt signifikant beeinträchtigt. Natürlich sollten Sie sich stets mit den entsprechenden Linienmanagern und je nach Problem vielleicht auch mit der Personalabteilung abstimmen (wenn Sie das Problem nicht allein beheben können). Aber in vielen Fällen empfinden Mitarbeiter es als „professionellen Todesstoß", wenn Sie von einem wichtigen Projekt abgezogen werden (vorausgesetzt, sie wollen das nicht selbst). Je nach Art des Problems kann das den Mitarbeiter noch tiefer in seine Krise stoßen und am Ende mag Ihnen der Linienmanager keinen adäquaten Ersatz anbieten können, da exzellente Mitarbeiter in jedem Unternehmen Mangelware sind. Sehen Sie es also als Teil Ihrer Aufgabe, bei der Lösungsfindung im Falle menschlicher Probleme in ihrem Team nach Kräften zu unterstützen. Die anderen Teammitglieder sind ja nicht blind und sind sich des Problems des oder der Kollegen oft sehr bewusst. Die Art und Weise, wie Sie damit umgehen, wird also vom Rest des Teams wahrgenommen werden. Ein

Projektleiter, der sich dabei um seine Teammitglieder ehrlich bemüht und auch über das Geschäftliche hinweg unterstützt, individuelle Lösungen sucht und auch mal ein Auge zudrückt, wird von seinem Team umso mehr respektiert werden, was wiederum Commitment, Vertrauen und Einsatzbereitschaft erzeugt. Wissen die Teammitglieder doch, dass, wenn sie selbst mal ein Problem haben, der Projektleiter sie nicht hängen lassen wird.

8.4 Schnittstellenmanagement

Ein ganz wesentlicher Bestandteil des Projektmanagements ist das Managen von Schnittstellen. Schnittstellen existieren überall dort, wo Systeme, Baugruppen, Komponenten etc. aneinandergrenzen. Dabei kann es sich sowohl um mechanische, thermodynamische, fluiddynamische, elektrische, elektronische als auch logische Schnittstellen handeln. Diese Schnittstellen können sowohl innerhalb Ihres zu verantwortenden (Teil-)Projekts liegen oder eben auch an dessen Grenzen. Etwas später soll das anhand einiger praktischer Beispiele verdeutlicht werden.

Obwohl bei allen Projekten von zentraler Bedeutung, ist ein effektives und zielorientiertes Schnittstellenmanagement in vielen Unternehmen durchaus keine Selbstverständlichkeit. Das liegt daran, dass viele Unternehmen, je nach Art der Produkte und Branche, im Schnitt nur alle 5–20 Jahre ein wirklich komplett neues Produkt entwickeln und sich dazwischen hauptsächlich mit der Verbesserung existierender Produkte beschäftigen. In manchen Industrien oder Branchen ändern sich gewisse Schnittstellen vielleicht nie. Wird also zum Beispiel im Kraftwerksgeschäft ein neues Upgrade eines existierenden Gasturbinentyps entwickelt, dann ist ja das Ziel, es in die bestehende Flotte nachrüsten zu können. Damit das mit minimalem Aufwand und damit auch minimalen Kosten und Stillstandzeiten des Kraftwerks möglich ist, darf dabei nur so wenig wie möglich an dem bestehenden Gasturbinenlayout geändert werden. Handelt es sich beim dem Upgradeprodukt also z. B. um eine verbesserte Turbinenbeschaufelung mit höherer Effizienz und/oder längerer Lebensdauer, dann müssen sämtliche mechanischen Schnittstellen zu den Nachbarkomponenten wie Rotor, Brennkammer, Gehäuse und Abgaskanal unverändert bleiben (oder sie bedürfen nur minimaler Anpassungen, die durch Nacharbeit vor Ort realisierbar sind). Eine geänderte Schaufelzahl würde nämlich bedeuten, dass der Kunde einen anderen Rotor bräuchte, der allein schon mehrere Millionen Euro kosten kann. Ein geänderter Strömungskanal würde ein neues Gehäuse und u. U. einen neuen Abgastrakt erfordern, …, alles Mehrkosten, die das Upgradeprodukt für einen möglichen Käufer schnell unattraktiv machen kann.

Ähnliche Zusammenhänge findet man natürlich auch in allen anderen Industrien: In der Automobilindustrie müssen neue Motoren, Antriebskonzepte, Batterien, geänderte Displays, Klimaanlagen, etc. in ein existierendes Chassis passen, bis mit der neuen Modellpalette wieder alles grundsätzlich neu konstruiert und ausgelegt werden kann. Auch muss das neue Triebwerk unter den Flügel des bereits bestehenden Flugzeugtyps passen, genauso wie auch die neuesten und zukünftigen ICE-Generationen immer noch auf den gleichen Gleisen durch die gleichen Tunnel fahren und im Bahnhof an den gleichen Bahnsteigen halten müssen. Und bei der Software müssen neue Versionen immer noch für viele Jahre mit einer bereits früher verkauften Hardware kompatibel sein, siehe Smartphones, Laptops, Tablets, etc.

Exkurs Triebwerksanordnung
Bei der B737 von Boeing wurden im Laufe der Jahrzehnte wiederholt neue, effizientere Triebwerke mit größeren Seitenstromverhältnissen und damit größeren Durchmessern bei dem bestehenden Flugzeugkonzept der B737 eingeführt mit dem Ziel, die Wirtschaftlichkeit zu erhöhen und damit diesen Flugzeugtyp weiter verkaufen zu können; alles basierend auf einem Flugzeugkonzept, welches aus den 1960er-Jahren des letzten Jahrhunderts stammt. Da die Höhe des Fahrwerks nicht angepasst werden konnte oder sollte, ging das nur, indem das Triebwerk immer weiter nach vorne rückte, also von ursprünglich komplett unter dem Flügel dann teilweise vor den Flügel. Die Folge davon war, dass sich der Schwerpunkt und auch die Aerodynamik und damit die Stabilität des Flugzeugs merklich veränderten, was Boeing u. a. durch die Einführung einer Softwarelösung kompensierte, die automatisch eingreift, um instabile Flugzustände zu vermeiden. Beim bislang letzten Typ dieses Flugzeugs, der B737 Max, endete das tragisch mit zwei Flugzeugabstürzen, da die korrigierende Software sich wohl nur auf einen einzigen Messwert abstützte und bei fehlerhaftem Messwert das Flugzeug ungewollt in eine instabile Lage brachte. Dieses tragische Beispiel zeigt aber auch anschaulich, dass irgendwann ein Grundkonzept ausgereizt ist und bestehende, nicht veränderbare Schnittstellen eine Weiterentwicklung verhindern. Für Boeing bedeutet das wohl, dass die B737 Max der letzte Upgrade dieses sehr alten Flugzeugkonzepts sein dürfte und sie als Nachfolger ein komplett neues Flugzeug entwerfen müssen.

Während vorgegebene, unveränderte Schnittstellen natürlich die Freiheiten bei der Entwicklung des verbesserten Produkts und damit das Verbesserungspotenzial teilweise massiv einschränken, machen Sie das Leben des Projektleiters natürlich auch signifikant einfacher – muss er oder sie sich doch um manche Dinge keinen „Kopf" machen, sind sie doch so sicher und unverrückbar gegeben wie die Schwerkraft oder die Luft zum Atmen. Das Schnittstellenmanagement beschränkt sich in solchen Projekten in der Regel darauf, die Einhaltung der bekannten Schnittstellen zu überwachen, was auch schon eine gewisse Herausforderung darstellen kann, und vor allem davon abhängt, wie klar und eindeutig diese Schnittstellen definiert worden sind.

8.4 Schnittstellenmanagement

Ganz anders sieht es bei komplett neuen Produkten aus, wo kaum irgendeine Schnittstelle vorab festgelegt ist, sondern diese selbst ein Ergebnis des zu entwickelnden Produkts sind. Hier kommt dem Schnittstellenmanagement eine ganz entscheidende Bedeutung zu, riskieren Sie doch andernfalls, dass Sie zwar ganz hervorragende Komponenten aus den einzelnen Unterprojekten haben, aber der Zwölf-Zylinder-Motor nicht in das Chassis des Kleinwagens passt, das fünfte Rad, welches die hervorragende Kurvenlage ermöglichen soll, nicht zum Fahrgestell passt, welches nur vier Räder vorsieht, und der Fahrer leider nach hinten herausschaut ... Sie meinen, dass das eine Übertreibung ist? Im Folgenden möchte ich Ihnen das am Beispiel einer realen Entwicklung demonstrieren:

Beispiel

Ziel dieses neuen Projekts war es, eine komplett neue Gasturbine zu entwickeln, in der keine Komponente einer bestehenden Gasturbine übernommen werden sollte. Einige der zu verwendenden Technologien waren zwar vorgegeben, genauso wie, welche Leistung, welcher Wirkungsgrad und was für eine Mindestlebensdauer die Komponenten haben sollten und was das Produkt am Ende kosten darf. Die Dimensionen und Schnittstellen zwischen den Hauptkomponenten sowie deren Innenleben waren jedoch noch weitgehend undefiniert. Obwohl es sich bei dem Projektteam um viele sehr erfahrene und kompetente Ingenieure handelte, hatte noch keiner von ihnen eine komplette Neuentwicklung gemacht, nur Verbesserungen und Upgrades bestehender Produkte, wobei die Schnittstellen zu den Nachbarkomponenten weitestgehend festgelegt waren. Der Grund, warum im Team niemand Erfahrung mit der Entwicklung neuer Produkte hatte, ist der Umstand, dass eine komplett neue Gasturbine vielleicht nur alle 15 Jahre entwickelt wird. Das entspricht fast einer ganzen Generation von Ingenieuren, die dann bereits in den Ruhestand gewechselt oder neue Herausforderungen in anderen Unternehmen angenommen haben oder in anderen Rollen unterwegs sind. Auch haben sich im Laufe von 15 Jahren Technologien, Prozesse, Methoden, Vorgehensweisen, etc. so stark weiterentwickelt, dass das Wissen und die Erfahrungen der vorangegangenen Ingenieurgenerationen wahrscheinlich zumindest teilweise veraltet ist. Üblicherweise sind die Erfahrungen aus der letzten großen Entwicklung sowieso nicht dokumentiert worden, ist dafür ja typischerweise am Ende eines Projekts nie Zeit übrig (werden die Mitarbeiter ja schon wieder dringend für andere Projekte benötigt) und Ingenieure sind sowieso nicht dafür bekannt, gerne Dokumente zu schreiben.

Meine Rolle war es damals, die für den Erfolg des Gesamtprodukts sehr wichtige Turbine zu entwickeln. Neben der Erreichung der Turbinenleistung zum Antrieb des Verdichters und des Generators sowie des in den Gesamtwirkungsgrad einzahlenden Turbinenwirkungsgrads waren die wesentlichen Herausforderungen vor allem die hohen Lebensdauerziele der Schaufeln zu erreichen bei einem minimalen Kühlluft- und Leckageluftverbrauch. Mehr Kühlluftverbrauch zur Steigerung der Lebensdauer ist dabei gleichbedeutend mit einer schlechteren Effizienz der Gasturbine und die Verwendung höherwertiger Materialien, um Kühlluft einzusparen, ist gleichbedeutend mit signifikant höheren Produktkosten. Um also den Kühlluftverbrauch optimieren zu können, ohne auf teurere Materialien zurückgreifen zu müssen, ist es entscheidend, die Temperaturverteilung am Eintritt in die Turbine möglichst genau zu kennen. Da dieses Temperaturprofil durch die Brennkammer stromauf der Turbinen gegeben ist, fragte ich den für die Brennkammer zuständigen Projektleiterkollegen, wie das Temperaturprofil am Austritt der Brennkammer denn aussehen würde. Er antwortete mir sehr ehrlich, dass er das heute noch nicht wisse. Auf meine Frage, bis wann er es denn wisse, sagte er mir, bis die Prototypmessungen an der fertigen Gasturbine gemacht und ausgewertet worden seien. Auf meinen Einwand, dass dann aber die Turbine ja auch bereits fertig sei und nicht mehr geändert werden kann, zuckte er nur mit den Achseln. Ein klassisches „Huhn-oder-Ei"-Problem. Was dann folgte, war für alle Beteiligten sehr schmerzhaft, da tatsächlich bis dato kein erprobter und freigegebener Entwicklungs- oder Schnittstellenprozess existierte, der vorgab, wie mit dieser Situation umzugehen ist, es aber eine schnelle Antwort brauchte, um das Projekt nicht zu verzögern. Zudem schalteten sich angesichts der Bedeutung für den Erfolg des Projekts auch die Stakeholder in einer nicht immer sehr konstruktiven und hilfreichen Weise ein. Das mündete u. a. darin, dass ich als Turbinenprojektleiter den Auftrag erhielt, das von mir gewünschte Turbineneintrittsprofil festzulegen und die Brennkammer das dann zu liefern hätte (das ist in etwa so hilfreich, als wenn Sie als Pilot den Auftrag erhalten haben, festzulegen, wie nächstes Jahr am 15. Januar das Wetter am Chicagoer Flughafen[4] sein soll und der Flughafen das dann so einzustellen hat), während der Brennkammerprojektleiter dafür gerügt wurde, dass er das Profil noch nicht kannte.

Natürlich ließ sich das Problem dann nur durch eine enge Zusammenarbeit zwischen den Entwicklungsteams für Turbine und Brennkammer lösen, wobei auf der Basis der Auswertung bekannter Brennkammern ein wahrscheinliches Temperaturprofil definiert wurde, wobei seitens des Turbinen-Teams noch ein paar „Worst-case"-Annahmen eingeflossen sind. Das Ziel dieser Vorgehens-

---

[4] Eine ernstzunehmende Empfehlung: Reisen Sie im Winter nie über den Flughafen Chicago. Kurzfristig einsetzende Schneestürme sind dort im Winter eher die Regel und bringen Ihren Reiseplan schnell durcheinander.

8.4 Schnittstellenmanagement

weise war, dass evtl. später in der Realität gefundene Abweichungen von diesem so definierten Temperaturprofil nicht gleich zu einem unakzeptablen Verlust von Lebensdauer führen wird bzw. durch spätere, einfache Maßnahmen noch etwas Kühlluft umverteilt bzw. eingespart werden kann. ◄

Die Crux bei dem Schnittstellenmanagement ist, dass es ganz unterschiedliche Arten davon gibt: Bei manchen ist die Beziehung zwischen den Schnittstellenparteien, wer also „Kunde" und wer „Lieferant" ist, ganz offensichtlich klar. In dem oben genannten Beispiel ist der „Kunde" die Turbine und der „Lieferant" die Brennkammer. Das änderte aber nichts daran, dass diese Schnittstelle trotzdem nicht leicht zu bedienen war. Bei anderen Schnittstellen gibt es keine klare Kunden-Lieferanten-Beziehung und es können auch mehr als zwei Parteien involviert sein. Um bei dem obigen Beispiel zu bleiben: Die mechanische Schnittstelle zwischen Brennkammer und Turbine schließt auch noch das Gehäuseteam mit ein, welches ebenfalls betroffen ist. Die Turbine selbst hat mechanische und thermodynamische Schnittstellen zum Rotor und Gehäuse und, ganz wichtig, auch zum Sekundärluftsystemteam, welches die für die Erreichung der Lebensdauer der Turbine so wichtige Kühl- und Leckageluft nicht nur an der geometrisch richtigen Stelle, sondern auch mit der richtigen Menge und Temperatur liefern muss und welches seinerseits dann wieder Schnittstellen mit Rotor und Gehäuse, aber auch mit dem Verdichter geometrisch und aerodynamisch aufweist und die Gesamtperformance der Gasturbine maßgeblich beeinflusst. Da sich auch erst im Laufe der Entwicklung der Turbine die genauen Mengen und Temperaturbedürfnisse pro Schaufelreihe ergeben, muss das Sekundärluftsystem kontinuierlich nachsteuern, was dann unmittelbar wieder Auswirkungen hat auf den Verdichter und die durch die Brennkammer geleitete und für den Verbrennungsprozess verfügbare Luftmenge. Je nachdem, wie heiß dabei der Rotor und das Gehäuse tatsächlich werden, ändern sich dann wiederum die in der Turbine ankommenden Kühllufttemperaturen.

Wie man hier gut erkennen kann, handelt es sich bei den Schnittstellen um sehr komplexe und oft mehrdimensionale Wechselwirkungen zwischen den verschiedenen Komponenten, oder allgemeiner, zwischen verschiedenen Unterprojekten in einem größeren Projekt. Das korrekte Verständnis dieser Schnittstellen sowie deren effizientes und transparentes Management können dabei schnell über Erfolg oder Misserfolg des Projekts entscheiden. Ein erster wichtiger Schritt in jedem Projekt sollte daher sein, schon gleich zu Anfang alle Schnittstellen zu identifizieren, sie eindeutig zu definieren hinsichtlich der involvierten Parteien, der auszutauschenden Größen, der logischen Abhängigkeiten und des Managements (Abfragehäufigkeit, Revisionierung, Eskalationen, …) und Überwachung der Gültigkeit/Qualität dieser Schnittstellen. Das findet dabei nicht nur im übergeordneten Hauptprojekt, sondern bedarfsweise auch in den Unterprojekten statt, die ihrerseits wieder interne Schnittstellen aufweisen können. Entscheidend dabei ist auch, dass die verschiedenen, interagierenden Unterprojekte dabei auch synchronisiert hinsichtlich der „Maturity", also des Reifegrades der Schnittstellendaten getaktet sind. Es macht keinen Sinn, wenn die Turbine schon praktisch fertig entwickelt ist und dann erst die Rotorentwicklung startet. Im dümmsten Falle könnten nämlich die in der Turbine entwickelten Schaufeln zu schwer sein, sodass der Rotor die gar nicht tragen kann. Das hätte dann zur Folge, dass entweder teurere Werkstoffe zum Einsatz kommen müssen, der Rotor aktiv gekühlt werden muss (was dann Performance kostet) oder die Turbinenentwicklung wieder neu von vorne beginnen muss.

Beispiel

In dem oben genannten Entwicklungsprozess ist so etwas tatsächlich fast passiert: Die Unterprojekte Rotor und Gehäuse, gewohnt, dass die Turbine immer das am längsten laufende Unterprojekt ist, hatten mit ihrer Auslegung erst spät begonnen. Was sie nicht bedacht hatten ist, dass das Turbinen-Projekt zum ersten Mal Methoden wie Rapid-Prototyping einsetzte, die wesentlichen Lieferanten schon zum frühestmöglichen Zeitpunkt eingebunden und auch sonst einige Entwicklungsschritte parallelisiert hatte und damit rund 15 Monate schneller war als in der Vergangenheit. Konsequenterweise war die Turbine schon fast fertig entwickelt, als Rotor und Gehäuse mit deren Entwicklungen anfingen. Als Turbinenprojektleiter habe ich dann auch fast einen Herzinfarkt bekommen, als eines Tages plötzlich die Meldung vom Gehäuseteam eintraf, dass die Turbinenleitschaufeln zu heiß würden und daher der Leitschaufelträger nicht halten wird und dass wir diese Schaufeln stärker kühlen müssten. In anderen Worten: entweder das Ziel für die Performance oder für die Kosten opfern oder die komplette Turbine mit den neuen Randbedingungen neu entwickeln. Glücklicherweise entpuppte sich das ganze Problem dann als „Ente", ausgelöst durch eine falsche Definition der Randbedingungen für die Gehäuseberechnung. Aber um Haaresbreite wäre das Ganze zum Desaster geworden. ◄

Natürlich gibt es auch für das Schnittstellenmanagement kommerzielle und proprietäre elektronische Werkzeuge. Auch hier möchte ich wieder vor solchen automatischen Softwarewerkzeugen warnen, die versprechen, dem Projekt das Denken und Verstehen abnehmen zu wollen. Bevor Sie sich auf die verlassen, stellen Sie sicher, dass sie sich für Ihr Projekt eignen und die zum Teil sehr komplexen Abhängigkeiten auch wirklich realistisch abbilden. Insbesondere müssen diese Werkzeuge eine vernünftige Datenrevisionierung sicherstellen und auch er-

8.4 Schnittstellenmanagement

möglichen, in der Entwicklungshistorie wieder ein paar Schritte zurückgehen zu können, ohne dass dabei früherer Daten überschrieben worden oder verloren gegangen sind.

▶ **Tipp** Machen Sie erst Ihre „Hausaufgaben" bzgl. Schnittstellenidentifikation, Definition und Abhängigkeiten und schauen Sie sich erst dann nach einem Werkzeug zum Management der Schnittstellen um. Erfahrungsgemäß führt der umgekehrte Weg dazu, dass das Werkzeug Ihnen vorschreibt, wie Sie die Schnittstellen zu bedienen haben. Um es mit den Worten meines Doktorvaters auszudrücken: Die Werkzeuge sind dazu da, uns in dem zu unterstützen, was wir brauchen, und nicht, uns vorzuschreiben, was wir tun können und was nicht.[5]

Neben den oben beschriebenen klassischen gibt es aber auch andere, weniger offensichtliche Schnittstellen. Zu nennen wären dabei die organisatorischen Schnittstellen der Entwicklung zur Fertigung und zum Service. Das tollste Produkt mit der besten Performance und der längsten Lebensdauer etc. nützt nichts, wenn es nicht oder nur mit immensem Aufwand gebaut bzw. später nur aufwendig gewartet oder instandgesetzt werden kann. Diese auch als „Design-to-Manufacturing" bzw. „Design-to-Service" bezeichneten Schnittstellen haben einen wichtigen Einfluss auf den kommerziellen Erfolg eines Produkts, der sich gerade bei wartungsintensiven Produkten nicht nur aus der Performance und den initialen Investitionskosten, sondern auch aus den Betriebskosten über den gesamten Lebensdauerzyklus zusammensetzt, also den Life-Cycle-Costs (LCC). Diese dürfen nicht mit der weniger scharf definierten und schwerer quantifizierbaren Total-Cost-of-Ownership (TCO) verwechselt werden, welche eher bei den wartungsarmen Konsumgütern Verwendung findet. Die Erzielung niedriger Life-Cycle-Costs müssen schon bei der Entwicklung berücksichtigt werden, um ein insgesamt für die Kunden attraktives Produkt darzustellen. Das gleiche gilt im Prinzip auch für die Entwicklung von Dienstleistungen. Was nützt einem Kunden ein Dienstleistungsangebot (z. B. eine Anlagen-Remote-Überwachung oder automatische Optimierung), wenn er für dessen Nutzung immense Kosten zu tragen hat bzw. die nur bei bestimmten Randbedingungen funktionieren kann, die der Kunde selbst aber nicht unter Kontrolle

---

[5] Sonst in jeder Hinsicht ein ruhiger, ausgeglichener und sachlicher Mensch, hat ihn nichts mehr in Rage bringen können, als wenn ein Student oder Doktorand ihm sagte, dass „diese Auswertung so aussieht, weil das Graphiktool es nicht anders kann". Oder um es noch plakativer auszudrücken: Was ihn auf die Palme gebracht hat war die Einstellung der Menschen: „Wenn mein einziges Werkzeug ein Hammer ist, dann ist jedes Problem ein Nagel".

hat (z. B. Netzabdeckung und Bandbreite). Die spätere Realisierbarkeit und Verfügbarkeit muss hier ebenso schon während der Entwicklung berücksichtigt werden und wird u. U. das Ergebnis der Entwicklung entscheidend beeinflussen.

Am Ende müssen auch diese Schnittstellen bedient werden, die zumeist aber nicht scharf definierbar sind und daher am besten dadurch abgedeckt werden, indem schon bei der Konzeptionierung des neuen Produkts erfahrene Vertreter aus Fertigung und Service Teil des Entwicklungsteams sind.

Beispiel

Tatsächlich habe ich selbst in einer praktischen Schulung in einem Gasturbinen-Servicecenter in den USA erleben müssen, wie ein technisch sehr gutes Produkt nahezu unmöglich zu warten war. Bei der Montage von Ersatzteilen wurden teilweise teures Spezialwerkzeug bzw. spezielle Vorrichtungen gebraucht und der Monteur schien auch drei Hände zu benötigen. Dagegen war der gleiche Arbeitsschritt bei einem anderen Produkt, welches unter den Gesichtspunkten der Wartbarkeit entwickelt worden war, mit einfachsten Mitteln und sehr schnell durchführbar. ◄

8.5 Agiles Projektmanagement: Dynamische Ziel- und Plananpassung

Agilität als ein zentrales Element für das erfolgreiche Projektmanagement ist bereits an verschiedenen Stellen in diesem Buch angesprochen worden, insbesondere die Bedeutung der regelmäßigen Zielüberprüfung und gegebenenfalls notwendigen Anpassung dieser Ziele. In diesem Abschnitt geht es nun darum, wie das in einer strukturierten und zielgerichteten Weise erfolgt, ohne ein Projekt ins Chaos unverträglicher oder sogar widersprüchlicher Ziele zu stürzen.

Zunächst einmal muss hier zwischen den verschiedenen, in jedem Projekt existierenden Ebenen der Projektziele und den dazu gehörenden Aufgaben und Vorgehensweisen unterschieden werden. Grundsätzlich gibt es in den meisten Projekten mindestens drei, aufeinander aufbauende Zielebenen, die unterschiedliche Vorgehensweisen erfordern und im Folgenden beschrieben werden sollen:

- *Sprintebene:* Hierbei handelt es sich um die unterste Ebene in einem Projekt, dort, wo die Teams konkrete Bauteile, Module oder Funktionalitäten entwickeln. Diese Aufgaben sind bei agilen Projekten in Form von Sprints organisiert. Dabei werden die im Projekt auszuführenden Entwicklungsaufgaben vom

8.5 Agiles Projektmanagement: Dynamische Ziel- und Plananpassung

jeweiligen Unterprojektleiter zusammen mit seinem Team in Form von Sprints strukturiert mit kurzfristig zu erreichenden Zwischenzielen am Ende dieser Sprints. Dabei muss zwischen Sprintzielen und den spezifizierten Bauteil-, Modul- oder Funktionalitätszielen unterschieden werden, wobei Letztere in die darüber liegenden Komponentenziele einzahlen, aber in der Regel nicht mit diesen identisch sind. Diese sind nicht zu verwechseln mit den Sprintzielen: Diese stellen sinnvolle Zwischenmeilensteine auf dem Weg zur Erreichung der Bauteilziele dar, z. B. in der Form von am Ende eines Sprints abzuschließenden Simulationen, Analysen, Auswertungen, Validierungsschritten, Dokumenten, Daten, Informationen, etc.

- *Komponentenebene:* Das ist die nächsthöhere Ebene, bei der mehrere der entwickelten Bauteile, Module oder Funktionalitäten zu einer Komponente des zu entwickelnden Systems zusammengefasst werden. Mit Komponente ist hierbei ganz allgemein z. B. eine aus mehreren Bauteilen bestehende Komponente, eine aus mehreren Modulen gebildete Baugruppe oder eine aus einzelnen logisch zusammengehörenden Funktionalitäten gebildete Funktionsgruppe gemeint. Für diese Komponente bestehen konkrete, in deren Spezifikation definierte Zielgrößen, z. B. in Form von Performancewerten, Kosten oder Leistungsumfang. Diese Ziele zahlen wiederum in die des darüber liegenden Systems ein, sind aber in der Regel nicht identisch mit den Systemzielen.
- *Systemebene:* Das ist die oberste Ebene als Summe aus den darunterliegenden Komponenten, die das Gesamtsystem, oder auch allgemeiner das Kundenprodukt oder die Applikation, ausmachen. Die spezifizierten Ziele des Systems enthalten dabei auch die unmittelbar für die Kunden relevanten Eigenschaften, die sich so auch im Business Case wiederfinden.

In Abb. 8.1 ist das schematisch anhand dreier Projektebenen dargestellt. In der Praxis können das auch mehr oder weniger Ebenen und diese auch komplexer aufgebaut sein. Grundsätzlich gilt aber, dass die Ziele der unteren Ebenen jeweils in die Ziele der darüber gelegenen Ebene einzahlen bzw. die Ziele der nächst tieferen Ebene durch die darüber liegende Ebene bestimmt werden, die die eigenen Ziele auf die tieferliegende Ebene herunterbricht.

Beispiel

Um das an einem konkreten Beispiel einer Gasturbinenentwicklung zu erläutern: Die Summe der benötigten Kühlluftmengen der einzelnen Turbinenschaufelreihen (Bauteile) in einer Turbine (Komponente) liefert deren Gesamtkühlluftbedarf, was ein wichtiger Einflussfaktor bei der Bestimmung des für

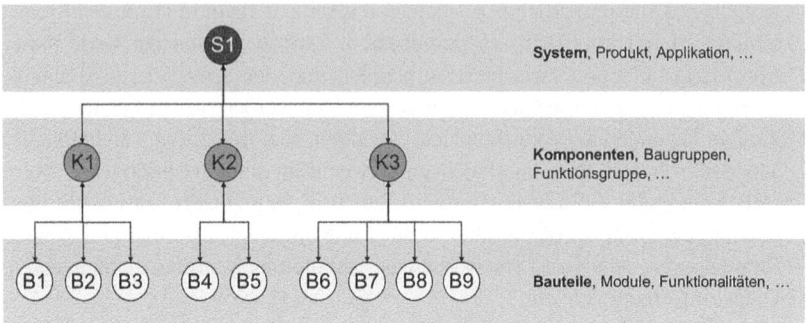

Abb. 8.1 Schematische Darstellung eines Projekts mit mehreren Ebenen, wobei die pro Ebene spezifizierten Ziele jeweils in die Ziele der nächsthöheren Eben einzahlen

den Kunden relevanten Gesamtwirkungsgrads der Gasturbine (System) ist. Benötigt eine Schaufel also mehr Kühlluft als ursprünglich spezifiziert, kann das aber u. U. durch Kühllufteinsparungen bei einer oder mehreren anderen Schaufelreihen kompensiert werden, ohne dass sich dabei der Gesamtkühlluftbedarf und damit der Gesamtwirkungsgrad der Gasturbine ändern muss. Diese Art der Zielanpassungen für die einzahlenden Bauteile mit der Absicht, das Komponentenziel beizubehalten, kann also allein auf der Komponentenebene stattfinden. Gelingt dies jedoch nicht, ein Anstieg des Gesamtkühlluftbedarfs ist unvermeidlich, dann kann versucht werden, diesen negativen Einfluss auf den Gesamtwirkungsgrad der Gasturbine dadurch zu kompensieren, dass die Ziele anderer Komponenten angepasst werden, also z. B. der Verdichter ein höheres Ziel für den aerodynamischen Wirkungsgrad erhält oder der Brennkammer weniger Kühlluft zur Verfügung gestellt wird. Diese Zielanpassung der Komponenten findet dabei auf der Systemebene statt, wodurch im Erfolgsfalle der für den Kunden und damit für den Business Case allein relevante Gesamtwirkungsgrad des Systems unverändert bleibt.

Neben diesen direkt auf ein einzelnes Ziel bezogenen Anpassungen besteht aber auch die Möglichkeit von Trade-offs zwischen unterschiedlichen Zielen sowohl auf Bauteil-, Komponenten- oder Systemebene. So könnte in diesem Beispiel auch die höhere benötigte Kühlluftmenge einer Schaufelreihe dadurch reduziert werden, indem ein höherwertiges Material verwendet wird. Die damit verbundene Kostenerhöhung der Turbine kann u. U. durch eine gegenüber der ursprünglichen Zielsetzung verringerte Kühlluftmenge und damit einen verbesserten Gesamtwirkungsgrad kompensiert werden (siehe Qualitätsdreieck im Kapitel 3). Voraussetzung ist, dass der Business Case dabei aus Kundensicht

8.5 Agiles Projektmanagement: Dynamische Ziel- und Plananpassung

unverändert positiv bleibt bzw. sich nur in gewissen zulässigen Grenzen verschiebt, indem z. B. einem etwas erhöhten CAPEX ein merklich reduzierter OPEX gegenübersteht. ◄

In der Praxis müssen die Ziele auf den verschiedenen Projektebenen aktiv gemanagt werden, genauso wie die zuvor besprochenen Schnittstellen zwischen Bauteilen und Komponenten. Initial werden die Ziele auf allen Ebenen vor dem Start der Konzeptphase definiert. Dabei werden die Ziele auf der Systemebene sukzessive in Ziele auf der jeweils nächst tieferliegenden Ebene heruntergebrochen, bis die Ziele auf allen Ebenen definiert worden sind, die in sich schlüssig und konsistent sind und damit die Ziele auf der Systemebene unterstützen. Wie in früheren Kapiteln beschrieben, werden die Ziele auf allen Ebenen dabei nach dem SMART-Prinzip[6] formuliert, um damit ein für den potenziellen Kunden wirklich attraktives Produkt am Ende der Entwicklung zu erhalten.

Persönlich bevorzuge ich hier jedoch anstelle von „attraktiv" den Begriff „ambitioniert": Ein ambitioniertes Ziel ist automatisch auch attraktiv. Ein attraktives Ziel muss aber nicht ambitioniert sein. Wie bereits an anderer Stelle erörtert, sollten Ziele immer ambitioniert, aber realistisch gewählt werden, sodass sichergestellt ist, dass selbst bei einer gewissen Zielverfehlung dabei immer noch ein für die Kunden sehr interessantes Produkt herauskommt. Es liegt nun mal in der Natur des Menschen, dass er sich „strecken" muss, um überdurchschnittliche Leistungen zu liefern.

Auf der Basis dieser Ziele und unter Berücksichtigung eines Projektrisikoassessments sowie der Möglichkeiten, Projektaufgaben zu parallelisieren, wird der Projektplan jedes Unterprojekts auf der Bauteileebene erstellt. Aus der Summe dieser Pläne baut sich dann bottom-up der initiale Gesamtprojektplan auf (Abb. 8.2).

Die Projekte auf der untersten Ebene definieren dann ihre ersten Sprints, basierend auf deren eigenen Projektplänen und den darin zu erreichenden Bauteileprojektzielen, also die zu erreichenden Zwischenziele am Ende des ersten Sprints. Am Ende dieses Sprints reflektiert das Team dabei dessen Erreichung bzw. die bis dahin gewonnenen Erkenntnisse. Auf dieser Basis werden dann die Zwischenziele des nächsten Sprints definiert und gestartet. Solange das Team überzeugt ist, die definierten Bauteileprojektziele weiterhin erreichen zu können, vielleicht nur mit kleineren Korrekturen am eigenen Plan (z. B. Länge und Inhalt einzelner Aufgaben, die aber im Rahmen des Budgets, der Ressourcen und der gesetzten Ter-

---

[6] SMART = *S*pezifisch, *M*essbar, *A*ttraktiv, *R*ealistisch, *T*erminiert, z. B.: [1].

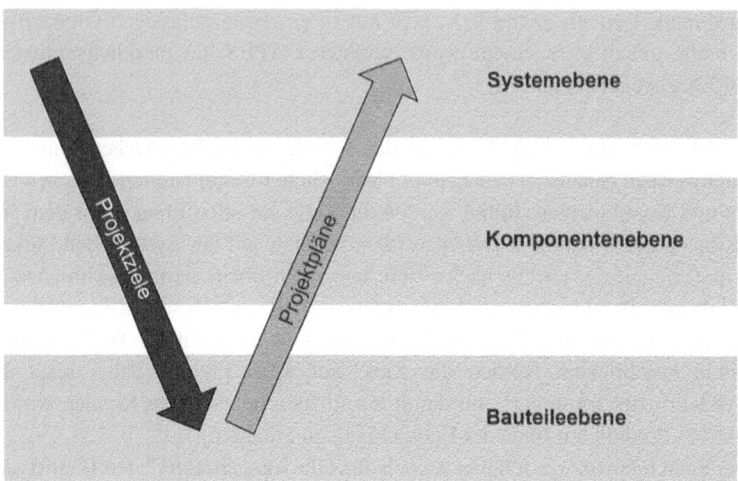

Abb. 8.2 Ziele werden top-down auf die darunterliegenden Projektebenen heruntergebrochen; der Projektplan wird bottom-up von den unteren Projektebenen nach oben aufgebaut

mine erreicht werden können) und ohne Einfluss auf die Zielerreichung auf der nächsthöheren Komponentenebene, besteht kein Bedarf, irgendwelche Ziele anpassen zu müssen oder einer Eskalation mit dem nächsthöheren Projektlevel. Das Projektteam agiert hier weitgehend selbstständig und eigenverantwortlich. Im weiter unten beschriebenen „Green-Meadow-Chart", bleibt der Status des Unterprojekts damit auf „grün". Erst wenn eindeutige Indikatoren darauf hinweisen, dass ein oder mehrere Ziele des Unterprojekts gefährdet sind, besteht ein Kommunikations- bzw. ein Eskalationsbedarf an die nächsthöhere Projektebene. Im „Green-Meadow-Chart" wechselt der Projektstatus dann auf „gelb", um den Handlungsbedarf zu dokumentieren. Das Projektteam wird in diesem Fall auf den Projektleiter der nächsthöheren Komponentenebene zugehen, das Problem bzw. die neue Erkenntnis schildern und dabei idealerweise zwei bis drei gangbare Vorschläge zur weiteren Vorgehensweise liefern.

Der Projektleiter auf der Komponentenebene wird daraufhin zusammen mit seinen Bauteileprojektleitern prüfen, ob er das Problem auf seiner Ebene lösen kann, ohne eine Anpassung der Ziele (Zeit, Kosten, technische Ziele, etc.) auf Komponentenebene. Wenn ja, dann besteht kein Bedarf, das auf die nächsthöhere Ebene zu eskalieren, da die Systemziele davon nicht betroffen sind. Eventuell müssen jedoch die Ziele der Projekte auf Bauteileebene individuell angepasst werden

8.5 Agiles Projektmanagement: Dynamische Ziel- und Plananpassung

und gegebenenfalls auch deren Projektpläne. Anpassungen können dabei sowohl terminlicher Natur sein (z. B. eine Verzögerung eines Bauteileprojekts, die jedoch idealerweise noch im Rahmen des Projektpuffers abzufangen ist), als auch die Projekt- oder Bauteilekosten ebenso wie technische Ziele betreffen (wobei z. B. Tradeoffs zwischen verschiedenen Bauteileprojekten innerhalb einer Komponente erfolgreich waren, siehe auch das Turbinenbeispiel weiter oben). Dabei kann es notwendig werden, den Einfluss der Zielanpassung auf den Business Case des Produkts zu überprüfen, um spätestens beim nächsten Gate-Review des Projekts die Neutralität der Zielanpassungen auf das Produkt nachweisen zu können; ebenso, ob diese Zielanpassung zu neuen, bisher nicht berücksichtigten Projektrisiken führt, die dann in der Revision des Projektplans berücksichtigt werden müssen. Hier ist Vorsicht geboten: Auch wenn eine Lösung gefunden worden ist, die eine Revision der Komponentenziele unnötig erscheinen lässt, kann sich im Rahmen der Risikobewertung herausstellen, dass zusätzliche Maßnahmen zur Risikomitigation erforderlich werden, wofür zusätzliches Budget und/oder Ressourcen erforderlich sind. Als Folge müssen dann doch noch Ziele auf Komponentenebene angepasst werden, quasi durch die „Hintertür", und natürlich muss dann dazu das Thema auf die Systemebene eskaliert werden.

Jede Form der Anpassung erfordert dabei unbedingt eine offiziell durch den nächsthöheren Projektleiter freizugebende Revision der betroffenen Bauteilespezifikationen inkl. der Dokumentation der Gründe für die Revision. Nur auf diese Weise kann sichergestellt werden, dass alle involvierten Parteien stets wissen, was die offiziell gültigen und einzig relevanten Projektziele sind, an dem sich das Projektteam orientieren muss. Sämtliche Ziele früherer Revisionsstände sind dabei nur noch historisch interessant, aber für das laufenden Projekt bedeutungslos.

In Abb. 8.3 ist diese Vorgehensweise schematisch dargestellt. Ausgehend von der Problemmeldung durch das Bauteileprojekt, sucht der Projektleiter auf Komponentenebene zusammen mit seinen Projektleitern auf Bauteileebene eine Lösung z. B. durch Umverteilung von Zielen bzw. durch geeignete Beschleunigungsmaßnahmen, etc. War diese Lösungsfindung erfolgreich, ohne dass hierzu die Komponentenziele angepasst werden müssen, werden die Bauteileziele neu definiert und die entsprechenden Projektpläne angepasst. Am Ende werden dann auch die Spezifikationen der betroffenen Bauteile revidiert und neu freigegeben. Natürlich sollte der Projektleiter auf Systemebene stets über solche Anpassungen informiert werden, auch wenn die Systemebene davon unberührt bleibt.

Ist eine Lösung auf Komponentenebene nicht möglich, dann besteht ein Eskalationsbedarf auf die Systemebene, wo analog zur Bauteileebene jetzt seitens

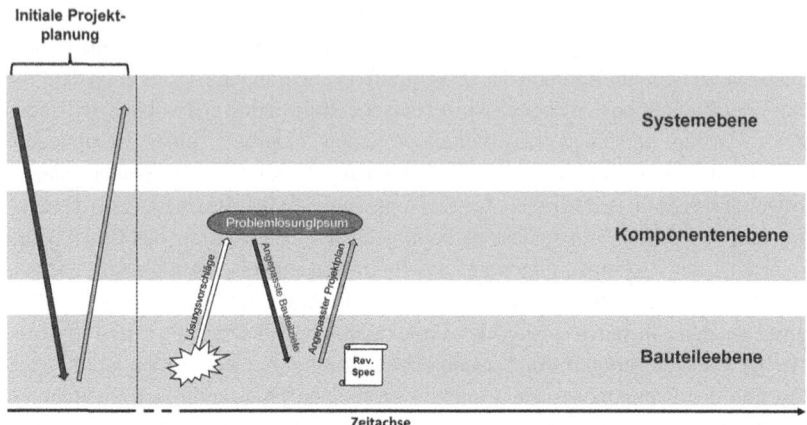

Abb. 8.3 Schematische Darstellung der agilen Problemlösung auf Komponentenebene

des verursachenden Komponentenprojektleiters dem Projektleiter auf Systemebene konkrete Vorschläge zur weiteren Vorgehensweise unterbreitet werden müssen. Der Projektleiter auf Systemebene ist dann seinerseits gefordert, zusammen mit allen Komponentenprojektleitern eine Lösung zu finden. Idealerweise, ohne die Systemziele anpassen zu müssen, aber evtl. unter Anpassung der Komponentenziele. Diese müssen dann gegebenenfalls wieder auf die Bauteileziele der betroffenen Komponenten heruntergebrochen werden, die ihrerseits gegebenenfalls die Projektpläne entsprechend anpassen müssen. Dabei müssen dann auch die Spezifikationen sämtlicher betroffener Unterprojekte (auf Komponenten- und Bauteileebene) revidiert werden. Solange dabei die Systemziele nicht beeinträchtigt werden, besteht keine Notwendigkeit des Projektleiters, auf Systemebene die Stakeholder des Projekts bei der Entscheidungsfindung einzubeziehen. Wie zuvor auf Komponentenebene empfiehlt es sich jedoch, auf der Basis der gemachten Zielanpassungen den Business Case zu überprüfen, damit spätestens beim nächsten Gate-Review nachgewiesen werden kann, dass die Zieländerung sachlich korrekt war. Zum Zeitpunkt des nächsten Gate-Reviews müssen nämlich auch sämtliche zwischenzeitlich vorgenommenen Zieländerungen den Stakeholdern vorgestellt werden. Auch sollte der Projektleiter auf Systemebene die Stakeholder in geeigneter Weise über die Anpassungen informieren, ohne dass da jedoch seitens der Stakeholder ein unmittelbarer Handlungsbedarf besteht. Diese Vorgehensweise ist schematisch in Abb. 8.4 dargestellt.

8.5 Agiles Projektmanagement: Dynamische Ziel- und Plananpassung

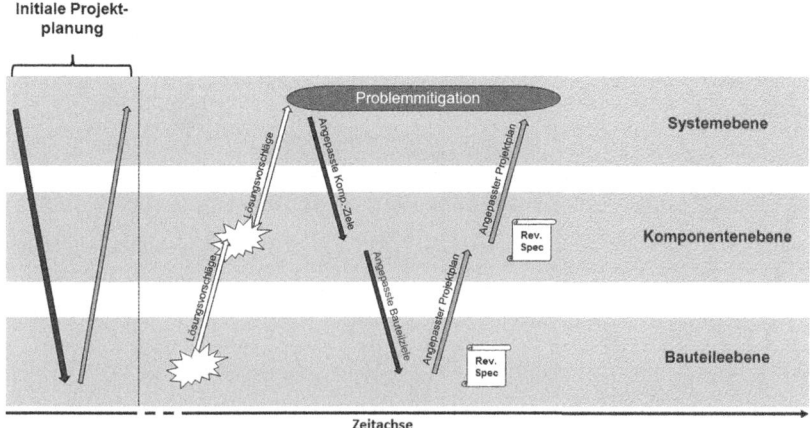

Abb. 8.4 Schematische Darstellung der agilen Problemlösung auf Systemebene

▶ **Tipp** Die Information der jeweils nächsthöheren Ebene, selbst bei gefundener Lösung für das Problem, ist in erster Linie erstmal eine vertrauensbildende Maßnahme. Halten Sie Ihre Stakeholder auf dem Laufenden und man wird Ihnen den Freiraum lassen, so zu agieren, wie es für das Projekt am dienlichsten ist. Außerdem geben Sie damit der nächsthöheren Instanz auch immer die Möglichkeit, zeitnah intervenieren zu können, z. B., wenn sich dort aufgrund von Informationen, die Ihnen nicht vorliegen, auch alternative Lösungswege oder Ansätze anbieten.

Nur im Falle, dass eine Zielanpassung auf Systemebene unumgänglich wird, ist der Systemprojektleiter gezwungen, dies zu den Stakeholdern zu eskalieren und Vorschläge zur weiteren Vorgehensweise zu unterbreiten. Dabei muss er den zu jedem Vorschlag gehörenden Einfluss auf den Business Case des Produkts sowie mögliche Projektverzögerungen und Mehrkosten quantifiziert haben, um eine schnelle Entscheidung herbeiführen zu können.

Um im Zweifelsfalle aber keine Zeit zu verlieren (alle Stakeholder zusammenzubekommen und eine gemeinsam getragene Entscheidung zu bekommen kann dauern und eine Entscheidung mag auch unter Umständen erst beim nächsten Gate-Review gefällt werden), sollte das Projekt auf jeden Fall mit dem vom Projektleiter auf Systemebene favorisierten Vorschlag fortfahren.

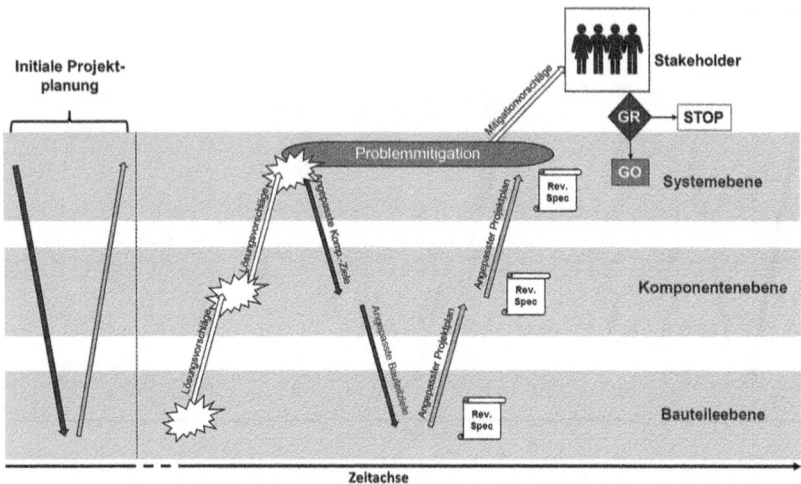

Abb. 8.5 Schematische Darstellung der Problemlösung unter Einbezug der Stakeholder

Wie in Abb. 8.5 dargestellt handelt es sich hierbei jedoch nicht mehr um eine Problemlösung im Sinne unveränderter Produktentwicklungsziele, sondern um eine Problemmitigation, also die Findung eines Kompromisses oder eines Tradeoffs zwischen verschiedenen Projektzielen, um weiterhin das unter den gegebenen Umständen attraktivste Produkt sicherzustellen. Sollte der resultierende Business Case jedoch nicht mehr attraktiv genug sein, besteht hier die Möglichkeit der Stakeholder, das Projekt abzubrechen und die damit freiwerdenden Ressourcen für erfolgversprechendere Projekte einzusetzen.

In der hier geführten Diskussion wurde immer davon ausgegangen, dass es sich bei den Auslösern für eine Ziel- und Plananpassung um ein gefundenes Problem handelt. Tatsächlich könnte es sich aber auch um eine gefundene Opportunity handeln, die es ermöglicht, gewisse Ziele übererfüllen zu können, was dann zu einem noch besseren Produkt führen kann oder auch dazu eingesetzt wird, zuvor identifizierte Projektrisiken zu vermeiden und damit z. B. Entwicklungskosten für die Entwicklung von Alternativlösungen einzusparen. Die Vorgehensweise wäre im Falle solcher Opportunities ähnlich wie im Falle von Problemen, da ebenso auf System-, Komponenten- und Bauteileebene gegebenenfalls Ziele und Pläne angepasst und damit auch deren Spezifikationen revidiert werden müssten.

Die Agilität bei dieser Art des Projektmanagements besteht darin, dass die Projektleiter auf allen Ebenen die Freiheit und auch die Autorität besitzen, ihre Pläne und die Ziele der nächst tieferen Ebene situativ und ohne Freigabe durch die

8.5 Agiles Projektmanagement: Dynamische Ziel- und Plananpassung

nächst höhere Instanz anpassen zu dürfen, solange die Erreichung der Ziele auf ihrer eigenen Ebene gewährleistet bleibt; auch darin, die Autorität zu besitzen, noch vor der offiziellen Freigabe der neuen Ziele nach bestem Wissen und Gewissen und ohne Verzug an der favorisierten Lösung weiterzuarbeiten. Wer jetzt meint, dass das unspektakulär klingt, der mag sich anhand des oben beschriebenen Beispiels der Turbinenentwicklung ausmalen, wie viel Zeit verloren ginge und wie hoch die vermeidbaren Kosten in Form auf eine Entscheidung wartender Projektteams wären, wenn bei jeder notwendigen Plan- und Zielanpassung auf niedriger Projektebene die Stakeholder hinzugezogen werden müssten. Da es sich hierbei typischerweise um Vertreter aus dem Topmanagement handelt mit chronisch überfüllten Terminplänen und vielen anderen Prioritäten, kann das schnell in die Wochen gehen, bevor auch nur ein Termin gefunden wird. Und das pro Projektentscheidung! Hinzu kommt dann noch der benötigte Zeit- und Arbeitsaufwand, diesen Stakeholdern, die natürlich nicht tief in den Details des Projekts stecken können, die verschiedenen Probleme und die dazugehörenden möglichen Lösungsvorschläge so zu erläutern, bis sie sich eine Entscheidung zutrauen.

Der negative Effekt eines auf eine Entscheidung wartenden Teams wird oft unterschätzt, da davon ausgegangen wird, dass diese (internen) Mitarbeiter ja sowieso bezahlt werden müssen. Sieht man das aber im Kontext des Gesamtunternehmens, dann ist jeder auf eine Entscheidung wartende Mitarbeiter unproduktiv und könnte entweder eingespart oder für eine sinnvollere Aufgabe eingesetzt werden, zum Beispiel um ein anderes Produkt schneller und ohne Mehrkosten auf den Markt bringen zu können. Im historischen Vergleich entspricht diese Vorgehensweise dem der österreichischen Armeeführung während der napoleonischen Kriege, wo jeder Truppenkommandeur an der Frontlinie vor jeder Planabweichung zuerst einen Boten zum Feldherrenhügel schicken musste, um sich dort eine Erlaubnis dafür abzuholen. Bekannterweise hat das dann zu den verheerenden Niederlagen der österreichischen Armee gegen die zwar zahlenmäßig unterlegene, aber auf allen Führungsebenen mit Entscheidungskompetenzen ausgestatteten französischen Truppen geführt.

Natürlich kann dieses Agilitätspotenzial nur gehoben werden, wenn die eingesetzten Projektleiter auch vom Topmanagement hierfür ermächtigt („empowered") wurden und den Mut und die geistige Flexibilität besitzen, dieses Instrumentarium zu nutzen und situativ und smart auf neue Erkenntnisse, Ergebnisse, geänderte Randbedingungen konstruktiv und kreativ zu reagieren. Der Projektleiter muss sich daher nicht nur als Unternehmer im Unternehmen fühlen, sondern auch so agieren. Es zeugt von charakterlicher Größe und Mut, auch selbst- oder von anderen gesteckte Ziele zu hinterfragen, bedarfsweise anzupassen oder sogar als unerreichbar zu deklarieren und Aktivitäten einzustellen. Nichts schadet einer

Entwicklung mehr, als stur an einmal definierten Zielen festzuhalten, insbesondere wenn deren Erreichung zunehmend unwahrscheinlicher wird. Der „Point of no Return" eines Projekts ist definitiv überschritten, wenn eine zwar ambitionierte, aber realistische Planung durch das „Prinzip Hoffnung" ersetzt wird. Solche Projekte enden in der Regel unrühmlich, mit hohen Verlusten für das Unternehmen und nicht selten auch tragisch für Projektleiter und das Projektteam, wenn sie nicht rechtzeitig abgebrochen werden.

Die Geschichte ist voll mit solchen unrühmlichen Beispielen:

Beispiel

Sei es die Schlacht um Stalingrad, bei der der selbsternannten „größte Führer aller Zeiten" entgegen jeder Vernunft den „Kampf bis zum letzten Blutstropfen" befohlen hatte, obwohl das nur zu noch mehr sinnlosen Menschenopfern auf beiden Seiten sowohl bei Soldaten als auch bei Zivilisten geführt hat. Und das, obwohl der fortgesetzte Kampf längst nicht mehr zu gewinnen und auch für den weiteren Kriegsverlauf völlig irrelevant war. ◄

Beispiel

In die gleiche Kategorie fällt auch die gescheiterte Antarktisexpedition von Robert Falcon Scott, der im Gegensatz zu seinem Konkurrenten Roald Amundsen nicht Schlittenhunde, sondern Shetland Ponys als Transporttiere eingesetzt hatte. Nachdem es sich schon früh herausgestellt hatte, dass diese Ponys für das dortige Klima und die Geografie ungeeignet waren, wäre es nur sinnvoll gewesen, die Expedition abzubrechen. Trotzdem entschieden sich Scott und sein Team, zu Fuß weiterzulaufen, was am Ende zum tragischen Tod aller Expeditionsteilnehmer führte. ◄

Beispiel

Tatsächlich muss man aber gar nicht so weit in die Geschichte zurückgreifen. Schaut man sich z. B. das Desaster um die Überholung des Segelschulschiffs Gorch Fock der bundesdeutschen Marine an, bei der die gegenwärtig geschätzten *voraussichtlichen* Kosten die ursprünglich geplanten Kosten um mehr als eine Größenordnung überschreiten werden. Selbst ein komplett neues Schiff wäre wohl rund 30 % günstiger gewesen. Wie zu häufig bei öffentlich finanzierten Projekten bzw. Projekten mit relevanter öffentlicher Beteiligung fehlen hier ganz offensichtlich die politisch unabhängigen Kontrollmechanismen, die rechtzeitig den „Stöpsel" ziehen, solange der Schaden für den Steuerzahler noch vertretbar ist. Aber selbst das Gorch-Fock-Desaster ist ja bekannterweise noch niedlich im Vergleich zum neuen Berliner Flughafen BER. ◄

Seltener sind solche kapitalen „Pannen und Pleiten" aus der Industrie und Wirtschaft bekannt, was nicht daran liegt, dass es die dort nicht auch gäbe. Das liegt vielmehr daran, dass die Unternehmen aus verständlichen Gründen kein Interesse daran haben, sie öffentlich sichtbar zu machen.

Gleichzeitig zeigt die obige Diskussion aber auch deutlich, dass Agilität nichts mit unkontrolliertem, chaotischem „Hakenschlagen" zu tun hat, wo Projektziele nach Gutdünken und zu jeder Zeit angepasst werden und am Ende dann doch irgendwie ein attraktives Produkt herauskommt. Diese Vorstellung entstammt dabei eher einer Hollywood-Interpretation, wie Start-up-Unternehmen angeblich funktionieren, in denen mehr oder weniger nerdige Genies jeden Tag die Welt mit genauso spontanen wie erfolgreichen Erfindungen beglücken. Stattdessen ist agiles Projektmanagement durch klare, strukturierte, transparente und kontrollierte Prozesse geprägt.

Literatur

1. Watzka K (2016) Ziele formulieren. Springer Fachmedien, Wiesbaden
2. Jung B, Schweisser S, Wappis J (2020) 8D – Systematisch Probleme Lösen, 4. Aufl. Hanser Fachbuchverlag, München

Transparenz statt Reporting 9

> **Zusammenfassung**
>
> Ein oft unterschätztes Mittel für den Erfolg eines Projekts ist die geschickte und zweckmäßige Auswahl der Reportingwerkzeuge. Dabei geht es in erster Linie um Transparenz und Effizienz. Transparenz für den Projektleiter bzgl. des Fortschritts seines/ihres Projekts, aber auch Transparenz in Richtung der Stakeholder und des Topmanagements als Voraussetzung für deren Vertrauen in Ihre Führungsfähigkeiten. Effizienz bzgl. der zu treibenden Aufwände und Aussagekraft der verwendeten Werkzeuge. In diesem Kapitel werden verschiedene Werkzeuge und ihr gewinnbringender Einsatz vorgestellt.

9.1 Progress Reporting

Status- und Fortschrittsreporting ist eine der meistgehassten Tätigkeiten jedes Entwicklungsingenieurs. Wird das doch oft als reine Zeitverschwendung, überflüssige Bürokratie, vielleicht sogar als Misstrauen in die eigenen Fähigkeiten und Kompetenzen empfunden. Je aufwendiger es ist, den Projektstatus regelmäßig zu reporten, desto ungeliebter die Tätigkeit. Tatsächlich neigen insbesondere Stabsstellen in größeren Unternehmen dazu, ausgefeilte Reportingtemplates zu entwickeln, mit aufwendigen Charts, Tabellen und Textfeldern, die zum Teil alle zwei Wochen aktualisiert werden

© Der/die Autor(en), exklusiv lizenziert durch Springer Fachmedien Wiesbaden GmbH, ein Teil von Springer Nature 2022
S. Irmisch, *Erfolgreich Projekte planen und umsetzen*,
https://doi.org/10.1007/978-3-658-36442-7_9

müssen, und die noch dazu jedes Jahr neu gestaltet werden.[1] Je detaillierter und damit zeitaufwendiger so ein Reporting, desto mehr besteht die Gefahr, dass die wertvollen und stets knappen Entwicklungskapazitäten verschwendet werden, indem sie sich immer weniger auf die Inhalte der Projekte konzentrieren können, sondern sich zu einem großen Teil ihrer Zeit um das Informieren der Stakeholder und des höheren Managements kümmern müssen. Gleichzeitig schüren solche detaillierten Reports noch die dort eventuell vorhandenen Mikromanagementtendenzen, sich in jedes Detail einmischen zu wollen. Die Folge ist, dass dann die rapportierenden Projektleiter überhaupt keine Zeit mehr finden, sich um ihre Projekte zu kümmern, da sie nur noch mit dem Füllen von Templates und der Beantwortung der daraus resultierenden Stakeholderfragen beschäftigt sind. Die Folge ist ein hoher Frustlevel bei den Betroffenen, sodass sich das Management bei den folgenden Projekten schwertun wird, willige Projektleiter zu finden und dann oft auf neue und unerfahrene Mitarbeiter zurückgreifen muss, die diese Ochsentour noch nicht durchlebt haben. Oder noch schlimmer, „Vollblutbürokraten" als Projektleiter auswählt, die ihren Beitrag sowieso in der Lieferung von Reports sehen und nicht im Management der Projekte oder dem Liefern eines Produkts. Welchen Einfluss das auf die Qualität solcher Projekte hat, kann man sich leicht ausmalen. Ich habe es am eigenen Leib erleben müssen, was es bedeutet, wenn man für den monatlich fälligen Report jeweils gute zwei Wochen seiner Zeit aufwenden muss. Dabei dann auch noch viele der eigenen Mitarbeiter damit quälen muss, Daten, Fakten und Informationen zusammenzutragen, die im dümmsten Falle dann bis zum Abgabetermin schon wieder veraltet sind.

Der eigentliche Nutzen des Statusreportings ist es ja nicht, den Stakeholdern quasi die „Fernsehfernbedienung" in die Hand zu drücken, um damit dem Projektleiter die Zügel aus der Hand zu nehmen. Der Sinn des Reportings ist es vielmehr, gerade bei großen und komplexen Projekten, den Überblick zu behalten, Entscheidungen zu dokumentieren und sich auf diejenigen Themen zu konzentrieren, die für das Gesamtprojekt kritisch werden können und wo es Lösungen und Unterstützung benötigt. Damit ist es v. a. ein wichtiges Steuerungswerkzeug für den Projektleiter, das ihm hilft, fokussiert zu bleiben und die richtigen Prioritäten zu setzen. Darüber hinaus ist es auch ein Werkzeug, mit dem die Stakeholder regelmäßig informiert werden können und im Idealfall auch demonstriert, dass sich das Projektteam auf die „richtigen" Dinge konzentriert, was dann wieder das Vertrauen in das Projektteam fördert.

Aus den genannten Gründen, sollte daher jedes Statusreporting auf der einen Seite mit minimalem Aufwand zu bedienen und zu pflegen zu sein, um die Projektmitarbeiter so wenig wie möglich zu belasten und Frust und Zeitverlust zu ver-

---

[1] Manche Lästerzungen behaupten ja, dass sich dahinter nicht selten der reine Selbsterhaltungstrieb dieser Stabsstellen verbirgt: Die wurden vielleicht ursprünglich mal eingerichtet, um fehlende Standards aufzustellen, und die jetzt jedes Jahr neue Templates erfinden müssen, um ihre fortgesetzte Existenz noch zu rechtfertigen.

meiden. Auf der anderen Seite aber auch die wichtigsten Informationen in knapper und leicht verständlicher Form beinhalten.

Im Folgenden werden sehr einfache und leicht zu bedienende Reportingwerkzeuge für größere Projekte mit zahlreichen Unterprojekten vorgestellt, welche die oben genannten Eigenschaften erfüllen.

9.1.1 Green-Meadow-Chart

Eine zweckmäßige Art des mit geringem Aufwand zu pflegenden Statusreporting basiert auf einem simplen Template, welches pro Zeile das Haupt- und die dazugehörenden Unterprojekte auflistet. Die Spalten stellen dabei z. B. die Kalenderwochen dar. Die zu wählende zeitliche Auflösung hängt dabei auch von der Art des Projekts ab. Im Rahmen des agilen Projektmanagements haben sich jedoch bei den meisten Projekten sog. Sprints mit einer Dauer von zwei Wochen bewährt, wobei das Projektteam jeweils nach der Hälfte des Sprints, also nach einer Woche, eine Zwischenbilanz vornehmen sollte. Vor diesem Hintergrund dürfte eine zeitliche Auflösung von einer Kalenderwoche bei den meisten Projekten sinnvoll sein.

Zum Start des Projekts werden hier die initial geplanten Termine der pro Projekt relevanten Milestones, Reviews, Entscheidungspunkte etc., in diesem Beispiel „R2 … R8" genannt, eingetragen (siehe Abb. 9.1).

Natürlich stehen dabei die jeweiligen R-Termine der Unterprojekte in einem projektspezifischen und sinnvollen Zusammenhang mit den jeweiligen R-Terminen des Hauptprojekts. Bei großen Projekten mit verschiedenen Projektebenen lässt sich das gleiche Template für jede Ebene anwenden, wobei jeweils die untergeordnete Projektebene in die nächsthöhere Ebene „einzahlt". Im Beispiel der Entwicklung einer komplett neuen Gasturbine (Gesamtmaschine), werden die Projektfortschritte der einzelnen Hauptkomponenten, wie Brennkammer, Rotor, Gehäuse, Turbine und Verdichter, in den Fortschritt der Gesamtmaschinenentwicklung ein-

	Projekttitel																																						
KW	1	2	3	4	5	6	7	8	9	10	11	12	13	14	15	16	17	18	19	20	21	22	23	24	25	26	27	28	29	30	31	32	33	34	35	36	37	38	39
Hauptprojekt	R2																					R3								R4								R5	
Teil-Projekt A	R2																	R3									R4									R5			
Teil-Projekt B	R2																		R3								R4								R5				
Teil-Projekt C	R2																R3								R4								R5						
Teil-Projekt D	R2																	R3						R4									R5						
Teil-Projekt E	R2																R3									R4								R5					
Teil-Projekt F	R2														R3								R4									R5							
Teil-Projekt G	R2															R3									R4								R5						
Teil-Projekt H	R2															R3								R4										R5					
Teil-Projekt I	R2																	R3								R4							R5						
Teil-Projekt J	R2																R3								R4								R5						

Abb. 9.1 Simples Template für ein Green-Meadow-Statusreporting

zahlen. Genauso wie die Fortschritte der einzelnen Schaufelreihen in den Fortschritt der Hauptkomponente Turbine einzahlen. Auf diese Weise wird der tatsächliche Projektfortschritt „bottom-up" ermittelt, was ja auch logisch ist, da eine neue Gasturbine nicht fertig sein kann, wenn eine der dazugehörenden Schaufelreihen, der Brenner, der Rotor etc. noch nicht fertig ist.

Das eigentliche Statusreporting erfolgt dann in diesem Template auf wöchentlicher Basis. Hierzu hat der jeweilige Projektleiter des Unterprojekts im Sinne einer Ampelfunktion nichts anderes zu tun, als auf der Basis der Einschätzung seines Teams das jeweilige Feld grün, gelb oder rot zu markieren.

- Grün bedeutet, dass das Unterprojekt „on track" ist, also keinerlei Probleme aufgetaucht sind, die zu Projektverzögerungen führen könnten oder anderweitig den Projektfortschritt beeinträchtigen könnten, was der Aufmerksamkeit des übergeordneten Hauptprojektleiters bedarf.
- Gelb bedeutet, dass ein neues Problem aufgetaucht ist (technischer Art, ein Ressourcenengpass, ein organisatorischer Roadblock, …), welches zu einer Verzögerung der nächsten Milestones (R-Termin) führen *könnte*, falls nicht zeitnah eine Lösung gefunden wird. Spätestens hiermit alarmiert der Unter- den Hauptprojektleiter, dass ein Klärungsbedarf existiert.
- Rot bedeutet, dass eine Verzögerung zumindest des nächsten, aber vielleicht auch späterer Milestones (R-Termine) nicht mehr vermeidbar ist und entsprechende Terminverschiebungen und gegebenenfalls Zielanpassungen vorgenommen werden müssen.

In den Fällen, in denen der Unterprojektleiter ein Feld gelb oder rot eingefärbt hat, müssen auch Angaben bzgl. der gefundenen Probleme und Konsequenzen zu Dokumentationszwecken gemacht werden. Der Hauptprojekteiter der jeweiligen Ebene sammelt den jeweils aktuellen Status aller seiner relevanten Unterprojekte ein auf dessen Basis er dann den Status des Hauptprojekts aktualisiert.

In den folgenden Abbildungen ist das schematisch dargestellt (siehe Abb. 9.2).

Üblicherweise werden in den ersten Wochen nach Start des Projekts (hier markiert durch die bereits passierten und dunkelgrau markierten Spezifikationsreviews „R2" der jeweiligen Unterkomponenten) zunächst alle Felder grün sein. Andernfalls wäre das ein Anzeichen dafür, dass schon bei der Spezifikation erhebliche Schwierigkeiten übersehen worden wären oder Fehler bei der Planung gemacht worden wären. Ein paar Wochen später mag das aber schon anders aussehen (siehe Abb. 9.3).

Einige der Unterprojekte sind offensichtlich auf erste, nicht erwartete Probleme gestoßen. Die können unterschiedliche Ursachen haben. Zum Beispiel, dass die

9.1 Progress Reporting

	Projekttitel																										
KW	1	2	3	4	5	6	7	8	9	10	11	12	13	14	15	16	17	18	19	20	21	22	23	24	25	26	27
Hauptprojekt	R2																					R3					
Teil-Projekt A	R2																R3										R4
Teil-Projekt B	R2																	R3									R4
Teil-Projekt C	R2																R3							R4			
Teil-Projekt D	R2																	R3					R4				
Teil-Projekt E	R2																R3								R4		
Teil-Projekt F	R2														R3						R4						
Teil-Projekt G	R2															R3							R4				
Teil-Projekt H	R2															R3						R4					
Teil-Projekt I	R2																R3							R4			
Teil-Projekt J	R2															R3							R4				

☐ grün ■ gelb ■ rot

Abb. 9.2 Statusreporting nach den ersten sechs Wochen

	Projekttitel																										
KW	1	2	3	4	5	6	7	8	9	10	11	12	13	14	15	16	17	18	19	20	21	22	23	24	25	26	27
Hauptprojekt	R2																					R3					
Teil-Projekt A	R2																R3										R4
Teil-Projekt B	R2																	R3									R4
Teil-Projekt C	R2																R3							R4			
Teil-Projekt D	R2																	R3					R4				
Teil-Projekt E	R2																R3								R4		
Teil-Projekt F	R2														R3		R3				R4						
Teil-Projekt G	R2															R3							R4				
Teil-Projekt H	R2															R3						R4					
Teil-Projekt I	R2																R3							R4			
Teil-Projekt J	R2															R3							R4				

☐ grün ■ gelb ■ rot

Abb. 9.3 Statusreporting nach den ersten 11 Wochen

Zahl der benötigten Designiterationen größer geworden ist, als zunächst erwartet, oder dass ein Projektmitarbeiter krankheitsbedingt für einige Tage ausgefallen ist, oder dass eines der zur Produktauslegung verwendeten Werkzeuge ein Problem hat, was zusammen mit dem Hersteller gelöst werden muss, etc. Im Falle der Unterprojekte B, C und G hat das zu den entsprechenden Warnungen geführt, das jeweilige Team ist aber noch zuversichtlich, die verlorene Zeit wieder aufholen zu können, so wie auch das Team des Unterprojekts I, welches trotz zwischenzeitlicher Probleme wieder auf Kurs ist. Anders beim Unterprojekt F. Hier war das Projektteam gezwungen, den ursprünglichen Termin des R3-Reviews um zwei Wochen zu verschieben. Da selbst der verschobene R3-Termin dieses Unterprojekts immer noch ausreichend lange vor dem R3-Termin des Hauptprojekts stattfinden wird (Unterprojekt F ist nicht auf dem kritischen Pfad, der Zeitverlust kann vielleicht durch einen Zeitpuffer aufgefangen werden) und auch die anderen identifizierten Unterprojektprobleme nicht kritisch sind, bleibt das Hauptprojekt weiterhin grün, ist doch auf dieser Ebene mit keiner Verzögerung zu rechnen.

Nochmal drei Wochen später hat sich das Bild erneut geändert (siehe Abb. 9.4). Zwischenzeitlich ist auch Unterprojekt G auf ein größeres Problem gestoßen. Dort musste dann nicht nur der R3-Termin, sondern auch schon der R4-Termin verschoben werden. Das Team war zum Schluss gekommen, dass das Problem zwar mit mehr Zeitaufwand lösbar ist, der Zeitverlust beim R3 bis zum ursprünglichen R4 aber nicht mehr aufgeholt werden kann. Da aber auch das Unterprojekt G nicht auf dem kritischen Pfad liegt, ist das Hauptprojekt immer noch grün.

Und so ändert sich das Bild von Woche zu Woche, wie man am nächsten Beispiel in Abb. 9.5 erkennen kann.

Das auf dem kritischen Pfad liegende Unterprojekt B musste in den letzten Wochen seinen R3-Termin um zwei Wochen verschieben, was dann dazu geführt hat, dass auch der R3-Termin des Hauptprojekts um eine Woche verschoben werden musste und es damit in der KW 18 temporär auf rot umschalten musste. Das Team geht aber immer noch davon aus, dass die folgenden R-Termine alle noch gehalten werden müssen. Für das übergeordnete Gesamtprojekt, in das hier dargestellte Hauptprojekt einzahlt, könnte diese Verzögerungen aber ebenfalls Folgen haben.

Im Folgenden noch eine Reihe von wichtigen Kommentaren und Tipps hierzu:

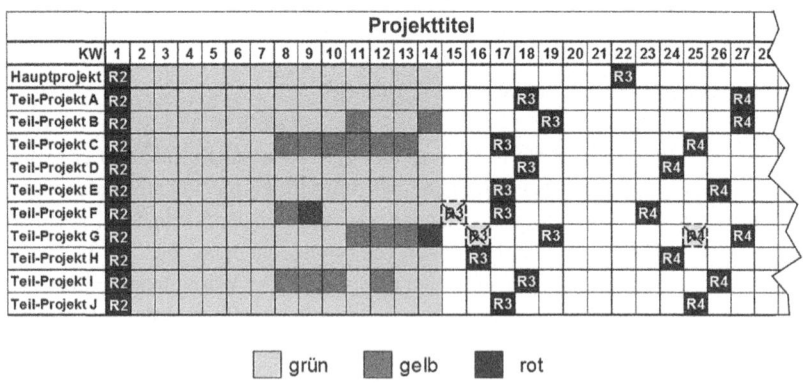

Abb. 9.4 Statusreporting nach 14 Wochen

9.1 Progress Reporting 191

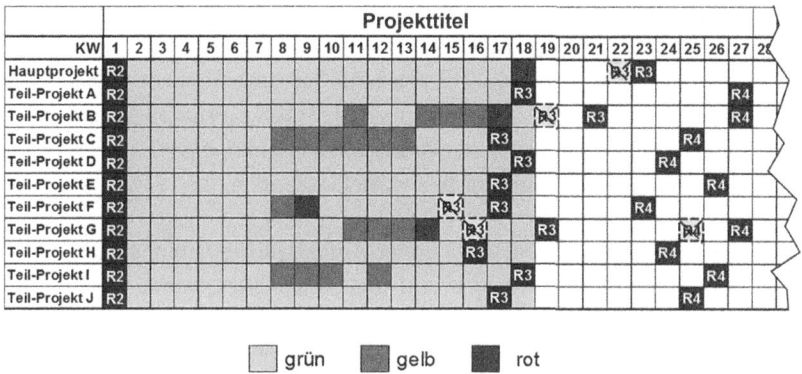

Abb. 9.5 Statusreporting nach 18 Wochen

▶ Diese Reportingart hat ihren Namen daher, dass bei gesunden Projekten natürlich die Farbe Grün dominieren wird, das Bild also einer grünen Wiese mit vereinzelten gelben und roten Flecken gleichen wird. Insbesondere gegen Ende des Projekts sollten dann auch die gelben und roten Flecken immer seltener werden.

▶ Ein ganz wichtiger Aspekt ist, dass selbst im Falle verschobener Termine danach die Felder unbedingt wieder grün werden müssen. Der Grund ist, dass mit der Terminverschiebung auch eine neue Zielsetzung vereinbart worden ist und das Projekt nicht mehr an den ursprünglichen Zielen gemessen wird. Das ist ein wesentlicher Bestandteil des agilen Projektmanagements: Ziele sind nicht statisch, sondern passen sich an die Gegebenheiten an; frühere Zielsetzungen sind dann grundsätzlich Schall und Rauch! Das ist auch für die Psyche des Projektteams von entscheidender Bedeutung: Würde es stets nur an den ursprünglichen Zielen gemessen, dann wären wohl 99,9 % aller jemals gestarteten Projekte per Definition Misserfolge. Oder sie wären von vornherein so ambitionslos, dass die daraus resultierenden Produkte keinen schlafenden Hund hinterm Ofen vorlocken würden.[2] In der Praxis würde sich das so äu-

---

[2] Herbert von Karajan hat mal gesagt: „Wer alle seine Ziele erreicht hat, hat sie sich zu niedrig gesteckt."

ßern, dass das Green-Meadow-Chart bereits nach kurzer Zeit von grün komplett in die Farbe Rot umschlagen würde. Wer würde für so ein Projekt arbeiten wollen? Was hätte ein Unternehmen davon, wenn alle ihre Projekte so aussehen würden? Wer sich ambitionierte Ziele setzt, der muss auch damit umgehen können, dass Dinge anders kommen, als ursprünglich erwartet.

▶ **Tipp** Ebenfalls ein entscheidender Aspekt ist die Offenheit und Ehrlichkeit der Projektteams und der Projektleiter. Damit so ein Statusreporting nicht zu einem reinen Selbstbetrug degeneriert, müssen alle Beteiligten ehrlich und proaktiv zum frühesten möglichen Zeitpunkt potenzielle Probleme kommunizieren. Nur dann können rechtzeitig Maßnahmen ergriffen werden und potenzielle Schäden für das Produkt minimiert werden. Falsch verstandener Stolz, der daran hindert, rechtzeitig um Hilfe zu rufen bzw. arbeiten nach dem „Prinzip Hoffnung" („wir kriegen das schon irgendwie hin und bis dahin reden wir nicht über mögliche Probleme"), sind hier völlig fehl am Platz. Was für das einzelne Unterprojekt als unüberwindliches Hindernis und potenziell eigenes Versagen aussehen mag, ist für das übergeordnete Projekt vielleicht ganz einfach lösbar, indem es z. B. gemäß den vorliegenden Zwischenergebnissen „Lasten" zwischen den Unterprojekten neu verteilen kann.

In einem früheren Projekt hatte sich ein Unterprojektteam mal völlig verrannt, indem sie Iterationsschleife nach Iterationsschleife drehten, ohne den spezifizierten niedrigen Kühlluftverbrauch zu erzielen. Statt sich rechtzeitig zu melden, versuchten sie durch Überzeit und Nachtschichten noch mehr Iterationsschleifen zu drehen. Kurz bevor es dazu kam, dass wir das Gesamtprojekt verschieben mussten (sie befanden sich mittlerweile auf dem kritischen Pfad) erfuhr ich endlich und nur inoffiziell von den Schwierigkeiten. Da zwischenzeitlich zwei andere Unterprojekte deutlich weniger Kühlluft benötigten als spezifiziert, konnte ich das Problem quasi mit einem Pinselstrich lösen, indem ich dem ersten Team einfach mehr Kühlluft zusprach, ohne dabei den Gesamtkühlluftverbrauch und damit die Performanceziele zu gefährden. Hätte sich das Team rechtzeitig gemeldet, dann hätte so manche überflüssige Nachtschicht und viel Stress im Team vermieden werden können.

9.1 Progress Reporting

Es liegt leider nicht in der Natur vieler Menschen und insbesondere von Ingenieuren, proaktiv zu kommunizieren; und schon gar nicht über eigene Probleme. Jeder Projektleiter ist daher gut beraten, schon vor dem Start des Projekts mit seinem Team vertrauensbildende Maßnahmen zu ergreifen. Auch gewisse Spielregeln bzgl. der Kommunikation zu vereinbaren und die auch regelmäßig zu überprüfen und einzufordern. Besonders schwer haben wird es ein Projektleiter, wenn im Unternehmen eine Angstkultur herrscht, bei der Mitarbeiter Konsequenzen bei negativen Meldungen fürchten müssen. So eine Angstkultur ist der größte Feind jeden agilen Projektmanagements, da jede Abweichung vom ursprünglichen Plan als potenzielles Versagen und vorgeschlagene Zielanpassungen als Verschleierung von Fehlern gewertet werden. So eine Angstkultur kann leider auch nur top-down gelöst werden. Das setzt aber die Einsicht des Topmanagements voraus. Typisch für Unternehmen, in denen eine Angstkultur herrscht, sind epische Projektlaufzeiten und enorme Projektkosten, an deren Ende nur minimale Produktverbesserungen herauskommen. Statt ambitioniert zu planen und dabei gewisse Abstriche zu akzeptieren, wird dort äußerst konservativ und administrativ aufwendig geplant und mehr Energie zum „Cover-Your-Ass" aufgewendet als für fortschrittliche und pragmatische Lösungen. Je angestrengter ein Management dabei eine „Fail-fast"-Kultur predigt, desto vorsichtiger sollte man sein. Damit ist nämlich oft gemeint, risikobehaftete Projekte erst gar nicht zu starten und sich stattdessen nur auf die erfolgversprechenden zu konzentrieren. Das sind aber gleichzeitig die am wenigsten ambitionierten Projekte, womit sich der Teufelskreis wieder schließt.

▶ Das schöne bei diesem Statusreporting ist, dass es mit minimalem Aufwand wöchentlich aktualisiert werden kann, auf einen Blick den Gesamtstatus wiedergibt, ohne langwierige Reports lesen und verstehen zu müssen und den Blick schärft für die tatsächlich kritischen Bereiche. Gleichzeitig erlaubt es auch noch die Historie des Projekts zu dokumentieren, indem auch später noch nachvollzogen werden kann, was, wann und wo passiert ist, sodass man für spätere Projekte daraus Lehren ziehen kann. Schließlich erlaubt die einfache Struktur auch eine simple Skalierung des Reportings, was insbesondere dann von Nutzen ist, wenn im Laufe des Projekts einzelne Unterprojekte abgeschlossen werden und später neue hinzukommen.

9.1.2 Quantitatives Budget- und Terminreporting

Neben dem mehr qualitativen Statusreport in Form des oben vorgestellten GreenMeadow-Charts, welches in erster Linie dem Zweck dient, den Gesamtüberblick bei großen Projekten mit mehreren Haupt- und Unterprojektebenen zu behalten, benötigt es natürlich auch eines quantitativen Budget- und Terminreportings der einzelnen Unterprojekte und kumuliert daraus das Budget- und Terminreporting des Gesamtprojekts. Auch hier empfiehlt es sich, ein möglichst einfach lesbares, aussagekräftiges und leicht zu pflegendes grafisches Instrument zu verwenden, welches auch dem nicht täglich mit dem Projekt befassten Stakeholder erlaubt, auf einem Blick neben dem ursprünglichen Plan auch den aktuellen Status sowie den Forecast des Projektteams bis zum Ende des Projekts zu erkennen. Der Hauptzweck ist dabei auch wieder maximale Transparenz für die Projektleiter und die Stakeholder sicherzustellen, um unnötige Diskussionen und damit Zeitverlust zu vermeiden und gleichzeitig Vertrauen zu schaffen und zu erhalten.

Hierzu gibt es in den Unternehmen zahllose Formate, insbesondere für die Finanzzahlen, die mal mehr mal weniger zu Reportingzwecken geeignet sind und auch mehr oder minder leicht zu pflegen sind. Im Folgenden soll hier ein Format exemplarisch vorgestellt werden, welches sich in der Vergangenheit gut bewährt hat und die oben genannten Kriterien erfüllt. Grundsätzlich sollten dabei immer Projektkosten und Projektfortschritt separat voneinander rapportiert werden. In vielen Unternehmen liegt der Fokus nur auf den Projektkosten und der Abfluss des Projektbudgets wird implizit mit dem Projektfortschritt gleichgesetzt. Dem liegt aber vor allem in den Controllingabteilungen vieler Unternehmen der grundsätzliche Denkfehler zugrunde, dass da eine unmittelbare und strenge Korrelation zwischen den beiden Parametern besteht. Tatsächlich sind sie eher als unabhängig voneinander zu betrachten, wie an den folgenden Beispielen veranschaulicht werden soll:

- Das Projekt benötigt deutlich mehr Iterationen, um zu dem gewünschten Ergebnis zu kommen, als ursprünglich geplant. Die Folge wird sein, dass die Kostenentwicklung zwar zunächst auf Plan zu sein scheint (vorausgesetzt, dass nicht

9.1 Progress Reporting

mehr Ressourcen eingesetzt werden müssen als geplant), hinsichtlich Projektfortschritt ist das Projekt aber verspätet.
- Hat das gleiche Projekt aufgrund der schwierigeren als erwarteten Lösungsfindung mehr Ressourcen eingesetzt als ursprünglich geplant, dann werden auch die Projektkosten schneller ansteigen als geplant, der Projektfortschritt aber vielleicht wieder auf Plan liegen. Die höheren Projektausgaben sind also kein Indiz für ein früheres Erreichen der Projektziele.
- Das Projektteam hat Glück gehabt und sehr schnell eine Lösung gefunden, z. B. weil der neue Werkstoff oder die neue Kühlluftkonfiguration sogar bessere Ergebnisse liefert als erwartet. In diesem Falle waren weniger Iterationen notwendig als ursprünglich geplant und das Team hat bei niedrigeren Projektkosten den nächsten Milestone sogar schneller erreicht. Die Kostenentwicklung allein hätte dagegen eine Projektverzögerung suggeriert und den Stakeholdern hätte man erst erklären müssen, warum die niedrigeren Projektkosten kein Problem darstellen.

Ein weiterer weit verbreiteter Denkfehler in den Controllingabteilungen ist, dass die den jeweiligen Projekten zugeordneten Budgets linear über der Zeit abfließen werden. Insbesondere, wenn ein Teil des Projektbudgets nicht nur die Kosten für Manpower, sondern auch extern zu beschaffendes Material, Hardware oder auch Dienstleistungen beinhaltet, werden die Mittelabflüsse alles andere als linear erfolgen. Oft werden dann größere Posten erst in der zweiten Jahreshälfte anfallen, z. B. dann, wenn ein extern bestelltes Werkzeug erst entwickelt und hergestellt werden muss und die Rechnungsstellung erst nach Auslieferung erfolgt. Vermeiden Sie daher unbedingt die oft von den Controllingabteilungen vorgegebenen Reportingtemplates, wo die tatsächlichen Mittelabflüsse an einem theoretischen, linearisierten Planabfluss gemessen werden. Aus eigener leidiger Erfahrung weiß ich, dass Sie dann jeden Monat langwierige Erklärungen finden müssen, warum der vermeintliche Over- oder Underspent gar keiner ist, sondern dem tatsächlich erwarteten Mittelabfluss entspricht. Treffen Sie daher schon zu Beginn eines Projekts eine Vereinbarung bzgl. sinnvoller Reportingtemplates zusammen mit den Stakeholdern. Ein weiterer Tipp:

▶ Wenn Sie die Budgetplanung für ein Finanzjahr erstellen, prüfen Sie gerade für geplante externe Ausgaben sehr sorgfältig den Freigabeprozess für externe Bestellungen.

Unabhängig davon, ob Sie über ein offiziell genehmigtes Projektbudget verfügen oder nicht, müssen externe Aufträge in den meisten Unternehmen noch mal separat freigegeben werden. Abhängig vom Betrag müssen dann unter Umständen noch mal mehrere Hierarchieebenen in einem mehr oder minder schnellen manuellen oder elektronischen Workflow die geplante Ausgabe freigegeben. Da viele der Freigeber (z. B. ein VP Finance, ...) dabei oft Ihr Projekt nicht (im Detail) kennen, kann es dabei durchaus zu auch langwierigen Verzögerungen kommen, insbesondere sollten die sich dann gerade im Urlaub oder auf Geschäftsreise befinden. Bevor dann eine Bestellung beim externen Lieferanten erfolgt, geht es oft noch mal durch einen Freigabeprozess für die BANF (= Bestellanforderung), wobei z. B. noch die Einhaltung von firmenspezifischen Purchasing-Regeln, wie z. B. dem Vorhandensein von drei unabhängigen Vergleichsangeboten, überprüft wird. Gerade bei F&E-Projekten, wo z. B. von einem spezialisierten Anbieter einmalig ein Prototyp beschafft werden soll, ist es u. U. gar nicht möglich, mehrere Vergleichsangebote einzuholen, was dann zu einer weiteren Hürde in den Einkaufsabteilungen werden kann. Sollte also die Lieferung des extern produzierten Materials nach Erhalt der Bestellung z. B. mehr als sechs Monate dauern, müssen Sie sich in Abhängigkeit der Freigabegeschwindigkeit schon überlegen, ob die dazugehörenden Mittel noch im gleichen Jahr ausgegeben werden können oder nicht. Die Finanzspielregeln der Firmen lassen es dabei in der Regel nicht zu, nicht ausgeschöpftes Budget einfach in das nächste Jahr zu übertragen. Unter bestimmten Bedingungen kann die Finanzabteilung jedoch eine Rückstellung für die gemachte Bestellung buchen, sodass Ihnen dieser Teil des Budgets im nächsten Jahr noch zur Verfügung steht. Klären Sie also schon vor Beginn des Projekts, wie derartige Anschaffungen zu tätigen sind, wie die internen Prozesse aussehen und ob Sie gegebenenfalls schon im Vorfeld Sondervereinbarungen treffen müssen.

In den Abb. 9.6 und 9.7 wird so ein typisches Kosten- und Terminreporting exemplarisch dargestellt.

In den in Abb. 9.6 und 9.7 gezeigten Beispielen wurden jeweils die geplanten Ausgaben und der geplante Projektfortschritt über die nächsten zwölf Monate als graue Linie dargestellt. Zu beachten ist dabei, dass diese Pläne über die Zeit eben nicht linear verlaufen, sondern gemäß den tatsächlich erwarteten Aufwänden und Zahlungsterminen variieren und auch Sprünge beinhalten können (z. B. bei extern eingekauften Dienstleistungen oder Produkten). Die schwarze Linie ist der Istzustand bis einschließlich des hier exemplarisch angenommenen fünften Monats des Projekts. Die gepunktete Linie stellt den Forecast bis zum Ende der Zwölf-Monate-Laufzeit dar. Es ist empfehlenswert, stets auch die dem Diagramm zugrunde liegenden Rohdaten als Tabelle darunter mit anzugeben, da manche Manager gerne absolute Zahlen sehen wollen.

In dem hier gewählten Beispiel liegen die Istkosten unter dem Plan, als Ausdruck dessen, dass hier offensichtlich weniger Mittel verbraucht wurden als ur-

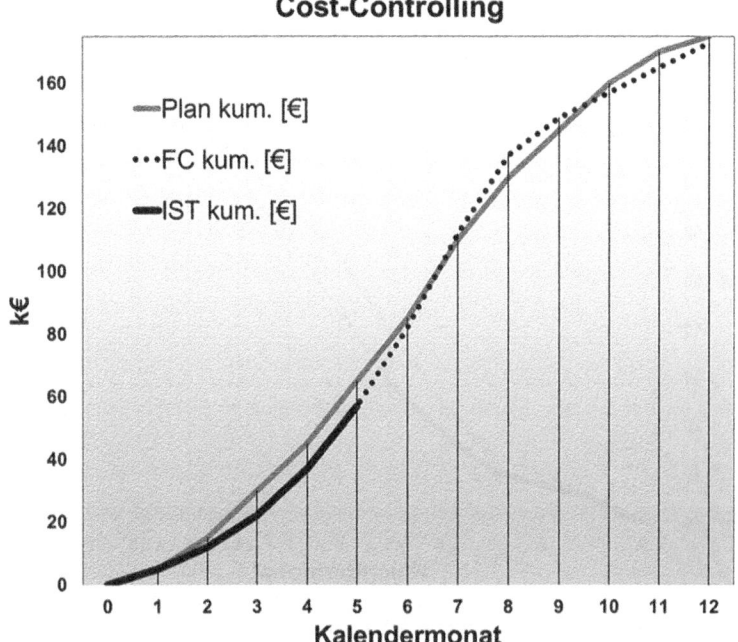

Abb. 9.6 Beispiel für ein einfaches Projektkostenreporting

sprünglich geplant. Gleichzeitig ist der Projektfortschritt auch geringer als geplant. Ursachen hierfür könnten sein, dass z. B. weniger Ressourcen zur Verfügung standen als ursprünglich geplant. Die Projektleitung hat darauf reagiert und hat sich bei den Disziplinmanagern zusätzliche Ressourcen gesichert, sodass ab dem sechsten Monat der Forecast einen steileren Anstieg der Projektkosten zeigt und entsprechend der Gap zum geplanten Projektfortschritt geringer wird. Derzeit geht die Projektleitung noch davon aus, bis zum Ende der Laufzeit den Gap komplett und sogar mit einem leicht geringeren Budget geschlossen zu haben. Natürlich müssen derartige Informationen oder Erläuterungen in zusätzlichen Kommentarzeilen enthalten sein. Das weiter oben beschriebene Green-Meadow-Chart kann solche Details nicht wiedergeben. Für das Gesamtprojekt, welches vielleicht aus vielen solcher Unterprojekte besteht, sind diese Informationen jedoch sehr wichtig, da sich daraus kumuliert die Gesamtprojektkostenentwicklung zusammensetzt.

Alternativ, da von den Controllern so geschätzt, kann der gleiche Zusammenhang auch normiert dargestellt werden, wobei der Kosten- und Terminplan, dann

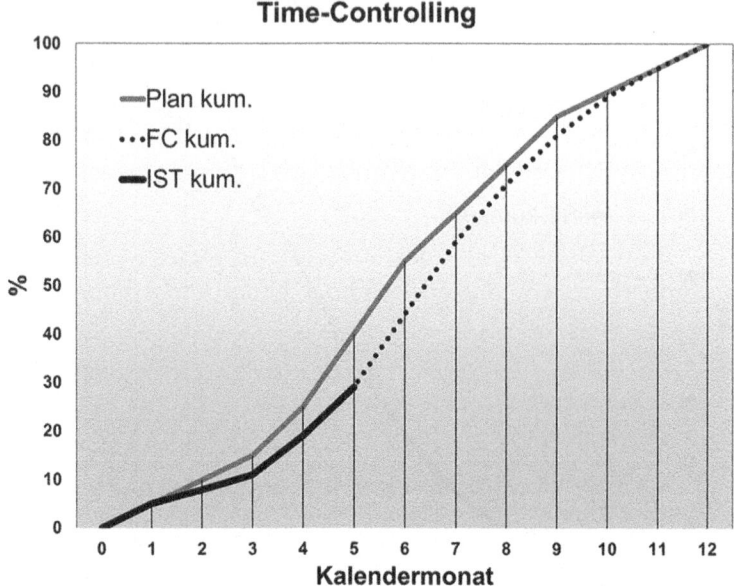

Abb. 9.7 Beispiel für ein einfaches Projektfortschrittreporting

als lineare Kurve erscheint (siehe Abb. 9.8 und 9.9). Der Vorteil dabei ist, dass dabei die genaue zeitliche Verteilung der Kosten und des erwarteten Fortschritts nicht in Erscheinung treten und gegebenenfalls damit verbundene „Sinnfragen" vermieden werden können. Persönlich finde ich diese Darstellung nicht unattraktiv, ist aber Geschmackssache. Generell ist hier das Projektfortschrittsreporting natürlich etwas subjektiver als die exakten Kostenzahlen aus dem Controlling. Der tatsächliche und geplante Projektfortschritt bedarf daher einer selbstkritischen und realistischen Bewertung durch das Projektteam.

Wichtig zu beachten ist hier auch, dass im Rahmen des agilen Projektmanagements, bei dem die Ziele, Meilensteine etc. regelmäßig überprüft und gegebenenfalls auch angepasst werden, auch der Plan (schwarze Linie) im Reporting offiziell angepasst werden muss. Es macht keinen Sinn, Projektkosten und Fortschritt an einem veralteten, nicht mehr gültigen Plan messen zu lassen.

Neben der Funktion des Reportings die Stakeholder schnell, einfach lesbar und mit geringem Aufwand über den Projektfortschritt informieren zu können, dient dieses Reporting vor allem aber auch als Instrument der Selbstkontrolle des Projektleiters, der damit gezwungen ist, sich regelmäßig selbstkritisch mit

9.1 Progress Reporting

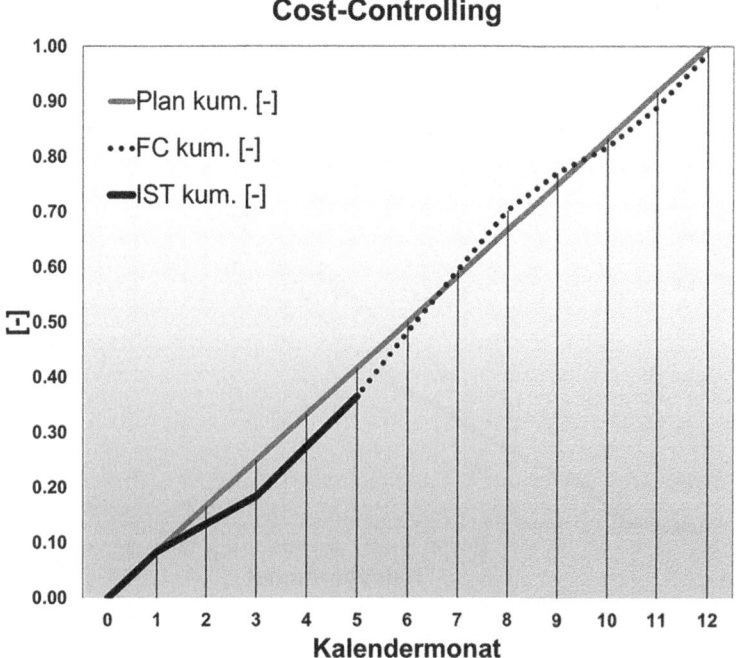

Abb. 9.8 Beispiel für ein normiertes Projektkostenreporting

dem Fortschritt bzw. zu ergreifenden Maßnahmen seines/ihres Projekts auseinanderzusetzen. Insbesondere das Zusammenspiel von Arbeitsaufwänden, die daraus resultierenden Kosten und den dazu benötigten bei den Disziplinenmanagern zu buchenden Ressourcen, zwingen die Projektleitung in unternehmerischer Weise ihre Planungen immer wieder den tatsächlichen Bedingungen anzupassen und sich auch von Hauptprojektleitern bzw. Stakeholdern „challengen" zu lassen. In dem Zusammenhang sei insbesondere vor dem „Hockey-Stick"-Effekt gewarnt, für den erfahrene Projektleiter und Stakeholder äußerst sensibilisiert sind. Bei diesem „Hockey-Stick"-Effekt handelt es sich um eine Planung oder um einen Forecast, der suggeriert, dass der größte Teil der Arbeit und damit des Fortschritts gegen Ende des Projekts stattfindet. Abb. 9.10 zeigt exemplarisch, wie so ein Hockey-Stick im Projektkostenreporting aussehen kann.

Auslöser war hier, dass die angefallenen Projektausgaben und damit wahrscheinlich auch der Projektfortschritt in den ersten Monaten deutlich langsamer als

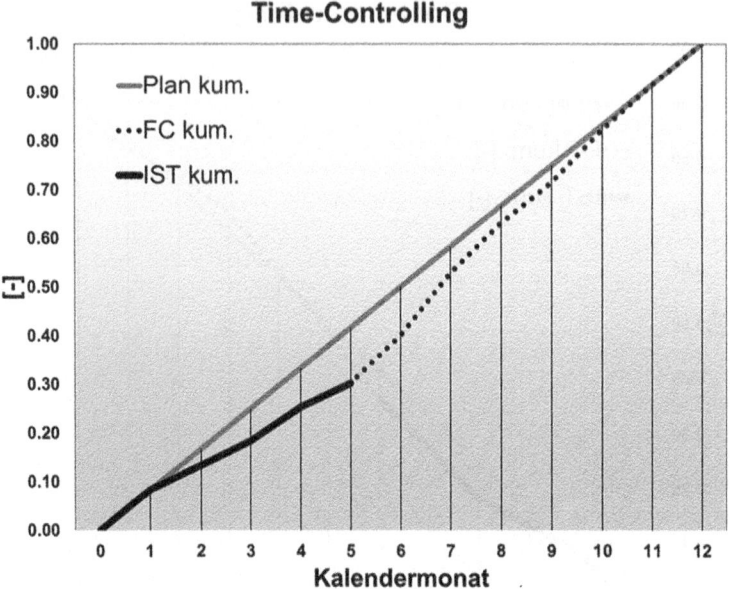

Abb. 9.9 Beispiel für ein normiertes Projektfortschrittsreporting

geplant erfolgten. Mögliche Ursachen hierfür sind z. B., dass die ursprünglich geplanten internen und/oder externen Ressourcen nicht zur Verfügung standen, oder benötigter Input von anderen Teams erst später als geplant geliefert wurde. Der Projektleiter kompensiert das damit, dass er in den folgenden Monaten das Tempo deutlich beschleunigen möchte, um die verlorene Zeit wieder aufzuholen. Das ist aber gleichbedeutend damit, dass er in diesen Monaten deutlich mehr Ressourcen als ursprünglich geplant zur Verfügung haben muss. Ein kritischer Stakeholder wird hier sofort die Sinnfrage stellen, z. B. in der Form, ob die benötigten Ressourcen denn auch wirklich verfügbar und von den Disziplinenmanagern verbindlich zugesagt worden sind. Andernfalls ist die geplante Beschleunigung reine Wunschvorstellung des Projektleiters. Auch wächst mit steiler werdendem Hockey-Stick das Risiko, dass am Ende der Periode weder das Budget ausgegeben noch die Projektziele erreicht werden, da der wesentliche Projektfortschritt in einer immer kürzeren Periode stattfinden muss. Da darf dann nichts mehr schief gehen und wenn es nur eine krankheitsbedingte Abwesenheit eines kritischen Projektmitarbeiters ist.

9.1 Progress Reporting

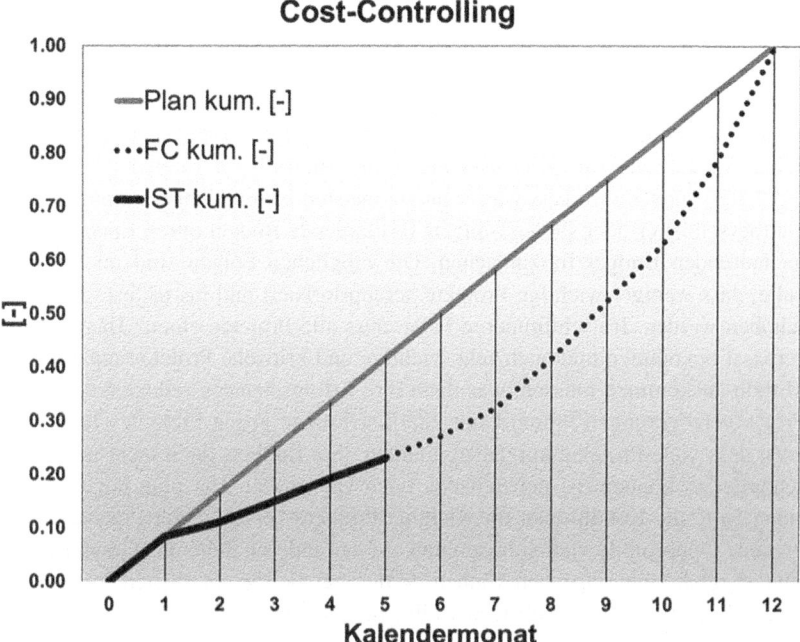

Abb. 9.10 Der Hockey-Stick-Effekt

Natürlich kann es immer reale und auch unvermeidbare Gründe geben, warum ein Plan oder ein Forecast eine hockey-stick-artige Form annehmen kann. In so einem Fall muss der Projektleiter aber wasserdichte und glaubwürdige Argumente haben, warum das trotzdem realistisch und erreichbar ist und das dann auch liefern können. Dazu muss er/sie sich darauf einstellen in den folgenden Monaten von Hauptprojektleiter und Stakeholdern sehr kritisch beobachtet zu werden. Auf keinen Fall darf der Hockey-Stick nur das Ergebnis von Optimismus und Hoffnung sein, getreu dem Motto „das kriegen wir schon irgendwie hin". Nicht nur, dass der Projektleiter und das Team Gefahr laufen, dafür heftig kritisiert zu werden, sollten sie es doch nicht schaffen.

Es gibt tatsächlich eine Reihe von handfesten Gründen, warum das höhere Management Hockey-Sticks nicht mag: Für jedes Projekt ist in dem jeweiligen Geschäftsjahr ein Budget geplant und reserviert worden. Im Laufe jeden Jahres tauchen aber im F&E-Bereich der Firmen zusätzliche Kosten auf, mit denen niemand während der Planungsphase gerechnet hat und die deswegen auch nicht budgetiert worden sind. Darüber hinaus ergeben sich jedes Jahr auch kurzfristige Opportunities, wie z. B. die Möglichkeit, frühzeitig bei einer interessanten Technologie einsteigen zu können und damit die eigene Wettbewerbsfähigkeit zu steigern. Solange aber alle Projekte weiterhin berichten, dass die ihnen zugesicherten Budgets auch bis zum Jahresende benötigt werden, steht kein zusätzliches Budget zur Verfügung. Der F&E-Leiter muss beim Topmanagement zusätzliches Budget anfragen, was er in den meisten Fällen nicht bekommen wird. Stattdessen ist er oder sie gezwungen, das fehlende Budget durch Einsparungen im laufenden Budget freizumachen. Die möglichen Folgen sind im besseren Falle, dass weniger wichtige Projekte herabpriorisiert und ins nächste Jahr verschoben werden. Im schlimmeren Falle, dass alle Projekte einen „Haarschnitt" verpasst bekommen und auch sehr wichtige und kritische Projekte mit weniger Mitteln auskommen müssen, was dann ihre Erfolgschancen reduzieren bzw. zu Projektverzögerungen führen kann. Stellt sich dann gegen Ende des Jahres heraus, dass viele Projekte kurzfristig melden, ihre Budgets doch nicht mehr ausschöpfen zu können, ist der Schaden noch viel größer. Hat man doch auf der einen Seite die Konditionen für wichtige Projekte verschlechtert, manche interessante Opportunity ziehen lassen und auf der anderen Seite das Gesamt-F&E-Budget doch nicht ausgeben können. Man kann sich leicht ausmalen, wie sich der F&E-Leiter fühlt, hat er doch vielleicht erst wenige Monate vorher von seinen Chefs mehr Budget gefordert. Auch was er von den verantwortlichen Projektleitern denkt. Die Folge von am Jahresende nicht ausgeschöpften Gesamt-F&E-Budgets kann dann auch sein, dass im folgenden Jahr noch weniger zur Verfügung gestellt wird, mit dem Argument, dass das F&E es in der Vergangenheit ja auch nicht ausgeschöpft hat.

Tatsächlich ist es in so einer Situation oft besser, realistisch zu sein, nicht mehr benötigte Budgets rechtzeitig zurückzugeben und die eigene Energie für die Entwicklung smarter Ansätze und Ideen einzusetzen mit dem Ziel, die verlorene Zeit zumindest teilweise aufzuholen und Schaden für das (Gesamt-)Projekt zu minimieren. Hat man in den vorangegangenen Monaten rechtzeitig, ehrlich, selbstkritisch und realistisch die Probleme rapportiert und auch demonstriert, dass man alles Menschenmögliche getan hat, um deren Auswirkungen zu vermeiden oder abzumildern (z. B., wenn es sich um höhere Gewalt, Managemententscheidungen etc. gehandelt hat), dann wird man dem Projektteam in der Regel auch keine (ernstlichen) Vorwürfe machen können. Vorwürfe wird es nur geben, wenn es das Team versäumt hat, diese Probleme und die möglichen Konsequenzen daraus rechtzeitig zu melden.

9.1.3 Ampelreporting

Gerade bei großen Projekten mit mehreren Ebenen von Unterprojekten oder bei dem regelmäßigen Reporting eines kompletten Projektportfolios aus Dutzenden von Projekten, werden sich die Stakeholder schwer tun, selbst die oben beschriebenen einfachen Charts und die dazugehörenden Kommentare alle im Detail ansehen zu können. Aus diesem Grunde empfiehlt es sich, zusätzlich zu jedem Unter- und Hauptprojekt die drei wichtigsten Projektdimensionen analog dem Qualitätsdreieck (Kosten, Termine und technische Ziele) in Form von drei Ampeln für jede Projektdimension darzustellen (siehe Abb. 9.11). Auf diese Weise können sich die Stakeholder sehr schnell einen Überblick verschaffen und entscheiden, welches Projekt oder Unterprojekt sie sich genauer anschauen wollen.

- Grün bedeutet, dass sich das Projekt bzgl. der gezeigten Dimension on track befindet.
- Gelb bedeutet, dass Herausforderungen identifiziert worden sind, deren mögliche Effekte auf das Projekt gerade geklärt werden.
- Rot bedeutet, dass eine Kostenüberschreitung, eine Terminverschiebung und/ oder eine Zielverfehlung unvermeidlich sind, der Einfluss auf das Gesamtprojekt und geeignete Trade-offs untersucht werden müssen und eventuell eine Neubewertungen des Business Case vorgenommen werden muss.

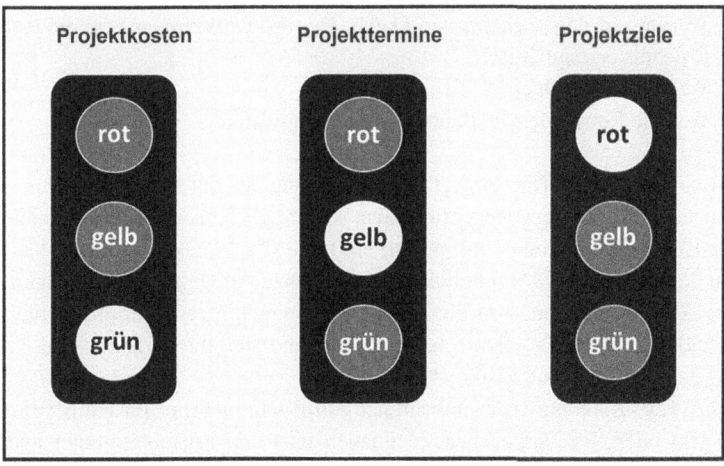

Abb. 9.11 Ampelfunktion als Statusreporting über alle 3 Dimensionen des Projekts

9.2 Decision Protocol und „Tagebuch"

Ein sehr mächtiges Werkzeug bei der Durchführung von Projekten ist das sog. Entscheidungsprotokoll bzw. in Neudeutsch das „Decision Protocol". Es dient dem Zweck, grundsätzliche und für den weiteren Verlauf und damit Erfolg des Projekts relevante Entscheidungen zu dokumentieren und offiziell freizugeben. Hierbei handelt es sich immer um bewusste und bis zu einem gewissen Grad auch willkürliche, aber notwendige Entscheidungen, die oft nicht eindeutig durch Analysen, Daten und Fakten untermauert werden können, ohne die das Projekt aber seine Arbeit nicht fortsetzen kann. Bei diesen grundsätzlichen Entscheidungen kann es sich sowohl um technische oder juristische als auch um kommerzielle oder „politische" bzw. organisatorische Entscheidungen handeln. Gerade weil diesen Entscheidungen oft keine belegbaren Fakten zugrunde liegen, sie also auf Basis des „besten Wissens und Gewissens" zum Zeitpunkt der Entscheidung gefällt worden sind, ist es umso wichtiger, diese Entscheidungen sauber zu dokumentieren, sodass sie zu einem späteren Zeitpunkt noch nachvollzogen werden können. So ein „Decision Protocol" muss daher mindestens die im Folgenden beschrieben Informationen beinhalten:

- *Autor:* Namen des oder der Autoren
- *Datum:* Datum der Erstellung des „Decision Protocol"
- *Titel:* Entscheidung in Worten ausformuliert
- *Beschreibung:* Hier müssen die Autoren in wenigen Sätzen beschreiben, was der Grund für die Entscheidung ist. Zum Beispiel:
  - Warum mit den vorhandenen Daten, Fakten, Werkzeugen kein eindeutiges Ergebnis erzeugbar ist
  - Welche Wissenslücken warum bestehen
  - Was die Konsequenzen ohne Entscheidung wären
  - …
- *Risiko-Bewertung:* Hier erfolgt eine Bewertung des mit der Entscheidung verbundenen Risikos; gegebenenfalls auch was mögliche begleitende Maßnahmen zur Risikominimierung (Mitigation) sind, die das Projekt eingeplant hat oder mit dem in Zukunft mit möglichen Konsequenzen umgegangen werden kann
- *Begründung:* Hier müssen die Autoren zusammenfassen, warum sie die Entscheidung für den Projekterfolg notwendig und zielführend halten und warum das damit verbundene Risiko akzeptabel ist
- *Gültigkeit:* Kann entweder unbegrenzt gültig sein oder nur für ein bestimmtes Projekt oder eine vorgegebene Zeitdauer, bis z. B. Ergebnisse einer anderen Untersuchung vorliegen etc.

9.2 Decision Protocol und „Tagebuch"

- *Freigeber:* Namen und Position der freigebenden Personen
- *Unterschriften & Datum:* Unterschriften der Freigeber und das Datum der Freigabe

Im Folgenden soll anhand einiger (realer) Beispiele verdeutlicht werden, unter welchen Umständen solche Entscheidungsprotokolle benötigt werden:

- *Technische/juristische Entscheidungen:* In einem meiner früheren Projekte haben Finite-Element-Analysen gezeigt, dass ein angestrebtes Lebensdauerziel mit dem gewählten Werkstoff nicht erreichbar ist. Gleichzeitig hat der gleiche Werkstoff im realen Einsatz bei einer großen Anzahl von Maschinen im Feld aber gezeigt, dass dieses Lebensdauerziel immer ohne Probleme erreicht wurde. So eine Situation stellt das Projektteam vor ein Dilemma: Auf Basis der FE-Berechnungen mit den offiziell freigegebenen Werkstoffdaten kann es im nächsten technischen Review nicht darlegen, dass die Lebensdauerziele erreicht werden können. Die Praxis zeigt jedoch ein anderes Bild, auch wenn die dahinter liegenden Mechanismen (noch) nicht verstanden sind und deswegen auch nicht in die offizielle Materialdatenbasis zurückgeführt werden können. Die Reviewer mögen zwar der Argumentation des Projektteams folgen wollen, stehen aber vor dem gleichen Dilemma, da es nicht die Aufgabe der Reviewer ist, Projektentscheide zu fällen.

Exkurs: Rolle der Reviewer
Dies ist ein wichtiger Aspekt bzgl. der Rolle der Reviewer, der in vielen Unternehmen missverstanden wird: Die Aufgabe des Reviewers ist es, einen Plausibilitätscheck der Ergebnisse des Projektteams zu machen. Sind die Ergebnisse nachvollziehbar und verständlich; sind sie mit den offiziell freigegebenen Werkzeugen erzeugt worden und die auch richtig angewendet worden; sind keine wichtigen Aspekte bei der Auslegung des Produkts übersehen worden; sind alle Anforderungen der Spezifikation geprüft und erfüllt worden; ...? Es ist *NICHT* die Aufgabe der Reviewer die vom Projektteam erarbeiteten Ergebnisse nachzurechnen und die Reviewer sind auch nicht für die Richtigkeit der Projektergebnisse verantwortlich. Schließlich sind die Reviewer auch nicht die heimlichen Projektleiter, die dem Team vorschreiben, was und wie es seine Arbeit zu tun hat.

Dieses Dilemma hat auch potenziell juristische Konsequenzen: Sollte auf der Basis der vorliegenden Praxiserfahrung die längere Lebensdauer freigegeben werden und es kommt dann doch zu vorzeitigem Materialversagen, kann es zu Fragen der juristischen Haftung kommen. Insbesondere, wenn bei diesem Materialversagen auch Menschen zu Schaden gekommen sind. In so einem Falle mag der Hersteller des Produkts aufgefordert werden, die der

Produktentwicklung zugrunde liegenden Berechnungsergebnisse offen zu legen. Sollte sich dabei herausstellen, dass damalige Berechnungen ein vorzeitiges Versagen vorhergesagt haben, dann wird dem Hersteller vorsätzliches oder zumindest grob fahrlässiges Verhalten vorgeworfen werden mit nicht nur hohem finanziellem Schaden für das Unternehmen, sondern gegebenenfalls auch mit persönlichen juristischen Konsequenzen für die verantwortlichen Manager und Mitarbeiter. Vor diesem Hintergrund kann ein solches „Decision Protocol", in welchem die Entscheidung gegen die Berechnungen und zugunsten der Praxiserfahrung dokumentiert wurde, den wesentlichen Unterschied machen. Es belegt nämlich, dass sich das Unternehmen zum damaligen Zeitpunkt seriös und bewusst mit diesem Dilemma auseinandergesetzt hat und auf der Basis des damals vorhandenen Wissens nach „besten Wissen und Gewissen", entschieden hat, aber definitiv nicht vorsätzlich oder grob fahrlässig gehandelt hat. Und je nach Aussagekraft der Begründung für die Entscheidung, noch nicht einmal fahrlässig gehandelt hat. Dass gewisse Mechanismen zum damaligen Zeitpunkt noch nicht bekannt waren, die dann eine andere Entscheidung nach sich gezogen hätten, kann niemandem vorgeworfen werden (siehe das frühere Beispiel mit der DeHavilland „Comet" im Risikomanagement-Kapitel).

In dem konkreten realen Beispiel hat man sich damals dafür entschieden, die Rechenergebnisse zu ignorieren und die Praxiserfahrung als Grundlage für die Produktfreigabe zu verwenden. Dabei konnte das Projektteam nachweisen, dass sich diese Praxiserfahrung auf mehrere Dutzend vergleichbar operierende Feldmaschinen abstützte, und es bislang bei keiner einzigen Maschine zu einem Schaden gekommen war. Materialexperten bestätigten, dass die damals vorliegenden Materialdaten in dem betrachteten Bereich durch nicht sehr viele experimentelle Daten abgestützt waren und daher nur bedingt verlässliche Vorhersagen erlaubten. Schließlich konnte in der Risikobewertung im Versagensfall ein möglicher Schaden an Leib und Leben ausgeschlossen werden, wodurch das Restrisiko für das Unternehmen auch deutlich niedriger ausfiel.

- *Kommerzielle/firmenpolitische Entscheidungen*: Gerade bei mehrjährigen Projekten können sich im Laufe der Zeit Prioritäten und Randbedingungen ändern, sodass sich ursprüngliche Zielsetzungen oder Anforderungen verändern können. Natürlich macht es in so einem Falle grundsätzlich Sinn, die Spezifikation des Projekts anzupassen und eine Revision freigegeben zu lassen. Trotzdem kann es auch Situationen geben, bei denen es Sinn macht, ein „Decision Protocol" zu schreiben. In einem meiner früheren Projekte war es das Ziel gewesen, neben der 50 Hz-Version für den europäischen, südamerikanischen und asiatischen Markt, auch parallel dazu eine 60 Hz-Version für den nordamerikanischen

Markt zu entwickeln. Hierzu war das Konzept des „Common-Part-Scaling" gewählt worden, wodurch die 60 Hz-Versionen eine nur um ca. 20 % geringere Leistung aufweisen würden als die 50 Hz-Version. Parallel zu meinem Projekt und etwas früher gestartet, wurde aber auch ein anderes neues Produkt mit noch größerer Leistung entwickelt, bei dem ebenfalls eine 50 Hz- und 60 Hz-Version herauskommen sollte. Bei diesem Projekt wurde aber das klassische Ähnlichkeitsskalierungskonzept gewählt, bei dem die 60 Hz-Version eine um 41 % geringere Leistung als die 50 Hz- Version liefert.

Hintergundinformation: „Common-Part-Scaling" vs. Ähnlichkeitsskalierung
Für den interessierten Leser: Es handelt sich hier um zwei konkurrierende Skalierungskonzepte im Turbomaschinenbau. Kraftwerksturbinenrotoren drehen mit der jeweiligen Netzfrequenz des Aufstellungslandes, da bei den überwiegend sehr großen Leistungen keine Getriebe mehr zum Einsatz kommen können. Da man eine für den 50 Hz-Betrieb ausgelegte Gasturbine im 60 Hz-Markt nicht einfach 20 % schneller rotieren lassen kann (u. a. wachsen die Fliehkräfte und damit die Belastungen auf dem Rotor im Quadrat der Rotationsgeschwindigkeit. Außerdem passen die aerodynamisch ausgelegten Schaufelprofile nicht mehr zu den tatsächlichen Geschwindigkeitsdreiecken. Schließlich ändern sich die Anregungsfrequenzen mit geänderter Drehzahl, für die die Schaufelschwingungen ausgelegt werden müssen) unterscheiden sich ansonsten technologisch gleichwertige Gasturbinen für unterschiedliche Netzfrequenzen. Ein Ansatz ist dabei die Ähnlichkeitsskalierung, bei dem, vereinfacht gesagt, die Gasturbine geometrisch um 20 % herunterskaliert wird. Die Leistung der schneller rotierenden 60 Hz-Variante reduziert sich dabei aber um ca. 40 %, da der durchgesetzte Massenstrom auch um ca. 40 % geringer ist. Bei dem nicht so häufig eingesetzten „Common-Part-Scaling" kommen bei beiden Gasturbinenvarianten zum Teil die gleichen Schaufeln zum Einsatz, allerdings in der 60 Hz-Version mit ca. 20 % weniger Schaufeln pro Schaufelreihe. Der axiale Strömungsquerschnitt reduziert sich bei diesem Scaling nur um 20 % und entsprechend reduziert sich die Leistung auch nur um 20 %. Der Vorteil dieser Scalingmethode ist vor allem, dass gerade bei den teuren Turbinenschaufeln die gleichen Gussteile verwendet werden können und sie sich nur in den darauffolgenden Bearbeitungsschritten unterscheiden. Dadurch können Kostenvorteile in der Beschaffung realisiert werden infolge größerer Bestellvolumina. Auch sind im Mittel die Investitionskosten des Kraftwerksbetreibers bei einem gegebenen Leistungsbedarf geringer, da die spezifischen Kosten der Gasturbine (€/kW) bei einer größeren Maschine geringer sind als bei einer kleineren. Schließlich erlaubt eine größere Maschine auch eine bessere Spaltkontrolle und damit einen etwas höheren thermischen Wirkungsgrad. Diese Vorteile erkauft man sich aber mit einer aufwendigeren Auslegung, vor allem hinsichtlich der Schwingungen, da die gleichen Schaufeln sowohl bei 50 Hz- als auch bei 60 Hz-Anregungsfrequenzen sicher betrieben werden müssen. Mit Rücksicht auf die aerodynamische Auslegung müssen hierbei auch in der Regel die letzten beiden Turbinenstufen separat ausgelegt werden. Das Common Part Scaling lässt sich also nicht auf die gesamte Turbine anwenden.

Nachdem das früher gestartete Projekt weit fortgeschritten war und eine baldige Markteinführung wahrscheinlich wurde, realisierte das Topmanagement, dass sich die 60 Hz-Versionen beider Entwicklungen bzgl. der Leistung kaum unterscheiden würden; die aus meinem Projekt stammende 60 Hz-Version sogar eine leicht größere Leistung aufweisen würde, während die 60 Hz-Version des anderen Projekts hinsichtlich thermischen Wirkungsgrads etwas besser abschneiden würde. Die Folge war, dass sich die beiden 60 Hz- Versionen im gleichen Marktsegment befinden und sich bezgl. Marktanteil kannibalisieren würden. Auf diese Weise würden auch die mit dem Herstellvolumen korrelierenden Beschaffungskosten schlechter als geplant ausfallen. Als Folge davon wurde beschlossen, die Fertigentwicklung der 60 Hz-Version nach dem erfolgreich passierten Konzept-Gate erst einmal „auf Eis" zu legen. Diese Entscheidung wurde dann auch entsprechend dokumentiert. In diesem Falle war so ein „Decision Protocol" auch für die Moral des Projektteams hilfreich. Dokumentierte es doch nicht nur die Entscheidung selbst, sondern auch den Umstand, dass es nicht an den Ergebnissen des Teams lag, welches ja tatsächlich ein funktionierendes Konzept abgeliefert hatte.

Im Nachhinein scheint es merkwürdig klingen, dass dieser potenzielle Konflikt zwischen den beiden Projekten nicht schon zu Beginn bemerkt und bereinigt worden ist. Das Unternehmen hat sich da also eine redundante Parallelentwicklung viel Geld kosten lassen. Allerdings muss man beachten, dass solche kompletten Neuentwicklungen alles andere als reine Fleißaufgaben sind und während der oft mehrjährigen Entwicklung nicht nur zuvor unbekannte Schwierigkeiten auftauchen können, sondern sich auch Marktbedürfnisse ändern können. Es war daher durchaus sinnvoll, beide Entwicklungen für eine gewisse Zeit parallel zu verfolgen, bis eine der beiden Produkte Marktreife erreicht hat. Insbesondere dann, wenn es auch darum ging, ein kurzes „Time to Market" zu erreichen.

- *Organisatorische Entscheidungen*: Wie an verschiedenen Stellen vorhergehender Kapitel bereits angesprochen, kann es durchaus Sinn machen, bereits zu Beginn des Projekts zusammen mit den Stakeholdern Vereinbarungen zu treffen, die nur projektspezifisch sind und u. U. von den ansonsten geltenden Regeln des Unternehmens abweichen. Das können relativ harmlose Dinge sein, wie z. B. Reportingtemplates, oder auch grundlegend abweichende Beschaffungs- und Freigabeprozesse für Prototypen etc. In einem meiner Projekte handelte es sich um den Reviewprozess im Rahmen des proprietären Produktentwicklungsprozesses. Speziell für dieses Entwicklungsprojekt haben wir im Projektteam eine neuartige Vorgehensweise entwickelt, die die wichtigsten Lieferanten vom ersten Tag an direkt in die Projektteams mit eingebunden hat. Ziel war es dabei, Produkt- und Herstellungsprozessentwicklung, so weit wie möglich zu parallelisieren und auch die Herstellermeinung bzgl. Kosten und Mach-

9.2 Decision Protocol und „Tagebuch"

barkeit so früh wie möglich in der Entwicklung zu berücksichtigen. Alles mit dem Ziel die sehr ehrgeizigen Time-to-Market-Vorgaben erfüllen zu können. Nachdem wir es gegen viel Widerstand des Einkaufs letztendlich geschafft hatten, diese Key-Lieferanten viel früher als üblich auszuwählen und in die Teams mit einzubinden, realisierten wir, dass der offizielle Entwicklungsprozess verhinderte, eine frühzeitige Prozessentwicklung bei den Herstellern starten zu können. Der Grund war, dass in dem traditionellen Entwicklungsprozess eine Herstellungsfreigabe und damit die Erlaubnis die teuren Herstellungswerkzeuge bestellen zu können, erst nach Freigabe des abgeschlossenen Produktdesigns möglich war. Das war jedoch völlig kontraproduktiv zu unserem Ansatz, mithilfe von Rapid-Prototyping-Methoden und modular aufgebauten Gusswerkzeugen die Prozessentwicklung zum frühestmöglichen Termin starten zu können. Nach einer Reihe von längeren Diskussionen mit dem Chief Engineer's Office als dem Hüter des „Heiligen Grals" der Entwicklungs- und Qualitätsprozesse in der Produktentwicklung, bei der in sehr offener und konstruktiver Weise die Vorteile aber auch Nachteile und Gefahren einer früheren Produktionsfreigabe erörtert wurden, hat man sich gemeinsam auf eine zunächst nur für dieses Projekt freigegebene Vorgehensweise geeinigt. Dabei diente dieses Projekt dann auch als der Prototyp für eine solche parallelisierte Vorgehensweise, bei der man lernen und gegebenenfalls auch noch nachjustieren wollte. Vor dem Hintergrund wurde dann ein entsprechendes „Decision Protocol" geschrieben und vom Chief Engineer's Office freigegeben, welches uns dann im Folgenden erlaubt hat, entgegen den offiziellen Prozessen, aber auf Basis gemeinsam definierter Kriterien und Rahmenbedingungen, eine Fertigungsfreigabe viel früher erteilen zu können.

Wer immer sich bereits in so einer ähnlichen Situation befunden hat, bei der es grundsätzliche Entscheidungen zu treffen gilt, ohne dass es dafür eine eindeutige Grundlage gibt, der weiß auch, dass sich das Management mit solchen Entscheidungen mal mehr mal weniger schwer tut. Und das, obwohl das Management gerade ja für das Treffen von schwierigen Entscheidungen da ist. Der Grund ist natürlich, dass solche Entscheidungen über Boni und Karrieren entscheiden können und oft erst im Nachhinein klar ist, was eine richtige und was eine falsche Entscheidung gewesen ist. Die Verwendung eines solchen „Decision Protocol" erleichtert dem Management natürlich das Leben, da die Entscheidung dann zumindest auf der Basis einer Fakten- und/oder Indizienrecherche mit Bewertung von Risiken und Vereinbarung von begleitenden Maßnahmen gefällt werden kann. Aber genau hierin liegt auch eine Schwäche der Vorgehensweise: Nämlich, dass die Entscheidung selbst sowie auch die dafür verantwortlichen Manager dokumentiert und wiederauffindbar sind. Gerade wenn es um „politische" Themen oder andere firmeninterne „heiße Eisen" geht, versuchen manche Manager sich um eine Dokumentation der Entscheidung zu drücken. Dann werden zwar in kleiner Runde Entscheidungen gefällt oder Vorgaben gemacht, sie werden aber nicht dokumentiert. Der Versuch als verantwortlicher Projektleiter hinsichtlich einer Dokumentation der Entscheidung zu insistieren, wird dabei nicht gut aufgenommen werden. Zwangsläufig wird der Projektleiter sich dann in der Rolle des „Minenhundes" finden, den das Management durch das Minenfeld laufen lässt und schaut, ob es einen sicheren Weg gibt oder ob es „knallt". Im letzteren Falle ist der Projektleiter dann oft auf sich allein gestellt.

Hier kann ich jedem Projektleiter, zumindest bei größeren Projekten nur empfehlen, eine Art „Tagebuch" zu führen, indem er oder sie für sich selbst Buch führt über wichtige Besprechungen (Termin, Teilnehmer, Themen und Ergebnisse), wichtige E-Mails reinkopiert und grundlegende Entscheidungen dokumentiert. Tatsächlich ist es nämlich so, dass im Laufe eines großen, langlaufenden Projekts nach einiger Zeit niemand mehr so genau weiß, wer wann was entschieden hat und auf der Basis welcher Situation oder Daten/Fakten. Welchen Wert so ein „Tagebuch" haben kann, soll das folgende reale Beispiel demonstrieren:

Beispiel

Vor vielen Jahren wurde ich eines Tages von einem einigermaßen aufgebrachten höheren Manager angerufen und gefragt, wie ich denn auf die blöde Idee gekommen sei, ein teures Gusswerkzeug zu beauftragen und bauen zu lassen, welches dann doch nicht gebraucht wurde. Das wäre ja eine unglaubliche Verschwendung der knappen F&E-Mittel. Genau konnte ich mich auf Anhieb auch nicht mehr erinnern, war das doch schon ca. sechs Monate vorher beschlossen worden. Glücklicherweise hatte ich ein solches Tagebuch für mein Projekt geführt. Noch während sich besagter Manager am Telefon ausführlich über den Unsinn dieser Aktion ausließ, schaute ich da rein. Nachdem ich den zugehörigen Eintrag gefunden hatte, konnte ich dem Manager ganz sachlich erklären, in welchem Meeting (Datum und Ort) und auf welcher Informationslage diese Entscheidung gefällt worden war, und dass neben ihm selbst auch sein Boss damals mit anwesend war. Eine E-Mail, die den damaligen Beschluss zusammenfasste und an alle Teilnehmer versendet worden war, hatte ich ebenfalls aufbewahrt. Mein Angebot die noch mal an alle Teilnehmer zu versenden, lehnte er dankend ab und beendete das Telefonat eher abrupt. Danach habe ich nie mehr etwas über dieses Thema gehört. Eine ähnliche Situation trat ein paar Monate später wieder auf, wo ich ebenfalls dank meines Tagebuches, die Hintergründe und

Legitimität einer Projektentscheidung sofort belegen konnte. Danach hat niemand mehr versucht, mir die Schuld für, im Nachhinein betrachtet, vermeintliche Fehlentscheidungen anzuhängen. ◄

Die Lehre hieraus ist, dass es sich als Projektleiter zwar nicht grundsätzlich vermeiden lässt, von Zeit zu Zeit durch ein Minenfeld laufen zu müssen, dass sich aber auch Minenhunde schützen können. Am schönsten ist es, wenn man so ein Tagebuch nie brauchen wird.

Abschließend sei hier noch erwähnt, dass das hier beschriebene „Decision Protocol" natürlich auch wieder gefunden werden muss. Das heißt so ein „Decision Protocol" gehört in das offizielle Dokumentensystem des Unternehmens, wo es eine eindeutige Dokumentennummer zugeordnet bekommt und wo auch in transparenter Weise bei Bedarf Revisionen durchgeführt werden können. Sollte Ihr Unternehmen nicht über so ein System verfügen, dann gehören diese Dokumente zumindest in den offiziellen Projektordner.

9.3 Reviewmaterial

Bevor ich auf die Form der Reviewunterlagen zu sprechen komme, möchte ich hier erst ein paar allgemeine Anmerkungen zur grundlegenden Philosophie eines Reviews machen. Vor dem Hintergrund wird die hier empfohlene Form der Reviewunterlagen dann auch verständlicher.

9.3.1 Reviews allgemein

Wie auch bereits in Kap. 4 beschrieben, ist es in vielen Unternehmen Teil des Produktentwicklungsprozesses, zu vorgeschriebenen Zeitpunkten technische und/oder kommerzielle Reviews durchzuführen. Hierzu haben sich vor allem in größeren Unternehmen sogenannte „Gated-Entwicklungsprozesse" durchgesetzt. Die gehen alle auf eine Studie des Massachusetts Institute of Technology (MIT) aus den 1980er-Jahren zurück. Das MIT hatte damals untersucht, was der Grund ist, warum manche Firmen bei der Entwicklung von Produkten oder Technologien erfolgreicher sind als andere. Das Ergebnis der damaligen Studie war, dass alle Firmen deren Entwicklungsprozesse in für sich abgeschlossene Projektphasen eingeteilt sind, im Mittel erfolgreicher sind als Firmen, die das nicht tun. Typischerweise befindet sich am Ende jeder dieser Projektphasen ein als „Gate" bezeichnetes Review, welches erst bestanden werden muss, bevor das Projekt in die nächste

Projektphase eintreten darf. Daher stammt der Name „Gated-Development-Prozess". Im Rahmen dieser Gate-Reviews wird nicht nur die technische Reife der Entwicklung, sondern insbesondere auch die kommerzielle Validität der Entwicklung überprüft. In anderen Worten, ob mit den bis dahin erarbeiteten Ergebnissen ein positiver und attraktiver Business Case erreicht wird. Der entscheidende Unterschied zu anderen Entwicklungsprozessen ist, dass es diese Vorgehensweise erlaubt, Projekte zum frühestmöglichen Zeitpunkt neu auszurichten oder abzubrechen, wenn das erwartete Ergebnis kommerziell nicht mehr attraktiv ist. Damit unterscheidet sich diese Philosophie grundsätzlich von dem bis heute weit verbreiteten sog. „Spaghettiansatz", bei dem jedes Projekt, einmal gestartet, auf Biegen und Brechen bis zum (bisweilen) bitteren Ende fortgesetzt wird. Ich denke die meisten Unternehmen haben diese Erfahrung schon mindestens einmal gemacht, dass am Ende einer Entwicklung, welche dazu oft die ursprünglichen Budgets und Terminpläne weit überschritten hat, ein wenig bis gar nicht erfolgreiches Produkt steht.

Als ein derzeit aktuelles und prominentes Beispiel könnte hier der neue Berliner Flughafen BER aufgeführt werden, der einmal in Angriff genommen, per Definition gar nicht mehr gestoppt werden konnte. Koste es was es wolle. Obwohl mittlerweile mit massiven Budget- und Terminüberschreitungen fertiggestellt, ist er jetzt schon ein Sanierungsfall, da seine Eröffnung dann auch noch mit der weltweiten Coronakrise zusammenfiel und durch die stark zurückgegangenen Fluggastzahlen die geplanten Einnahmen ausbleiben.

Der entscheidende Unterschied, der Firmen mit einen „Gated-Development-Prozess" erfolgreicher macht ist, dass die Möglichkeit, solche Projekte geordnet und frühzeitig abzubrechen, Ressourcen frühzeitig freimacht, um sie für andere, erfolgversprechendere Entwicklungen einzusetzen; währenddessen die anderen Unternehmen fortfahren, einen bereits „toten Gaul" zu reiten. In der Hinsicht ist der „Gated-Development-Prozess" einer der Urväter der heute als Agilität bezeichneten Vorgehensweise in Entwicklungsprojekten.

Neben den mehr kommerziell geprägten Gate-Reviews gibt es aber auch, je nach Projektphase, eine Reihe von technischen Reviews vorab zu bestehen, in denen die Reife der Entwicklung gemäß geltenden Kriterien in jeder Projektphase nachgewiesen werden muss: Es macht wenig Sinn, die Validität eines Business Case in einem Gate-Review zu bewerten, wenn die Erreichung der als Input verwendeten technischen (z. B. Leistung, Wirkungsgrad …) und kommerziellen Parameter (Herstellkosten …) nicht bestmöglich abgesichert ist.

Das Thema Review ist aber in vielen Firmen negativ vorbelastet. Wird es doch oft von Projektteams als ungeliebte Prüfung oder Test verstanden, bei der man durchfallen kann bzw. wo einem die Zügel aus der Hand genommen werden kön-

9.3 Reviewmaterial

nen. Oder auch als lästige administrative Übung, die das Team nur von der eigentlichen Aufgabe abhält. Die Ursachen hierfür können zum einen in einer falsch verstandenen Rolle der Reviewer liegen, die sich z. B. selbst als die besseren Projektleiter verstehen, und den Teams ihre Sichtweise aufzwingen wollen, mit der mal mehr oder minder offenen Drohung, sie andernfalls „durchfallen" zu lassen. Zum andern aber auch durch zum Teil überbordende Vorbereitungs- und Durchführungsaufwände: Bei einem meiner früheren Arbeitgeber waren die Reviews so stark politisch aufgeladen, dass einerseits die Projektteams einen oder mehrere interne Dry Runs absolvieren mussten, bevor sie zum eigentlichen Review zugelassen wurden. Andererseits bis zu zwei Dutzend Reviewer eingeladen wurden, sodass sich keine (politische) Partei innerhalb des Unternehmens nicht repräsentiert bzw. ausgeschlossen fühlen konnte. Entsprechend konnten solche Reviews sich über mehrere Tage(!) hinziehen, bei denen dann Hunderte von Präsentationsfolien gezeigt wurden. Damit jederzeit alle denkbaren Fragen beantwortet werden konnten, musste auch stets das komplette Projektteam anwesend sein, was dann zu Reviewsitzungen mit leicht 40 und mehr Teilnehmern führte. Zählt man die vorangegangenen Dry Runs und die Erstellung der zahlreichen Präsentationsfolien mit, genauso wie die anschließende Bearbeitung der manchmal Dutzenden Corrective Actions, braucht man sich nicht wundern, wenn daraus Projektzeiten von epischer Länge und riesigen Projektkosten resultieren.

Beides, „wild-gewordene" Reviewer wie auch überbordende Aufwände und Teilnehmerlisten, zeugen von einem falsch verstandenen Verständnis von dem was mit diesen Reviews eigentlich bezweckt wird.

Die Ursache von Ersterem ist bisweilen die Folge von einem falschen Selbstverständnis der Reviewer, die glauben für das Ergebnis des Projektteams persönlich verantwortlich zu sein, da sie die ja auch freigeben sollen. In einem extremen Fall habe ich beobachtet, wie ein Reviewer versucht hat, sämtliche Ergebnisse des Projektteams selbst nochmal nachzurechnen und dazu das Team über Wochen mit immer neuen Fragen bombardiert hat. Am Ende musste dieser Reviewer ganz offiziell vom Projekt ausgeschlossen werden, da er durch seine ständigen Einmischungen in den Projektablauf die Einhaltung der Projekttermine massiv gefährdet hat. Auch weil er gar nicht verstehen wollte, dass das Projektteam und nicht er ultimativ für die Richtigkeit der Ergebnisse verantwortlich ist.

Letzteres ist dabei oft auch die Folge einer in dem jeweiligen Unternehmen tiefverwurzelten Angstkultur, in der Fehler und Misserfolge nicht toleriert werden. Daher muss jedes Review und damit jedes Projekt unter allen Umständen zum Erfolg werden (Dry Runs, Hunderte von Präsentationsfolien, etc.) und die Verantwortung auf möglichst viele Schultern verteilt werden (z. B. so viele Reviewer wie möglich). Die Folge ist ein antiagiler Entwicklungsmodus, der am Ende dazu führt, dass wenig attraktive Produkte (fehlende Ambitionen, fehlende Risikobereitschaft …) mit gleichzeitig langen Entwicklungszeiten und hohen Projektkosten entstehen.

Wie viele Unternehmen jedoch heute erfolgreich demonstrieren, ist ein Review ein äußerst positiv zu bewertender Vorgang, der richtig gelebt, für alle Beteiligten einen Mehrwert darstellt:

- *Projektteam:* Für das Team ist ein erfolgreich passiertes Review die öffentliche Bestätigung der eigenen erbrachten Leistung, insbesondere wenn von einem Team erfahrener und unabhängiger Reviewer bestätigt und dokumentiert. Dabei ist die Begutachtung durch die Reviewer keineswegs als Prüfung oder Test zu verstehen, sondern als eine zu begrüßende und wertvolle Unterstützung dabei erfolgreich zu sein. Sie stellt sicher, dass das Projektteam eventuelle Versäumnisse, z. B. verursacht durch eine natürliche und unvermeidliche Betriebsblindheit, noch rechtzeitig erkennt und korrigieren kann und damit die Qualität der eigenen Arbeit verbessert. Auch mögen dabei noch wertvolle Impulse geliefert werden, die auch zu einer Verbesserung der Ergebnisse in der nächsten Projektphase einfließen können. Selbst im Falle, dass es im Review erhebliche Corrective Actions geben wird, ist es besser, diese Defizite zu einem frühen Zeitpunkt, wo vielleicht noch korrigierbar, als erst spät im Projekt zu erkennen. Ich kann jedem Projektteam nur empfehlen, die Reviewer zu einem frühen Zeitpunkt und proaktiv einzubinden. Zum Beispiel als Sparringspartner oder Consultants im Falle von Schwierigkeiten.
- *Reviewer:* Eine aktive und verantwortungsvolle Einbindung in Entwicklungsprojekte ermöglicht es, deren Erfahrung frühzeitig und sinnvoll einzubringen. Die meisten gestandenen Experten mögen vielleicht zunächst schwierig erscheinen; lieben es jedoch, ihr Wissen und ihre Erfahrungen einbringen zu können und jüngeren Kollegen zu helfen. Außerdem müssen sie sich in der Regel auch nicht mehr beweisen, sondern sind primär an einem guten Projektergebnis interessiert, an dem sie auch Beiträge liefern konnten. Gleichzeitig sammeln sie dabei neue Erfahrungen, die sie wiederum anderen Projektteams weitergeben können. Ihnen kommt also die Rolle eines Wissens- und Erfahrungskatalysators zu, wenn man sie nur richtig einsetzt.
- *Stakeholder:* Die Stakeholder können beruhigt davon ausgehen, dass ihnen das bestmögliche Ergebnis unter Berücksichtigung der kompletten in der Firma vorhanden Expertise vorgelegt wird. Sie können sich damit auf das „bigger picture", wie den Business Case, die geplante Markteinführung und die Vermarktung des Produkts und die dahinterstehende Produktstrategie konzentrieren.

Wichtig ist dabei, dass alle Beteiligten über ein gemeinsames Grundverständnis verfügen, über das, was der Zweck eines Reviews ist, was es leisten kann und wo die Verantwortlichkeiten liegen: Dass es sich bei dem Review nicht um eine „Nachrechnung" oder um eine reine „Checkliste" handelt, wo nur abgehakt wird, ob alle Anforderungen bearbeitet worden sind. Tatsächlich handelt es sich um eine Plausibilitäts- und Vollständigkeitsüberprüfung bzw. auf Neudeutsch einen Sanity-Check, wobei ein erfahrenes Reviewteam sicherstellt, dass keine wesentlichen Arbeiten vergessen wurden, dass sie im Einklang mit geltenden Auslegungsregeln und Kriterien stehen bzw. dort wo davon abgewichen werden musste, das in einer seriösen, nachvollziehbaren Weise gemacht wurde und die damit einhergehenden Risiken bewertet und vertretbar sind bzw. geeignete und umsetzbare Mitigation Measures implementiert worden sind. Das Projektteam kann dabei die Verantwortung für ihre Ergebnisse genauso wenig an das Reviewteam abschieben, wie das Reviewteam dem Projektteam diktieren kann, was es zu tun hat. Gemeinsam stellen sie sicher, dass im Rahmen der Projektrahmenbedingungen das bestmögliche Ergebnis erzielt wird. Um das sicherzustellen, muss das Projektteam vor jedem Review eine umfassende und selbsterklärende Dokumentation des gewählten Wegs, der dabei erzielten Ergebnisse und deren Interpretation, aber auch selbstkritisch die Zielerreichung bewerten, hinterfragen und gegebenenfalls korrigierende oder unterstützende Maßnahmen vorschlagen. Teil jedes Reviewdokuments muss daher auch ein Antrag an das Reviewteam sein, wie aus der Sicht des Projektteams weiter vorzugehen sei. Das kann und sollte reichen vom Antrag auf Freigabe, über Antrag auf Freigabe mit vom Team selbst vorgeschlagenen Corrective Actions, bis zum Antrag auf Ablehnung, da z. B. eine Zielerreichung aus gegebenen Gründen nicht mehr als realistisch betrachtet wird.

▶ Noch ein Tipp zum Ende: Involvieren Sie ruhig auch den einen oder anderen externen Reviewer, den Sie auch aktiv in die Projektarbeit, z. B. als Sparringspartner gerade bei unkonventionellen Lösungsansätzen oder kreativem Neuland einbinden. Alle Unternehmen neigen bis zu einem gewissen Grad zur „geistigen Inzucht", bewegen sich gerne auf bekannten und ausgetretenen Wegen. Wollen oder müssen Sie die mal verlassen, und haben sie den externen Reviewer als Unterstützer auf Ihrer Seite, wird man Ihnen viel eher zuhören und Sie gewähren lassen. Gilt der Prophet im eigenen Land doch leider oft wenig ...

9.3.2 Reviewdokumente

In vielen Unternehmen ist es nach wie vor üblich, dass die Reviewunterlagen in Form von Präsentationen erstellt werden. Je nach Projekt und Firmenpräferenzen kann es sich dabei um Dutzende, wenn nicht sogar Hunderte von solchen Präsentationsfolien pro Review handeln. Waren Sie schon mal in der Rolle des Reviewer und haben Sie dabei wenige Tage vor dem Reviewtermin so einen Ordner mit Präsentationsfolien, elektronisch oder noch schlimmer auf Papier ausgedruckt bekommen? Es ist ein äußerst frustrierendes und oft fruchtloses Unterfangen sich anhand einer riesigen Sammlung von Buzzwords, Halbsätzen und unkommentiert im Raum stehender Fakten und Zahlen einen Gesamtüberblick verschaffen zu wollen und die Gedankengänge und Entscheidungen eines Projektteams nachvollziehen zu wollen. Das ist in etwa so, wie wenn Sie als Außerirdischer, ohne jedes Wissen über Kultur und Geschichte der Menschheit im Jahr 1975 in Dresden angekommen wären und ihnen ein älteres Exemplar dieser merkwürdigen zweibeinigen Eingeborenen mit der merkwürdigen Sprache die Schönheit der Frauenkirche gepriesen hätte und das Einzige, was Sie hätten sehen können, ist ein Haufen von Steinen mit ein paar Strukturfragmenten (siehe Abb. 9.12).

Kein Wunder, dass der Außerirdische, wenn er sich nicht gleich kopfschüttelnd aus dem Staub macht, um nach einer zivilisierteren Rasse im Universum zu suchen, jede Menge oft unnötiger Fragen gestellt hätte: Ein Haufen Backsteine ist eben kein Haus, auch wenn alle Elemente des Hauses im Haufen vorhanden sind. Was der Eingeborene dem Außerirdischen hätte zeigen sollen, ist dagegen eher eine Abbildung der intakten Kirche (siehe Abb. 9.13). Das hätte dem Außerirdischen erlaubt, die relevanten Fragen zu stellen, wie z. B. was das gekostet hat, warum man es so und nicht anderes gebaut hat, was der Zweck dieses Gebäude ist und ob der Zweck auch erfüllt wird etc.

Tatsache ist, dass Präsentationsfolien ohne den Präsentator, der in seinem Vortrag verbal die Lücken zwischen den „Backsteinen" füllt, in der Regel nicht verständlich und nachvollziehbar sind. Das bedeutet damit auch, dass Präsentationen als Form einer Projektbeschreibung und einer nachvollziehbaren Dokumentation der gewählten Wege zum Ergebnis, der dabei getroffenen Annahmen und Schlussfolgerungen sowie der Bedeutung und Interpretation der dabei erhaltenen Ergebnisse grundsätzlich ungeeignet sind. Stellen Sie sich nur mal vor, wenn das von Ihnen entwickelte Produkt Jahre später in Form hunderter oder tausender Applikationen bei den Kunden steht und es Probleme damit gibt. Und ein neues Team versucht anhand der von Ihnen erstellten Dokumente Ihre damaligen Entwicklungs-

Abb. 9.12 Ruine der Dresdner Frauenkirche um 1975. (Quelle: Bundesarchiv Bild 183-60015-0002). Die Sicht des Reviewers auf eine Reviewdokumentation in Form von Präsentationsfolien

schritte und Schlussfolgerungen nachzuvollziehen. Könnten Sie das selbst noch ein paar Jahre später?

Aus eigener jahrelanger und leidiger Erfahrung im Product- und Fleet-Support weiß ich aus erster Hand, was es bedeutet, ein Flottenproblem im Feld lösen zu müssen und gar keine bzw. keine brauchbaren Produktdokumentationen vorfinden zu können. Die Folge ist, dass bei schwerwiegenden Problemen das eigene Produkt praktisch re-engineered werden muss, was erhebliche Ressourcen bindet und auch seine Zeit in Anspruch nimmt, während die Kunden weiter leiden. Der jährliche Schaden für Ihren Arbeitgeber und ihre Kunden ist dabei je nach Produkttyp und Art des Problems erheblich. Ressourcen und Mittel, die definitiv sinnvoller eingesetzt werden könnten.

Aus diesen Gründen, aber auch auf der Basis der im vorangegangenen Kapitel beschriebenen Philosophie des einen Mehrwert liefernden Reviewprozesses, ist es offensichtlich und logisch, dass Reviewunterlagen in Form von ausformulierten,

Abb. 9.13 Frauenkirche Dresden nach Wiederaufbau, Bild von Wolf-Henry Drewblow auf Pixabay

vollständigen und selbsterklärenden Berichten erstellt werden müssen. Dies erfüllt gleiche mehrere sinnvolle Aspekte:

- Während der Erstellung des Dokuments muss sich das Team kritisch mit den eigenen Ergebnissen auseinandersetzen, sich selbst hinterfragen und sich aktiv damit auseinandersetzen, ob die eigenen Argumente stichhaltig und überzeugend sind. Dabei wird das Team nicht selten noch auf Schwachpunkte in der eigenen Argumentationskette stoßen und aus eigener Initiative Verbesserungsmaßnahmen vorschlagen und umsetzen.
- Die Reviewer können sich bereits vor dem Review in sinnvoller Weise mit der Materie auseinandersetzen und sich vorbereiten. Unnötige Fragen und Diskussionen werden dabei auf ein Minimum reduziert und das Review fokussiert sich dabei auf die für den Erfolg des Produkts wirklich wesentlichen Punkte.

9.3 Reviewmaterial

Das führt zu einem wesentlich kürzeren, effizienteren Review mit einem höheren Qualitätsniveau.[3]
- Quasi als Nebenprodukt entstehen dabei automatisch ausführliche und nachvollziehbare Produktdokumentationen, von der spätere Generationen von Mitarbeitern profitieren und lernen können. Insbesondere auch deswegen, weil typischerweise am Ende eines Projekts keine Zeit mehr vorhanden ist, die Ergebnisse zu dokumentieren. Die Ressourcen werden umgehend für andere Aufgaben und Projekte abgezogen und die meisten Ingenieure reißen sich auch nicht gerade um die Erstellung von Dokumenten.
- Auf diese Weise wird der Reviewprozess auch einem von vielen Unternehmen angestrebten System der Learning Organization gerecht.

Damit das volle Potenzial dieser Vorgehensweise ausgeschöpft werden kann, muss seitens des Review-Chairman und des Projektleiters sichergestellt werden, dass die Reviewer die vollständigen Unterlagen spätesten 2 Wochen vor dem Reviewtermin zur Verfügung gestellt bekommen. Des Weiteren müssen die Reviewer ihre Fragen, Anregungen, Kritikpunkte etc. schon vor dem Review dem Projektteam und dem Chairman zur Verfügung stellen, sodass idealerweise die Mehrzahl davon schon vor bzw. spätestens am Reviewtermin selbst geklärt werden können. Die vorab verfassten Reviewdokumente werden dann nur noch um eine wenige (fünf bis max. zehn) Folien umfassende Reviewpräsentation ergänzt, in der nur noch mal knapp das Ziel der Projektphase, die erhaltenen wesentlichen Ergebnisse und Schlussfolgerungen sowie der Antrag an den Reviewtermin zusammengefasst werden. Ansonsten werden im Review primär die Liste der vorab von den Reviewern eingereichten Fragen abgearbeitet sowie während der Diskussion noch zusätzlich auftauchende Fragen behandelt.

Typischerweise müssen die folgenden Aspekte im Rahmen dieser Dokumente erläutert werden:

- Ziele der Entwicklungsphase
- Der gewählte Entwicklungsweg mit Erläuterung und die eventuell notwendigen Projektentscheidungen
- Die erzielten Ergebnisse mit Diskussion und Interpretation
- Die gezogenen Schlussfolgerungen
- Risikoanalyse mit Bewertung und Beschreibung ggf. benötigter Mitigationmaßnahmen

---

[3] Natürlich muss das einhergehen mit der verpflichtenden Forderung an die Reviewer, die Dokumente auch wirklich im Vorfeld gelesen zu haben.

- Status Projektfinanzen und Projektfortschritt
- Nächste Schritte
- Antrag des Projektteams an das Reviewteam

Kritiker dieser Vorgehensweise bemängeln typischerweise, dass die Vorbereitung ausformulierter Berichte viel Zeit in Anspruch nimmt und damit Projekte verzögert würden. Meine persönlichen Erfahrungen mit beiden Vorgehensweisen zeigen ganz eindeutig, dass das nicht der Fall ist: Die Reviews selbst sind wesentlich kürzer mit auch deutlich weniger Teilnehmern, es werden nur relevante Themen behandelt, es entstehen automatisch Produktdokumentationen, welche ein später oft notwendiges und aufwendiges „re-engineering" vermeiden helfen. Erfahrungen werden dokumentiert und späteren Teams zur Verfügung gestellt. Und vor allem erzielen Unternehmen damit eine wesentlich höhere Reviewqualität und damit bessere und erfolgreichere Produkte.

Schlusswort 10

Zusammenfassung

Dieses abschließende Kapitel fasst einige der Gründe für die oft mangelhafte Professionalität des Projektmanagements zusammen und macht konkrete Vorschläge, wie das in Zukunft zu verbessern ist.

Natürlich lässt sich all das hier Beschriebene nicht einfach im stillen Kämmerlein hinter verschlossenen Türen in der Theorie erlernen. Vieles muss in der Praxis im Rahmen mehrerer Projekte ausprobiert werden und auch an die Gegebenheiten Ihres Unternehmens und die jeweiligen konkreten Aufgaben angepasst werden. Auch entwickeln sich die Möglichkeiten und damit auch die Art und Weise, wie ein Projekt geplant und gemanagt wird, kontinuierlich weiter. Die Unternehmen sind also gut beraten, wenn sie das Thema Projektmanagement professionalisieren, indem sie eine eigene Projektmanagementfunktion mit eigenem Karrierepfad einführen und sich dort auf das Know-how und das Know-why konzentrieren, quasi als dritte Säule neben der klassischen Führungs- und der nicht ganz so klassischen Expertenlaufbahn.

Auf diese Weise ist es möglich, langfristig das Wissen und die Methoden aufzubauen und weiterzuentwickeln, junge und talentierte Mitarbeiter unter der Obhut erfahrener „alter Hasen" zu entwickeln und diesen dabei auch einen Karrierepfad aufzuzeigen, um ihr Wissen und ihre Expertise langfristig für das Unternehmen zu mehren und zu erhalten. Es gibt keinen Grund, warum ein erfahrener Projektleiter, der schon viele erfolgreiche Projekte durchgeführt hat, nicht die gleiche Wertschätzung erfahren sollte wie ein hocherfahrener Fachexperte, der für sein Unternehmen schon viele technische Lösungen gefunden hat, oder eine Führungskraft, die die Organisation und Mitarbeiter erfolgreich weiterentwickelt und ein gutes Händchen für zukünftige Trends und Marktbedürfnisse zeigt. Am Ende ist es wohl oft nur die inhärente Eifersucht des Linienmanagers, der eigentlich gerne Projektleiter wäre, aber seine dauerhaft angelegte Rolle als Linienmanager nicht gegen die per se temporäre Rolle des Projektmanagers eintauschen möchte. Vielleicht ist es auch der Umstand, dass viele der heutigen Topmanager in den Unternehmen sich über die klassische Linienfunktion nach oben gearbeitet haben und daher keine eigenen Projektmanagementerfahrungen mitbringen und daher auch nicht bereits sind, notwendige Kompetenzen an das Projektmanagement abzugeben. Die Folgen sind zu viele suboptimal geführte Projekte, die mit zu großem Zeitaufwand und zu großen Budgets wenig attraktive Produkte liefern, weil sie von Laien geführt werden, die mangels Ausbildung und Aufbau langfristiger Erfahrungen oft in die gleichen „Löcher" wie ihre Vorgänger fallen und das „Rad" jedes Mal wieder neu erfinden müssen.

Das Problem fängt jedoch schon während der Erziehung und Ausbildung junger Menschen an. Neben Grundlagen und Fachwissen sollte schon in der Schule mehr Wert daraufgelegt werden, die Kinder und Jugendlichen zu Selbstständigkeit zu erziehen, z. B. die zu der Fähigkeit, Probleme erkennen, analysieren und lösen zu können. Dabei sollte auch die Kreativität gefördert werden, eigene, neue Wege zu finden. Die sog. „Helikopter-Eltern", die ihre Kinder von morgens bis abends pampern, tun ihnen keinen Gefallen, erziehen sie sie doch zur Unselbstständigkeit und schüren bei ihren Kindern die Erwartungshaltung, dass sich schon jemand (anderes) kümmern wird, falls …: Man lernt eben am meisten durch eigene Fehler. Und Fehler macht man nur, wenn man sich selbst um was kümmern muss.

Schließlich kommt den Universitäten eine wichtige Rolle zu, indem sie nicht nur vertieftes Fachwissen in einzelnen Disziplinen lehrt, sondern den jungen Menschen auch beibringt, wie man es schafft, diese verschiedenen Disziplinen sinnvoll so zu bündeln und zu organisieren, dass am Ende auch ein funktionstüchtiges Ergebnis dabei herauskommt. Es existiert kein Produkt und keine Dienstleistung in dieser Welt, welches oder welche allein aus einer einzelnen Disziplin entstanden ist. Das ist beim Flugzeug, mit dem Sie in den Urlaub oder zum Kundentreffen fliegen, nicht anders, als wenn Sie einen Burger kaufen: Immer hat es dazu Unmengen der unterschiedlichsten Disziplinen gebraucht, die eng und koordiniert zusammenarbeiten mussten, bevor Sie das Flugzeug betreten bzw. in den Burger beißen konnten.

10 Schlusswort

> **Beispiel**
>
> Schaue ich auf mein eigenes Luft- und Raumfahrtstudium zurück, dann hatte ich zwar am Ende Prüfungen in den Fächern Thermodynamik, Aerodynamik, Statik und Dynamik, etc. abgelegt, war also theoretisch in der Lage, den einem Kolbenmotor zugrunde liegenden thermodynamischen Kreisprozess, die darin auftretenden instationären Strömungsprozesse sowie auch die Belastungen der Motorenstruktur zu verstehen. Wie man das aber verbindet, um daraus einen funktionierenden Motor zu entwickeln, davon hatte ich nicht die leiseste Ahnung, gab es dazu ja auch keine Vorlesungen oder Übungen. Begriffe wie Projektplanung, Budget, Ressourcen, Führung, Problemlösung, etc. sind in sechs Jahren Studium nicht ein einziges Mal gefallen. Während dieser Zeit musste ich ganze zweimal meine Ergebnisse aus Studien- und Diplomarbeit vor einem kleinen Publikum vortragen. Ich bin meinen Betreuern in dem Unternehmen, wo ich die Studienarbeit durchführen konnte, bis heute dankbar, dass sie mir damals beigebracht haben, wie man das macht und worauf es ankommt. An der Uni habe ich das nicht gelernt. ◄

Glücklicherweise haben einige Hochschulen zwischenzeitlich damit begonnen, auch verstärkt interdisziplinäre Kurse und Ausbildung anzubieten. Unterstützt werden könnte das z. B. auch noch durch diejenigen Unternehmen, die den Wert eines professionellen Projektmanagements erkannt haben, indem sie interessierten Studenten entsprechende Praktika anbieten bzw. aktiv multidisziplinäre Stiftungslehrstühle gründen.

Der Weg zu erfolgreicheren Produkten und damit erfolgreicheren Unternehmen führt letztendlich über die Professionalisierung des Projektmanagements.

The manufacturer's authorised representative in the EU is Springer Nature Customer Service Centre GmbH, Europaplatz 3, 69115 Heidelberg, Germany. If you have any concerns regarding our products, please contact ProductSafety@springernature.com

Printed and bound by CPI Group (UK) Ltd, Croydon, CR0 4YY
25/03/2026
02078181-0004